渡岸法光（上）

The Path of the Mystic vol.1

奧修 OSHO 著

李奕廷 Vivek 譯

譯者序

當一個人成道後，如果不選擇沉默，他要如何喚醒人們？會遇到什麼樣的困難？

在環球之旅的階段，奧修和一小群弟子來到了烏拉圭，在這兒，奧修揭露了政客和宗教領袖對他的迫害和阻撓，很多時候，真相並不像表面上看到的那樣…

「無論人們要花三百年或五百年才知道錯過什麼，那沒關係，他們原本可以透過這個人的洞見學到更多。他們不去了解那些洞見，反而浪費我的時間，用各種方式在每個國家不斷騷擾我，試著創造一個虛假的形象，讓世界的年輕人不會因為被我影響而來找我。

然而存在運作的方式非常奧秘…他們可能以為他們在破壞，但真理是某個你無法破壞的東西。你做的一切都會以某種方式變成它的養分。」

第六章第九十九頁

時值蘇聯核電廠事件和隨時可能爆發的第三次世界大戰，更顯得情勢的危急和緊迫…

「不管是否願意，人們也許都得改變。核子戰爭是一個很大的希望——不是指它的發生，而是指它創造出一個人類必須改變的情勢。否則戰爭一定會發生。也許為了改變，人類需要一個非常

危險的狀況；否則它無法改變。那個狀況越來越接近了，在正確的時間來到這兒的我們是幸運的。」

第十七章第二八二頁

因此奧修回答問題的方式不同以往，從物質層面到心靈層面，從個人到社會，從科學到奧秘，解析了各種人為制度如政治和宗教、教育和法律等失敗的原因，同時提出許多革命性的建議。另外，奧修也揭開了夢、前世與輪迴、催眠、意識與無意識等神秘的面紗，以及愛與信任、禪、蘇菲…

「我不會要你相信它，我只會要你去實驗。我反對所有的相信，因為每個相信都會摧毀你，摧毀你思考的能力。我支持實驗，而且有些技巧是可以取得的。

那一直是我一生的工作——讓每個真的想尋找的人，讓每個不只是好奇，而是準備要冒著失去一切的風險去尋找的求道者，都能取得那些技巧。那是一個你必須冒著失去一切的風險的尋找，因為你將會找到最偉大的寶藏。」

第一章第十六頁

透過奧修和弟子之間的對話，感受他們面對的困難和危險，為了新人類的誕生，奧修一方面以他的法光穿透人們黑暗深厚的無意識，一方面以他的慈悲和智慧引領求道者，抱著堅定的信心勇渡彼岸。

目錄

第一章
與社會對抗的個人

奧修，你曾經在某些國家有居留權的問題。是否因為你的思想是危險的？

思想一直是危險的。

只有不思考的人才是不危險的。思考是一種罪。耶穌被釘上十字架、蘇格拉底被下毒、佛陀被石頭砸。這些人沒有傷害過任何人。他們是最慈愛、最慈悲的人類——但他們犯了一種罪，那個罪的名字就是思考。

沒有社會想要任何人去思考。思考是危險的。

社會想要唯命是從的機器人，不會拒絕的機器人——機器人是不可能反抗的。因為它們是機器。所以每個先進國家都會用機器取代人，這不是偶然的。機器是服從的，不是危險的。你有聽過任何機器成為革命者或反叛者嗎？直到現在，還沒發生過必須把機器釘上十字架的事件。

機器是非常值得尊敬的。我不是機器。思考的方式只會是危險的，沒有別的方式了。

思考的意思是你懷疑；思考的意思是你不準備接受別人告訴你的一切。你要自己決定。思考的意思是成為合理的、邏輯的；直到現在，人類一直是迷信的。

當伽利略發現地球繞著太陽轉，教皇把他叫來，要他更改他的書，因為這是違背基督教教義的。

聖經說太陽繞著地球轉，而且每個人也感覺如此：太陽看起來在早上升起，移動著，在傍晚下沉。我們不會感覺地球繞著太陽轉。所以聖經裡的說法只不過是常識，不是某個和科學相關的東西。教皇說：「你必須修改你的敘述，因為聖經是聖書，是神撰寫的：祂不會弄錯。」

伽利略是其中一個我愛的人。我愛他的天才，他的思考，我愛他的幽默感。他說：「沒問題。我會修改，但是教皇閣下，我的修改並不會改變事實：地球仍會繞著太陽轉。你可以殺了我，你可以燒掉我的書，但沒有任何東西可以改變地球的行進路線。它會繼續繞著太陽轉。」

現在伽利略這個人是危險的。他不理會當權者；他甚至不理會聖經。他只會準備聽從某些合理的、科學的東西，某些可以被證明的東西。

是的，我是危險的。只有危險的人會為全世界的進化負責。任何你們擁有的——所有的文明、科學發展、技術——都是危險的人所做的貢獻。而不是迷信者的貢獻。

所以我很高興的宣稱我是危險的，絕對危險的。

屬於那個類別是一個莫大的榮幸。耶穌、蘇格拉底、伽利略、佛陀都屬於這個類別。這些人是真正的人。其他人只是群眾的一部分，輪子裡的榫。

社會決定對錯，他們從不懷疑。動物和人的差別在哪兒？

如果人想要成為人，他必須是危險的。那就是亞里斯多德的定義：人是會思考的動物。思考就等於危險。

確實，很多國家決定即使是四週的旅遊簽證也不能給我。我真的很享受這個情況，因為歷史上從未有過這麼多國家如此害怕一個人，以致於不能給他四週的旅遊簽證。

蘇格拉底活得很久，後來他們毒死他。耶穌持續了三年的講道，然後他們把他釘上十字架。我在希臘只待了兩週就被逮捕。如果我不立刻離開房子，他們還威脅要燒掉房子、炸掉房子，他們和二千年前毒死蘇格拉底的人是一樣的。

我能在兩週的時間做什麼？我甚至沒離開過房子！我沒有出門。但是大主教不斷發電報給總統、打電話給總理、接受電視採訪：「這個人就待在這兒」——而我只有四週的簽證，只能再停留兩週——「這個人留在這兒將會摧毀我們的道德觀、我們的宗教、我們的教會、我們的傳統。」

當我聽到這些話，我說：「如果某個宗教、教會、道德觀、傳統可以被一個停留兩週的人摧毀——你們在二千年前創造的東西——那它是值得被摧毀的，不會有問題。」

然而偏執狂這種病已經蔓延了全歐洲。現在歐洲議會有一個動議，就是我不該被允許停留在歐洲的任何機場。也許即使我只是停留在機場也會摧毀他們的道德觀、他們的宗教、他們的傳統。這只是顯示出一件事：他們也知道他們站在腐朽的基石上。只要一推——即使一個旅客停留兩週——你們所有雄偉的建築將會粉碎。

這是奇怪的：在一個文明的世界，如果我不同意你，我們可以討論，我們可以有一個協議。但是炸掉我住的房子不會是解決的方式。人似乎沒學到任何東西。

你認為把耶穌釘上十字架是解決的方式嗎？十字架刑創造了基督教。

毒死蘇格拉底是解決的方式嗎？整個希臘的歷史，沒有比蘇格拉底更值得尊敬的人了。人們已經忘掉那些決定毒死他的人。只要地球上有人的存在，蘇格拉底的名字就會永垂不朽。即使到今日，他仍是出類拔萃的。他的思考一定有著驚人的洞察力，兩千年過去了，他的思想仍是未過時的。他是他們的精華——全希臘頭腦中的天才——而他們摧毀了他。

這似乎是一個共謀，好幾世紀以來，平庸的人一直在反對天才。而且當然，平庸的人佔了大多數——他們擁有所有的權力。他們擁有政府、軍隊、警力、核武。天才除了智慧以外什麼都沒有，而天才基本上就是叛逆的；不會是別的。他的品質，他的本質，就是叛逆——反對黑暗的叛逆、反對虛假的叛逆、反對奴役的叛逆、反對一切使人們無法成為全然的、成熟的自己的叛逆。

這些國家只是證明單一的個體仍然比擁有核武的國家更強大；否則沒有必要害怕。

在英國，他們不允許我在機場的候機室過夜——而那是候機室設立的目的。我有自己的飛機，但以防萬一，我也買了兩張頭等艙的票。候機室是為了那些要換機的人而存在的，但是他們不允許我留在候機室。我的一個朋友剛好看到某個人的文件…那個人把文件放在桌上後離開去上廁所。他剛好看到那些資料。我還沒抵達機場前，政府就已經給了詳細的指示：如果我抵達了，不能讓我在候機室過夜；必須強制讓我在牢裡過夜，因為我是一個危險的人。

我對那個人說：「我能有什麼危險？我會睡著。那時會是晚上十一點，我只會睡在候機室。而且候機室沒有出口可以進入英國！」

但是他說：「我們無法做什麼。我們不能給你自由；如果你要過夜，就必須待在牢裡。」

在瑞典，他們也做了一樣的事。

德國則是下達一個命令，任何大使館都不能給我簽證。奇怪…我們卻把這稱為「文明」。文明還沒有發生。這一切都是假的。

我是危險的——現在雲層裡帶著車諾比的輻射塵…阻止它，把它關起來！它不是危險的！現在他們感到無能為力；他們無計可施。而我卻是危險的，因為我已經說了好幾年：「不要把核子能當成兒戲，因為你無法控制不發生任何事。」現在某件事出錯了，他們都感到無助。而且它不是一天就結束了；它的影響會維持數十年。

在烏克蘭，那個災難發生的地方，他們將有三十年無法提供食物，而那個地方負責的就是提供食物給全蘇聯。現在蘇聯將會是世界上最飢餓的區域。歐洲各地的輻射指數不斷升高——已經達到人體可承受範圍的一百倍、二百倍。呼吸著那樣的空氣，喝著那樣的牛奶或水，吃著那樣的蔬果——一切都是危險的。現在所有的國會都沉默了。

我是危險的…而核武不危險！這兒似乎只是一個瘋狂的世界。

奧修，存在（being）或自己（self）是否會因為人死亡而跟著死去？或者會繼續活在另一個身體裡？

這個問題有點複雜。首先你必須了解，你的人格不是你的實相；那是文化和社會給你的。個體性才是你的，但是人格不是你的。

處於人格中，你是死的；只有處於個體性中，你才是活著的。但是要成為個體，你就必須反抗人格，對抗將某個人格強加到你身上的那些人。

每個小孩出生時都帶著成為自己的某個潛力——而每個社會都試著使他變成別的東西。

我聽說有個人慶祝他結婚五十周年。所有朋友、親戚、熟人都來了。充滿了喜樂和歡笑。但是他們突然發現那個人不見了。他們不知道他去哪兒了。他們去花園尋找，發現他坐在樹蔭下，坐在黑暗中，非常悲傷的。

他朋友說：「奇怪。你叫我們來慶祝，卻自己悲傷的坐在這兒，好像有人死了！怎麼回事？」

他說：「問題在於…我娶的那個女人給我這麼大的折磨，二十五年前，我問了律師：如果我對她開槍，會有什麼後果？他說：你瘋了嗎？你如果對她開槍，你會坐二十五年的牢！我悲傷是因為我今天本來可以獲得自由的。那個愚蠢的律師死了；不然我會殺了他！是他使我害怕而不敢那麼做。」

男人必須和他不愛的女人生活，這是個悲劇。而女人必須和她不愛的男人生活…這是個悲劇，像是地獄。男人必須從事他不喜歡的工作。每個人都變成他不想變成的某個東西。這就是你們的人格。社會使每個人脫離了他自然的個體性，使他成為並非他注定要成為的某個東西。

所以第一件要了解的事是，你不是 persona，你不是人格。「persona」這個字來自於希臘戲劇。在希臘戲劇中，演員戴著面具…你無法看見他的臉；你只能聽到他的聲音。Sona 的意思是聲音。Persona 的意思是你不知道講話的是誰；你只是聽到聲音，臉不見了。「人格（personality）」這個字來自於希臘戲劇。

每個人都戴著面具。你可以聽到聲音，但是看不到臉；你看不到那個個體。所以第一件事：你不是「persona」。如果你是 persona，那你已經死了。如果你只是人格，那你是在拖行著自己，從搖籃一直到墓碑，你從未活過。只有當你是一個個體，你才算活著——當你宣稱反對每個傳統、反對每個宗教、反對每個想要你成為某個人的過去，不是存在要你成為的。那你才算是活著。

我又想到一個我認識的外科醫生——也許是印度最有名的外科醫生——退休了，所有朋友和同事為他辦了個聚會，一個送別會，但是他非常悲傷。我問他：「你為什麼悲傷？你應該要高興：你是全國最頂尖的外科醫生。」

他說：「你不了解。我從沒想過要當一個外科醫生，所以誰在乎我是最頂尖的外科醫生？我討厭聽到那句話！我想當一個音樂家，但是我父母強迫我當一個外科醫生——我違背自己的意願而成為一個外科醫生。我只是偶然成為一個最頂尖的外科醫生；我原本可能不會變成最頂尖的外科醫生。我是富有的，我擁有一切，我是受人尊敬的，但是那無法讓我快樂。」

「如果我是一個音樂家，即使身無分文，至少我是快樂的，因為我可以做我自己。這個外科醫生似乎是其他人；是我扮演的角色，但不是我。這些人在慶祝，而我內心在哭泣，我浪費了一生。」

所以首先，你不是一個「persona」；否則你在死亡前就已經死了。有數以百萬的人在他們真的死亡前就已經在三十歲、四十歲或五十歲就死了。你是個體，只有個體性才能使你知道真正的自己。人格沒有自己——它只是自我，跟人格一樣虛假的東西。個體性擁有自己、靈魂。個體是生命裡的生活原則。如果你知道生命，你就不會問這種問題。

真正的知道生命意味著你也知道它是永恆的。本質上你就知道它是永恆的。不是從外在得知的。只要去全然的活出你真實的存在，慢慢的、慢慢的，你開始覺知到你內在中永恆的生命之流。你知道身體會死去，但是靈魂，也就是生命的整個精髓，是不會死的。

存在裡面是沒有任何東西可以被摧毀的。

那不是某件要相信的事，那是一個科學上的事實，你無法摧毀任何東西。你甚至無法摧毀一顆小石頭。無論你怎麼做，它會繼續以其他的形式存在。

科學探尋了客體的世界，發現到甚至連客體的實相也是永恆的。宗教運作的方式就像內在世界的科學，它發現到這個舞動的生命，其本質是永恆的。

這個時候可以提到蘇格拉底，因為他不是一個會相信任何事的人。如果你問他，在肉體死亡後，你的靈魂是否會繼續活著，他會說：「讓我先死——因為除非我死了，否則我能說什麼？」當他被下毒的那天，是人類歷史上其中一個最重要的日子。他的門徒坐在他身旁，他躺在床上。他對門徒說：「我將會告訴你們發生了什麼事。我會盡我所能的告訴你們。」

然後他說：「我膝蓋以下的腳已經沒感覺了。請捏我的腳，讓我知道我是否還有感覺。」某個人捏了他的腳。他說：「我沒感覺；腳已經壞死了。但記住一件事：我的活力仍然和以前一樣。腳的壞死並沒有削減掉我任何生命；我的生命仍和以前一樣，完整無缺。」然後所有的腳都沒感覺了，也就是一半的身體。他說：「我一半的身體已經沒感覺了，但我是完整無缺的，和以前一樣的完整無缺。」

然後他的手沒感覺了，他說：「我仍然在這兒，我仍然是完整無缺的。也許現在我的心會停止跳動，但是我可以告訴你們，即使我無法繼續告訴你們，但我仍是繼續存在的，因為如果身體的每個部分都失去了，而我仍是完整無缺的，那就無所謂了：心只是身體的一部分。」

當他死時，他的臉如此的喜悅，如此的快樂，以致於柏拉圖，他的門徒，一直記得：「我們從沒看過他的臉如此的容光煥發，如此喜樂。也許在最後一刻，靈魂離開身體就像日落，當太陽將要下沉，整個天空變得如此美麗和明亮。」

那不是相信的問題。我不是一個會相信任何事的人，所以我不會要你相信我而認為靈魂是永恆的。但是我經驗到它是永恆的，因為我可以想起我的前世，那也證明將會有來世。我可以教你們如何想起前世，那對你們會是一個有力的證明，將會有來世。你擁有永恆的過去和永恆的未來。

過去你一直在這兒，你也將會一直在這兒。

但是先拋棄你虛假的人格。

讓你真實的個體性成長。

過著存在要你過的生活方式。你的生命應該要非常強烈、非常全然，以致於你燃燒著你生命火炬的兩端。在那個強度中，你會知道你已經觸碰了某個永恆不朽的東西。一旦你在你的生命中、你的死亡中知道了它，你將會對事實有一個更深的確認。

活在人格中的人，死時總是無意識的。他們從未活過。他們不知道什麼是意識，所以在死亡前，他們已經是無意識的。那就是為什麼我們無法想起前世。你是無意識的，而死亡就發生在你的無意識中。

但是如果你有意識的活，成為一個個體，那你就會有意識的死，也就是蘇格拉底死亡的方式——如此的有意識，直到最後一個呼吸。這個記憶將會跟著你到來世。

東方有三個偉大的宗教：印度教、耆那教、佛教。它們在各方面都不認同彼此——它們的思想體系在各方面都是不同的——但是有一點它們是相同的，那就是靈魂的永恆存在，因為那不是理念上要討論的問題，那是一個存在性經驗的問題。你不能否定它——它就是如此。

相對於東方的這三個宗教，在印度之外有另外三個宗教：猶太教、基督教、回教。它們都相信人只有一世，那只是顯示出它們的貧乏。它們的探索還沒深入到前世，對於未來，它們無法做出任何保證。這三個在印度之外所誕生的宗教是膚淺的。它們的工作還不夠深入。

但是在印度，一萬年來，數以千計的人進入了自我達成，發現到有個光是永恆不朽的。它持續的從一個身體移到另一個身體，它是無法摧毀的。

我不會要你相信它，我只會要你去實驗。我反對所有的相信，因為每個相信都會摧毀你，摧毀你思考的能力。我支持實驗，而且有些技巧是可以取得的。

那一直是我一生的工作——讓每個真的想尋找的人，讓每個不只是好奇，而是準備要冒著失去一切的風險去尋找的求道者，都能取得那些技巧。那是一個你必須冒著失去一切的風險的尋找，因為你將會找到最偉大的寶藏。

奧修，自由是什麼——是個人的還是集體的？

自由是一個三維的現象。第一個是身體的維度：就身體而言，你是可以被奴役的。數千年來，如同其他的商品，人一直被在市集上販賣。所有到達美國的黑人都像商品一樣的被買下來。

世界各地都存在著奴隸。他們沒有任何人權；他們不被當成人，他們是低於人類的。在印度有首陀羅，不能碰觸的人。印度四分之一的人仍然活在奴役中：因為五千年前的傳統所做的決定，這些人不能受教育，不能從事其他的職業，把他們當成人是不可能的：觸碰他們甚至會使你變成不純淨的：你必須立刻洗澡。即使你沒有觸碰他，而是他的影子——那你也得洗澡。

所以會有身體上的奴役和身體上的自由——你的身體不是被束縛的，不會被分配到低於其他人的類別，就身體而言，都是平等的。但直到今日，事實仍非如此。

女人的身體並不被認為和男人的身體是平等的。她並未像男人一樣自由。在中國，好幾世紀以來，丈夫擁有殺死妻子且不會被懲罰的權利，因為妻子是他的財產。就如同你可以弄壞你的椅子，或者你可以燒掉你的房子，因為那是你的椅子，你的房子，你的妻子。在中國的法律裡，丈夫殺了妻子不會被懲罰，因為她被認為是沒有靈魂的；她只是一個繁殖的機制，一個製造小孩的工廠。

回教徒會娶四個妻子，這是非常醜陋的，因為大自然維持著世界上的平衡。男人和女人的數量是相等的，如果一個男人娶了四個女人，那其他三個男人怎麼辦？他們會變成變態、同性戀、雞姦者，他們會造成愛滋病和各種疾病。穆罕默德就娶了九個妻子。

但是這不算什麼！就在四十年前，當印度獨立後，其中一個回教的邦，海德拉巴，邦主可以有五百個妻子！但那還不是最多的。

印度教神祇的化身，克理虛納，有一萬六千個妻子。邦主的妻子至少還是屬於他的——他娶了她們。克理虛納則是帶走任何人的妻子⋯不會考慮到她有小孩、她有丈夫、她必須照料他們——不會考慮。祂有那個權力。但是擁有一萬六千個妻子是非常愚蠢的——你甚至記不住她們的名字！但那只是因為印度的女人被當成財產，擁有越多越好。當然，必須讓神的化身擁有最多的妻子，以證明祂比任何人擁有更多的財產。

所以身體上的奴役仍然以不同的方式繼續著。它已經漸漸減少，但還沒有完全消失。身體上的自由表示不再有黑人和白人的分別，不再有男人和女人的分別，不再有各種身體上的分別。沒有誰是純淨或不純淨的：所有的身體都是一樣的。這就是自由的基礎。

然後是第二個維度：心理上的自由。世界上極少人在心理上是自由的⋯因為如果你是回教徒，心理上你就不是自由的；如果你是印度教徒，心理上你就不是自由的。我們養育小孩的所有方式就是使他們成為奴隸——政治思想體系的奴隸、社會思想體系的奴隸、宗教思想體系的奴隸。我們不讓他們有任何機會靠自己思考，靠自己尋找。我們強迫他們的頭腦⋯我們把我們沒經歷過的東西塞到他們的頭腦裡。

父母告訴小孩有神的存在——而他們完全不知道神。他們告訴小孩有天堂和地獄的存在——而他們完全不知道天堂和地獄。

我聽說：在紐約的某一天，最大的教堂裡，當主教進來後，他發現一個年輕人，他感到震驚，懷疑他是嬉皮還是耶穌基督。他看起來像是耶穌基督，但是你不會在這個情況下遇見耶穌基督！他一定是個嬉皮。主教感到害怕，因為他沒有見過耶穌——他無法認出來。。

他靠近問：「你是誰？」

年輕人說：「你認不出我嗎？你每天向我祈禱：『我的主，耶穌基督。』現在我來了，你居然敢問我：你是誰？」

主教相當害怕，也許他就是主，耶穌基督——他看起來就像耶穌基督。但是現在怎麼辦？在他就讀並成為主教的神學院裡，並沒有教導當耶穌基督來到你的教堂，你該怎麼做。並沒有先例！

他打電話到梵蒂岡問教皇：「給我些提示，該做什麼？有個人在這兒——我認為他看起來像個嬉皮，但是他看起來也像是耶穌基督。我問了他，他說：『我是你的主，耶穌基督。』現在我該做什麼？」教皇說：「什麼？以前從沒發生過這種事！你這樣做：首先，讓自己看起來很忙！其次，打電話給警察！」

你把你不知道的事教給你的小孩。你只是在制約他們的頭腦，因為你的頭腦受了你父母的制約。透過這個方式，疾病持續一代傳給一代。

一旦讓小孩成長，幫助他更理智、更有智慧、更有意識、更警覺的成長，心理上的自由將是可能的。不給他們任何信念。不教導他們任何信仰，而是儘可能鼓勵他們尋找真理。而且從一開始就得提醒他們：你自己的真理、你自己的發現將會使你解脫；其他的一切都無法做到。

真理不能是借來的。

它不能是從書上學到的。

沒有人可以把它給你。你必須靠自己磨銳你的智慧，這樣你才能深入看著存在並找到它。

如果允許小孩是自由的、接受性的、警覺的，並給他尋找的動機，他將會擁有心理上的自由。一旦心理上是自由的，巨大的責任感將會產生。你不需要教他；它會像心理自由的影子一樣的來到。他將會感謝你。否則每個小孩都會對父母生氣，因為他們毀了他：摧毀了他的自由，制約了他的頭腦。甚至在他發問前就用虛假的答案填滿了他的頭腦，因為那些答案不是他們自己的經驗。

這個世界活在心理的奴役中。

第三個維度是最終的自由——也就是知道你不是身體，知道你不是頭腦，知道你只是純粹的意識。那個知道來自於靜心。

它使你和身體分離，使你和頭腦分離，最終你將會以純粹的意識而存在，以純粹的覺知而存在。

那就是心靈上的自由。

這就是個人的三個基本維度。

你問到個人和集體。對集體而言沒有需要。所有的個人都應該是自由的，那時集體也將會是自由的。集體沒有靈魂，集體沒有頭腦，集體甚至沒有身體：它只是一個名字。它只是一個字。但是我們非常容易受到文字的影響，如此容易受影響以致於我們忘記文字並不是真實的。集體、社會、社群、宗教、教會——它們都是文字。在它們背後沒有任何東西。

我想到一個小故事。在「愛麗絲夢遊仙境」裡，愛麗絲到了皇后的宮殿。當她抵達後，皇后問她：「妳在路上有遇到一個來見我的信使嗎？」

愛麗絲說：「沒有人。」

皇后以為「沒有人」是某個人，於是她問：「那為什麼沒有人還沒到？」

愛麗絲說：「夫人，沒有人就是沒有人！」

皇后說：「別傻了！我知道：沒有人一定是沒有人，但是他應該要在你之前就到了。沒有人似乎走得比你還慢。」

愛麗絲說：「那是不可能的：沒有人會走得比我快！」

然後這個對話就一直這樣下去。在整個對話中，「沒有人」變成了某個人，而愛麗絲也無法讓皇后理解沒有人就是沒有人。要如何理解？她努力嘗試，當她聽到皇后說：「沒有人走得比你慢，」她動怒了：這太過分了！於是她大喊：「沒有人走得比我快！」

皇后說：「如果是這樣的話，那他應該已經到了這兒！」

集體、社會——這些都只是文字。真正存在的是個人；否則還有扶輪社、獅子會⋯跟著會有一個問題：扶輪社的自由是什麼？獅子會的自由是什麼？這些都只是名字。集體是一個非常危險的字。

在集體的名義下，個人、真實，一直被犧牲掉。我是完全反對的。國家一直以國家的名義犧牲個人——而「國家」只是一個字。你在地圖上畫的線並不存在於地球上的任何地方。它們只是你的遊戲。但是你畫在地圖的那些線上已經有數百萬人死去——真實的人，因為虛構出來的線而死。然後你說他們是英雄，國家的英雄！

集體的概念必須被完全摧毀；否則我們會繼續透過某個方式犧牲掉個人。在宗教的名義下，我們已經在宗教的戰爭中犧牲了他們。

一個死於宗教戰爭的回教徒知道他一定會上天堂。因為他一直被教士告知：「如果你為宗教而死，為回教而死，那你一定會上天堂，享受著你曾經想像過或夢到的各種喜悅。而被你殺死的人也會上天堂，因為他是被回教徒殺死的。那是他才有的特權，所以你不用因為殺了人而感到愧疚。」

基督教徒的十字軍戰爭——一個聖戰，護教的戰爭——殺了數千人，把人活活的燒死，為了什麼？為了某個群體⋯為了基督教，為了佛教，為了印度教，為了共產主義，為了法西斯主義——任何原因都可以。任何代表某個集體的文字，而個人是可以被犧牲的。

集體甚至不該存在：個人就足夠了。如果個人擁有自由，心理上的自由，心靈上的自由，那自然的，集體在心靈上將會是自由的。

集體由個人組成，反之則非如此。他們說個人只是集體的一部份；那不是正確的。個人不只是集體的一部份；集體只是一個字，表示個人聚集在一起。個人不是任何東西的一部分；他們保持是獨立的。他們保持著生物體上的獨立，他們不會變成部分。

如果我們真的想要一個自由的世界，那我們就得了解到在集體的名義下，已經發生了這麼多的大屠殺，現在是停止的時候了。

讓所有集體的名字失去過去所擁有的壯麗。

個人才應該是最重要的。

奧修，知道(knowing)是智力上的經驗嗎？

知道的經驗有兩個維度。其中一個是客觀的知道，另一個則是主觀的知道。客觀的知道是智力上的。那就是科學不斷在做的一切。它是智力上的知道。

智力能夠知道客體。客體是外在的——你的眼睛可以看見的，可以實驗的。你可以分析它，你可以做任何你想做的，各種實驗。對於純粹的智力而言是可行的。但是你自己的存在是你的智力無法碰觸到的。

只有在寧靜中才能碰觸到你自己的存在，不是在智力上的活動中，而是在寧靜的覺知中。那是完全不同的維度，那是真正的知道，知道你自己。但是那不會是智力上的，因為智力是某個只能進入外在的東西；它無法進入內在。

你可以用眼睛看到一切，但是你看不到——你的雙眼——你自己的雙眼。你可以從鏡子中看到自己的眼睛，但那不是你的眼睛；那只是個映像。你的智力可以知道外在的一切，但是你位於智力的背後，那是智力沒有辦法抵達的。

我想起……當福特製造出他的第一部車，那些車是沒有倒檔的。那時候還沒有倒檔的概念。所以當你從你家駛出了幾呎遠的距離後，你想要回家拿東西，你得繞全市一圈後才能回到家。那是非常冗長、愚蠢且費時的。於是他加了倒檔。

但是就智力而言，神並不是福特。智力仍然沒有倒檔；它只能向外走。你可以帶著它到達最遙遠的星星，那沒有問題；但是它無法進入你的內在，雖然兩者如此接近。

愛因斯坦，研究過星辰的人，也許是最聰明的人，但死時仍是不快樂的，因為他還不知道自己。他的不快樂是：知道了全世界又有什麼意義——知道了電子、質子和中子，以及遙遠的銀河——但卻不知道自己，不知道自己是誰？

臨死前，他說：「如果我再次出生，我寧願當一個水管工人，而不是物理學家，這樣我就有足夠的時間去深入探究我的內在。這個物理學已經變成很大的累贅。」

透過智力，你可以知道一切，除了你自己。

如果你只是依賴你的智力，你將會否認你的靈魂——那就是無神論者一直在做的，那就是共產主義者一直在做的。原因只是他們認為如果要成為真實的，那必須是可以用智力證明的。然而意識是無法用智力證明的。

必須用完全不同的方式來探索意識。智力就是思考，而意識則透過沒有思考的狀態來探索——在如此全然的寧靜中，以致於連一個思想的移動都沒有發生而造成干擾。

就在那個寧靜中，你發現了你的存在。

它就像天空一樣的巨大。

知道它就是知道了某個有價值的東西；否則你所有的知識都會是垃圾。它可能是實用的、有幫助的，但是它不會幫你轉變你的存在。它無法使你滿足、使你成就、使你成道，無法使你說：「我到家了。」

奧修，根據你的看法，心理學對無意識所做的分析為人類揭示了什麼？

幾乎沒有。心理分析是一個毫無價值的練習，因為它沒有改變任何事：它沒有創造出一個全新的人，沒有為你帶來寧靜。事實上，即使是心理分析的創始者佛洛依德，其對於死亡是如此恐懼以致於連你都無法相信。沒有任何正常人會這麼害怕死亡。

心理分析的創始者是如此恐懼以致於甚至不能在他面前提到「死」這個字——那是個禁忌。那是不能談論的。曾經發生過三次，某個人提到死亡，然後佛洛依德突然昏倒，失去了意識。他是如此害怕死亡以致於他會避免去任何墓地，他會避免去見垂死的人，即使是他的朋友或學生。任何關於死亡的東西都會使他徹底感到驚慌——而這個人卻教你們做心理分析！

他的問題不止於此。他和其他人一樣都會生氣。他是善嫉的，比任何人還要善嫉。他是貪婪的。他想要獨佔一切，他想要支配人們。他幾乎在這個世界上創造出一個心理分析的帝國，但是每個人都像鸚鵡一樣重複他說的話。一旦有任何人說了不同意見就會被趕走。那似乎不像科學，比較像是一個政治性聚會或狂熱的宗教——而不是科學上的探究。

榮格也一樣。。他去印度找某個人…因為在東方，人們已經花了數千年的時間去探究頭腦。但是他們從沒有發展出任何像是心理分析的東西；他們發展出靜心——一個完全不同的方法。

有什麼必要去分析頭腦裡的垃圾？——分類它們……花了很多年。有些人在心理分析上花了十五年的時間，但沒有任何進展。他們不斷更換心理醫師，盼望某個人可以對他有幫助，但是他們也沒有任何改善。不可能，因為所有心理分析在做的——所有學校，無論是阿德勒學派、榮格學派或佛洛依德學派——都是在分析你頭腦裡的垃圾，根據他們的頭腦來解讀那些垃圾。這樣做有什麼意義？

在東方，我們沒有發展出任何心理分析，我們發展出靜心。靜心只是帶著你遠離垃圾，帶著你超越垃圾——不需要在意它們。如果你要研究它們，那可以花你好幾世的時間。將會永無止盡。

所以只是觀照你的頭腦，不要對頭腦做任何事——只是保持冷漠，只是看著它，彷彿思想在螢幕上移動，只是看著它，不做出任何好或壞的評斷——一個奇怪的經驗會發生：思想開始漸漸消失。很快就會有個片刻來到，只有一個空無的螢幕——沒有思想。一旦沒有客體、沒有思想，意識會轉向它自己，因為沒有任何東西妨礙它；那正是「客體(object)」這個字的意思——它會妨礙、它會反對。

一旦沒有客體，意識會……就如同一切萬物的運行有其循環，意識的運行也有其循環。它會回到它的源頭。一旦意識和它的源頭會合，那會是光的爆發，一個人所能達成的最大慶祝、最高潮的經驗。

而且那不是某件發生後就結束的事。不，一旦它發生，它會持續不斷。它會和你在一起。它開始變成像是你的呼吸。你會一天二十四小時都活在它裡面。

榮格到印度去尋找某個人，想知道東方做了什麼而能創造出這麼多像佛陀一樣的人——不只是一個，而是數百個，超越了頭腦和所有它造成的麻煩、問題、憂慮和緊張。那個秘訣是什麼？他到大學和心理學家見面，每個人都對他說：「你在浪費時間。這些人不是正確的人。這些人都是到西方學習心理分析，他們在大學教授心理分析。你需要尋找某個完全沒受過西方影響的人。是有一個這樣的人。」

這樣的一個人——拉瑪瑪赫西。無論榮格去哪兒——他待了三個月——每個人都告訴了他同樣的名字。「去南印度的阿魯納恰爾，去找那個沒受過教育的、對心理分析一無所知的人；他是東方所能孕育出的人。去那兒，和他坐在一起，和他說話，聽他說話。如果你有問題，就問他。」但是你會驚訝：榮格從未去那兒。後來，感覺自己會被批評，所以榮格寫到：「我不去找拉瑪瑪赫西是經過深思熟慮的，因為東方有自己的方式，西方有自己的方式，兩者不應該混在一起」——只是為了使自己不被批評。那他為什麼還要去印度？他被再三告知，去找那個很稀有的人，但他沒有這麼做，雖然他到過馬德拉斯，從那兒到阿魯納恰爾只要兩個小時！

榮格沒去見拉瑪瑪赫西，一個只是見到就會了解到這是多麼清明的人，已經完全將頭腦清乾淨的人——他的雙眼、他的手勢、他的話語、他的真誠。他沒有引經據典過，他是知道自己的。

榮格沒有去那兒，他因此感到愧疚。為了保護自己，他開始聲稱東方和西方的方式是不同的。這是在胡扯，因為人——無論在東方或西方——都是一樣的。奇怪的是他在對東方人教導西方的心理學。他應該要拒絕這樣做，因為他把東方和西方混在一起。如果他真的是誠實的，他應該說：「你們得回去東方。」

他對東方人教導西方的心理學，但卻沒準備要去見一個東方的靜心者，只是見個面。那個恐懼是什麼？那個恐懼就是榮格和你們一樣平凡——只不過是博學多聞的。他從書中收集知識，但是他自己沒有任何經驗。

西方心理學只是一門生意。它是在欺騙人。它只是在剝削人，沒有任何幫助，因為沒有別的選擇，人們必須去看心理醫生。然後心理醫生會去找其他的心理醫生。然而在心理分析行業中，發瘋的人勝過其他行業！他們的自殺率勝過其他行業；和其他行業相比，他們的心理在各方面都是更不正常的。

這是一個非常奇怪的現象。它根本不是科學，它只是虛構的。但是它已經變成一個熱門的職業。事實上，猶太人錯過了耶穌——創造了最大的企業，屬於基督教的企業——猶太人無法原諒自己。他們自己的孩子正要創造出這麼大的企業，而他們卻把這個可憐的男孩釘上十字架！

佛洛依德和馬克斯也是猶太人——這兩個人非常努力，想要彌補猶太人因為處死耶穌而錯過的。這次他們沒有處死馬克斯。也沒有處死佛洛依德。他們學到教訓，那就是十字架刑的代價是昂貴的：整個生意都送給別人了！

第二章
只有一個人，但卻是多數的一方

奧修，你用如此美麗的方式談論成道、覺醒和幻象，對我而言，幻象是如此真實以致於去想像覺醒都似乎不太可能。我對你的美、你的優雅、你的愛、你的了解感到好奇，能夠處於你的存在中簡直不像是真的，那一定是某個夢或非比尋常的事件。

生命如此的美好，無論我要求什麼，它都會給予。因為你，恩典以如此多的方式灑落，童話故事不斷上演。隨著生命懶散的逝去，我不斷的從這個喜悅來到另一個喜悅。這個方式似乎是非常安逸和舒適的，對成道的慾望似乎待在非常遙遠的地方。請評論。

對成道的慾望似乎待在遙遠的地方，這是好的，因為對成道的慾望是達成它的最大阻礙。

對求道者而言，這是其中一個永遠會有的問題。一方面，師父不斷說：「達到成道，」另一方面，他們則不斷說：「不要欲求成道。」對可憐的弟子而言，這一直是個巨大的謎。師父說了兩件事：欲求它，也不欲求它。欲求它是因為它是唯一值得欲求的；不欲求它是因為慾望會造成阻礙。

我不會給你創造這樣的謎，我工作的方式是不同的。只是和你在一起，無論說不說話，我都是全心全意的對待你，並創造出一個使你對成道有些瞥見的狀況：即使是對成道的小小瞥見也能夠使你停留在此時此地。你會忘記所有的慾望，包括成道。

如果可以創造出一個狀況，使你如此喜樂、如此滿足，以致於即使你的頭腦只有一個片刻是沒有慾望的，那也使你上了重要的一課——如果這個無念的狀態可以無時無刻持續著，你就不需要擔心成道：它會自行來到。你不需要去找它。它不是坐在某處的某個東西，你必須欲求、尋找、努力的下工夫才能達到它。它只是你無慾的狀態。

無慾會是最喜樂的狀態，成道是它的另一個名字。即使只有一個片刻知道它也夠了，因為生命不會同時給你兩個片刻，它總是一個片刻。如果你知道那個秘密，轉變這個片刻的煉金術，那你就知道了轉變生命的整個秘密，因為下一個片刻也會是相同的。你可以依照之前的方式；繼續處於無慾的狀態。

處於我的存在⋯⋯透過這個方式避免在你的頭腦中產生任何困惑和誤解。我可以讓你瞥見到，然後那個瞥見會照料你。首先，對成道的慾望似乎待在非常遙遠的地方，然後漸漸的，你會忘掉關於它的一切，因為你會待在它裡面；它會待在你裡面。確實，在一開始，它看起來就像個美夢，因為我們已經接受了現實和它的醜陋。我們只能透過夢知道什麼是美。

所以每當有這樣的事發生在你身上，即使你是完全清醒的，那仍然像是個夢。現實不可能如此充滿希望、如此的美麗、如此的壯麗：現實沒有這樣的魔力。但是我告訴你，現實比任何夢還要魔幻。它比任何夢還要美麗；比任何世上的詩還要有詩意。

我們知道的現實並不是真正的實相；是因為醜陋的頭腦避免自己看到實相所看到的現實。我們看不見真實的；我們看到的一切一直是被我們自己的偏見、想法和整個頭腦所歪曲過的一切。然而連這一切也是在追逐中所看到的一切。我們無法放鬆。我們總是不斷的追逐，不知道要去哪兒。某個東西似乎遺失了，我們試著在每個地方尋找它。但是我們無法在任何地方找到它，因為這個頭腦會一直待在你和實相之間，扭曲實相。

如果在我的存在裡，你是有接受性的、忠實的，你的頭腦會有一個片刻是離開你的——它必須離開你。某個比你的頭腦更重要的東西正在發生。那就是愛的意思。你甚至可以犧牲自己——在信任中，你犧牲了頭腦，在頭腦被放在一旁的那個片刻中，你會直接看見實相，它是如此美麗，無法形容的美。確實，在那些片刻中，你甚至會感覺你不想要成道。如果這個實相可以持續下去直到永遠，這些不就是成道所能給你的嗎？

你是正確的，因為這就是成道的開始。你只是有過瞥見，連那個瞥見也使你拋棄了成道的慾望——這個慾望的拋棄使得成道是更有可能的。它就只是發生了。有一天早上你突然醒來，你不再是同一個人，因為你的改變，整個存在也會跟著改變。然後就不是要做什麼來維持它的問題了；它會一直和你在一起。

事實上，即使你想拋棄它也無法做到。你無法回頭；你只能往前走。然後有一天，那一天也會進入你的生命，當成道對你而言是如此正常——就像呼吸，就像心跳，就像流過靜脈的血液——你甚至感覺不到。血液的流動是非常快速的，一圈又一圈，從頭到腳，但是我們感覺不到；我們帶著它出生，我們已經習慣了。

當成道變成一個正常的現象，然後最終的奧秘會開啟它的門：一個人甚至會超越成道。超越成道的意思是一個人變得像是普通人，這個巨大宇宙的一部份——沒有任何宣稱、任何優越感、任何自我。一個人只是溶解在實相的海洋，就像早晨的太陽照耀下的露珠，從蓮葉滑落到海洋裡。那會是最終的⋯沒有任何還需要做的事；你已經變成海洋。

成道會仍然保留你的某些東西⋯非常精微的部分，但仍然有某些「我」的想法存在。由於成道，那使你是優秀的，你感到你是較優秀的，但你不是有意的。那就是為什麼在最後一步，連最微小的「我」也溶解了⋯現在你不是優秀的，也不是次等的：你消失了。現在只有存在。佛陀稱為涅槃。他已經選出了最適合形容它的字。

奧修，我常聽你講話但不去了解。我感到非常喜樂——我聽你說那是正確的聽。之後我有了一個強烈的慾望，想要了解你說的話。一開始我是悲傷的；似乎我的方向錯了。但是那種感覺很好：我的頭部振動著，感覺非常的有活力。除了享受它之外，有什麼我能做的嗎？

不需要做任何事。如果你享受它，你就是透過心聆聽我說的話。那是洋溢的愛，超越文字的了解。你沒試著去了解；你從未使用頭腦。那是好的，非常好——旅程應該這樣開始。

當心完全充滿喜悅，它會開始從每個方向溢出；頭腦無法不受影響。那就是正在發生的：你突然開始努力去聽，想要了解，你感覺你的頭充滿了奇怪的振動。那表示某個東西開始從心溢出，因為不可能只是對文字的了解就會造成那個振動。如果你感到喜悅、你是享受它的，那沒有問題：那只是頭腦和心開始協調一致；它們之間的衝突正在溶解，它們的對立正在消失。它們很快就會是一體的。

然後聆聽會是並行的——它以一個振動、一個顫動到達你的心，同時以一個了解到達頭腦——

它們同時和你連結。一旦旅程從頭腦開始，就會發生問題。頭腦是一個吝嗇鬼。首先，有很多事是它無法了解的，但是它假裝它了解，所以它創造出一個謊言。它無法給心任何東西；它甚至不知道心的存在。它不知道給予，它只知道得到；它是貪婪的。

你會驚訝的知道「貪婪（greed）」這個字來自於梵文的一個字。在梵文中，禿鷹被稱為gridha。禿鷹和貪婪都來自於同一個字根。頭腦是一隻禿鷹。這是值得了解的，因為有屍體在的地方、如果有人要死了，禿鷹總是會在場。

如果你到孟買，可以去看看拜火教徒（persian）的墓地。那是其中一個最美的地方，就在孟買中部。只有孟買才有拜火教徒。他們通常是波斯人，印度字parsee（印度拜火教徒）就是從persian衍生而來的。因為他們不想成為回教徒，他們逃走並定居在孟買。從那時起，他們一直都在孟買活動，因為全波斯都變成回教徒了——被迫的。

當他們初次來到，他們選擇用來當作墓地的地方位於孟買的郊外。但是孟買一直快速的擴增，現在那個地方已經變成孟買的中部——一個茂密的森林。拜火教的墓地有些奇怪的地方：它有一個非常大的井，井上面有很多鐵桿。他們把屍體放在鐵桿上，這樣屍體就不會掉到井裡。然後禿鷹會吃屍體，所以只有骨頭會掉到井裡。井裡面堆滿了骨頭——那是一個非常大的井。你會看到數千隻的禿鷹停在那些樹上，等待某個人死掉。牠們靠死人而活。

奇妙的是，頭腦也依靠某些死掉的東西而存活，而不是任何活生生的東西。一旦旅程從頭腦開始，它會以為它在試著了解意義，但實際上它是在謀殺意義。那些文字中活生生的部分都被放在一旁；只有死掉的部份被吸收了。當我說某個人是知識份子，我就是這個意思。那表示他收集了很多死人的骨頭，但卻從未經驗過生命。他是充滿文字的，但是他把意義給予那些文字；他不是從它們那兒得到意義，所以整個旅程都弄錯了。

如果一個人從頭腦開始，就仍會受到頭腦的限制。他收集文字，變成學者，一個知識份子，但那不是智慧。他的第一步，從頭腦開始，那是無智慧的。我從未支持過任何智力型的知識份子。那看起來會是荒謬的，因為我們通常會以為知識份子是有智慧的人，但那不是正確的。知識份子只是依賴死掉的文字而活。智慧不可能這樣。智慧會拋棄文字——那些是屍體——只會取走裡面有生氣的振動能量。

所以旅程從心開始是好的。有智慧的人，他的方式是屬於心的，因為心對文字沒興趣；它只會對文字容器中的汁液有興趣。它不會收集容器；它只會飲用裡面的汁液，並把容器扔掉。頭腦做的剛好相反：它會扔掉汁液，收集容器。容器看起來是美麗的，收集大量的容器會使一個人成為偉大的知識巨人。

如果你的旅程從頭部開始，你會不斷在頭腦裡面打轉。你的頭部會開始興奮激動；你會變得更自我。

海斯雅問我：「我們為什麼不邀請知識份子、作家、記者、教授來了解你？」這就是原因：他們無法了解。如果他們有讀我的書，那很好；他們可以收集一些文字、一些容器，但如果和我在一起，他們會感到尷尬，因為我強調的是汁液，不是容器。

心知道如何變成酣醉的，心知道如何給予，如何分享。它甚至願意和頭腦分享。一旦心和頭腦分享，會產生一個不同，因為心沒有容器；它只能分享汁液。如果頭腦想要拿，它能拿的只有汁液。

那就是為什麼你會有興奮激動的感覺。很快，心也會用同樣的汁液填滿頭腦。它將會用同樣興奮激動的感覺填滿你的身體。它會是你生命中每個細胞的舞動。

所以發生在你身上的一切是非常好的——它正在發生；不是你的作為。作為總是猜疑的；發生則是永不懷疑的。所以每當某件事發生了，跟隨它——完全的跟隨它，沒有任何保留，你將會進入更深的祝福中、更深的恩賜中。

奧修，我非常喜歡你說：「當我開始我的工作，我只有一個人，但卻是占大多數的一方。」真理是否總能戰勝？

即使到今日，我仍是一個人，但卻是多數的一方。我死時也將會是一個人，但仍是多數的一方！真理不是某個可以集體擁有的東西；它一直是個人的。群眾如此害怕得到真理的人不是沒原因的，因為真理永遠不會是集體可得的；只有謊言才會是集體可得的。即使只有一個人得到真理，也足以燒毀整個謊言的森林，因為即使是數千個謊言也無法面對一句真理。

謊言沒有生命；它們是死的。它們只是負擔——不會給你任何自由和喜悅；它們只是給你非常大的負擔，以致於你失去成為一個自由個體的所有希望而願意被奴役。那就是它們的作用。

每個社會、每個宗教和每個文明都在用各種謊言欺騙、腐化小孩的頭腦，所以自然的，被這些謊言填滿後，群眾變得很恐懼。而真理就像火；謊言無法面對它。真理一直是個人的發現；過去它一直是這樣，以後也會是這樣。它使一個人是多數的一方。

我稱為「多數的一方」是因為雖然只有一個人，但他不是少數的一方。他的真理是如此強大以致於就算全世界站在另一邊⋯也無法摧毀他的真理。那個人可以被摧毀——社會一直試著要摧毀很多美麗的人，只是為了要摧毀他們的真理。但是它們仍然無法了解到，你可以摧毀那個人，但是你無法摧毀真理。

真理會存續下去。一旦它被發現了，它就不會消失。你可以摧毀那個發現它的人；還會有另一個人變成媒介。真理會在最茂密的謊言森林中找到方法。它總會戰勝。也許會需要點時間，但是對真理而言，時間是無關緊要的；它總是會戰勝。

謊言用各種虛構的東西裝飾，但它仍是謊言。你可以使它看起來像是真的，但那只是表面如此。深入凝視它，你就會發現它不是真的，它是虛構的。一旦一個人了解到某個東西是假的，它就會掉到地上並死去。在一開始就是死的——它一直是死的，它出現時就是死的——但是你從未看著它。對任何真理而言，戰勝是需要時間的。因為謊言的森林是如此茂密。所有既得利益者如此努力的保護他們的謊言，所有權勢都站在謊言的一方。

每個小孩都在謊言的世界中出生。然而真理是生命的本質，它仍然是無法被擊敗的。它的勝利可以被拖延——好幾年、好幾世紀——但是有一天，突然間，你會發現你的行為是錯誤的、不適當的。

就在幾天前，我聽說——阿南朵帶來一份新聞簡報——二千年後，教皇首次在猶太教的會堂發表聲明：譴責全猶太教團體並要他們為耶穌基督受十字架刑而負責是錯誤的；為了報復他們殺了耶穌基督而在這二千年來譴責、謀殺和摧毀猶太人也是絕對錯誤的。

他們確實是不用負責的。未來也不該有任何人，只因為是猶太人，就得被教導說他必須為耶穌受到十字架刑而負責。只有少數人要負責，但是那不表示所有猶太人永遠都得被譴責、謀殺和摧毀。在二千年來連續不斷的迫害、謀殺和屠殺後，猶太人無法相信教皇說了那些話——但真理總有一天會被承認。

這些是愚蠢的行為。只有少數人該負責，但是他們都死了；你再也無法報復他們了。世代不斷交替，但是猶太人仍被要求負責，他們必須被各種理由迫害、騷擾和謀殺。

教皇接受事實了，但是真理還沒有戰勝——只是贏了一場戰役，不是整個戰爭。如果他了解事實，那他就該更改聖經的故事。亞當和夏娃不服從的罪名，他們犯的罪，是他們的責任，但是每個基督教徒卻因為他們犯的罪而帶罪出生。現在你要怎麼處理亞當和夏娃？

確實，如果教皇能了解到他的聲明所產生的暗示，那他就應該有足夠的勇氣說：「我們要拿掉那個聖經的故事。」亞當和夏娃才是要負責的。神可以懲罰他們——那是他們的事——但是根據聖經，六千年過去了，每個基督教徒仍然帶罪而生，必須因為亞當和夏娃犯的罪被懲罰。透過世代的交替，我們一直背負著它們。但我們不是那件事的一部份；那不是我們做的，沒有人和我們商量過。

當某個人說了些話，他應該要意識到那些話會產生的暗示。現在如果教皇說猶太人不用為耶穌受到十字架刑負責，那就不會有任何基督教徒因為亞當和夏娃犯的罪而帶罪而生。如果他承認那些言外之意，只有到了那時，他說的話才是有意義的。否則一切都只是政治手段：和真理無關，他只是想要猶太人在政治上給予更多支持。

而猶太人對他的支持會是危險的，因為那個支持表示他吞掉了整個猶太民族。他會開始說：「我們並不是不同的。耶穌是猶太人，我們都是耶穌的跟隨者，你們也是猶太人——我們並不是不同的。」

而且他已經擁有六億個天主教徒。如果他不認為聖經的故事是錯的，那他就得把他的話收回，或者他得承認那是政治上的手段。

以前沒發生過這樣的事，但是在一個笑話中，我聽說教皇每年都會和猶太教的祭司長在某條路上見面，雙方會前往對方的所在地。他們在路中間相遇，一大群人在那兒等著，觀看他們的相會。一切優雅的進行著。猶太人向教皇鞠躬，給了他一份卷軸。教皇看了那個卷軸，還了回去，並向猶太人鞠躬，然後會面結束了。人們一直很好奇：「怎麼回事？這兩個人傳達了什麼？那個卷軸裡面有什麼？」

每年，同樣的卷軸被拿了出來，被看過內容，然後交還對方，數千人在那兒聚集著，希望他們可以知道其中的秘密。最後，人們去問猶太教的祭司長：「怎麼回事？」

祭司長笑了，他說：「沒有什麼秘密：那是上一頓飯的帳單。還沒有人支付，所以我們每年都會拿出來。也許某個教皇會支付，但是他們只是還回來。」

這就是會面的目的。教皇走向他們只是一個政治上的考量。如果他接受了某個真理，那麼那個真理隱含的所有意義都應該被接受。那就是知道真理是否被接受的方式。只有當真理隱含的所有意義都被接受了，它才算是被接受；否則會是因為別的原因而接受它——除了承認它是真理之外。

我說過，當我開始我的工作，我只有一個人，但是是多數的一方，現在我要告訴你，當我結束工作，我也會是單獨一個人，但仍是多數的一方——原因是我無法把真理給你。如果透過我的方法，你發現它了，你也會是單獨一個人，但是是多數的一方。

但真理本身是如此強大以致於它能夠賜給一個人對抗全世界的勇氣。真理賜予勇氣，因為真理其中一個固有的品質是「我終將勝利。」你可能不會看到我的勝利，但是你已經開始進行一件終將勝利的事。慶祝吧！

奧修，據說當企鵝站在冰層上想要下潛時，牠們會憂慮的盯著水底，確認是否有任何海獅的蹤跡。慢慢的、慢慢的，越來越多企鵝盯著水底，以致於空間越來越小，最後有一隻企鵝意外被推入水底。然後所有的企鵝會盯著水底，如果那隻企鵝沒有浮起來，牠們都會離開，不會想要下潛，除非那隻企鵝安全的出現，牠們才會快樂的跳入水中。奧修，我們是否也像是這樣？

你們不是企鵝，你們在各方面都完全不像企鵝。但是群眾就像那樣。那正是群眾和求道者之間的差別。即使我沉沒了，你們也不會離開我；一旦我沉沒了，你們不但不會離開，你們反而都會跳下去跟隨我。

這是一個從未被任何人簽署、從未被任何人揭露的契約：你的生命是我的生命的一部份；我的生命是你的生命的一部份。我的死亡也是如此。你們會慶祝，並跳下去跟隨我，你們不會拯救自己並因此永遠感到愧疚。

不，你們不像企鵝。但群眾就像企鵝；他們觀看，如果某件事成功了，那他們就會跟隨。如果某個人失敗了，他們只會嘲笑他是笨蛋。

當萊特兄弟打算製造第一架飛機時，人們認為他們瘋了，他們的家人甚至說：「有誰聽過飛機？你們為什麼要浪費時間？」鄰居、家人和每個人都在阻撓他們，要他們停止胡說八道。甚至沒有人要聽他們想說的話和計畫。而且萊特兄弟是可憐的人，沒有可以工作的大實驗室。他們的父親只是一個銷售腳踏車的商人。

他們無法在白天工作，所以只能在晚上…他們家裡有一個地下室，他們的父親常把收集來的腳踏車零件、故障零件或任何東西放那兒。所以那些只是垃圾，而他們用那些垃圾製造出他們的第一架飛機。用腳踏車零件製造出來的。

現在問題是他們不能在地下室啟動那架飛機。於是他們半夜偷偷的把它弄出來，到了早上，當太陽升起，他們在離家很遠的地方啟動它。他們不確定…因為從未發生過這樣的事。但是它成功了！它在空中只飛了六十秒，但是他們成功了。秘訣在於他們的雙手。如果它可以飛六十秒，那它也能飛六十小時；那不是太大問題——製造方法是一樣的。現在只是要改善機械架構。

然後他們對全鎮宣佈：「今晚我們將進行實驗。你們都來看看我們的瘋狂！」首先他們獨自做到了——只有兄弟兩人——一個在地上，一個在飛機上。那一晚幾乎全鎮——不只是那個村鎮的人，還有鄰鎮的人——都來看他們出糗：「這兩個白痴想要飛！」

但是他們很驚訝的看到他們成功了：飛機再次在天空飛了六十秒，萊特兄弟問：「現在你們怎麼說？誰瘋了？」

人們立刻說：「這兩兄弟是天才！他們是我們的孩子，來自於我們這個村鎮，來自於我們這個地區。」家人也在慶祝。辦了一個宴會，因為「我們的孩子成功了。」

萊特兄弟感到驚訝：怎麼回事？沒人說我們瘋了；我們突然變成天才了！來自世界各地的人都來觀看…偉大的科學家，想要生產它的大製造商，都想知道秘訣。那個小地方變成一個朝聖地。

群眾運作的方式就跟企鵝一樣。如果你在某件事上獲得成功，每個人都會支持你。如果你在某件事上失敗了，每個人都會反對你。如果你成功，每個人都會說：「我們已經知道你會成功的。不是嗎？」如果你失敗了，同樣的人會說：「我們已經告訴你了，別傻了；這是不會成功的。」

群眾運作的方式就跟企鵝一樣，反之亦然：企鵝運作的方式就跟群眾一樣。但跟你們不同。你們已經和我在一起。你們和我一起對抗世界。

這不是一個想像你會做什麼的問題：你已經做了。和我在一起就是處於危險中。而危險會持續增加，首先是那些想要阻止我的人，想要讓我跛腳而無法工作的人，他們很快就會鋌而走險——他們會做出任何事。他們擁有所有的權力；現在只是真理不站在他們那邊。他們擁有權力，但是存在並未和他們同一陣線。他們可以對我和我的人造成各種傷害，但是他們無法對真理造成任何傷害。而我決定要在他們對我做出任何傷害前，儘可能的揭露真理。

我仍然有很多要說出來的事，然而情勢不讓我說出來。但是我們會找到說出它們的機會；我們會做出各種努力。而且我不認為存在不會支援我們。

如你們所看到的：我們已經被歐洲拒絕了——從這個機場到另一個機場，從這個國家到另一個國家。在那個當下，你會認為那是個不幸。但是現在你們知道了：存在是更保護我們的。幸好他們拒絕我們；現在他們坐在死亡之雲下。如果他們同意我們入境，我們也會處於同樣的危險中。

我們應該寄感謝函給他們：「你們太偉大了！你們怎麼知道有個災難要發生了，所以不該讓這些美麗的人處於危險中？」

第三章
來自未知的呼喚

奧修，這些日子我感覺我的頭腦快要發瘋了。就好像它盡力要試著抓住任何東西，特別是講道時，當我和你靜靜的坐在一起。好像越來越少東西可以讓它抓住，越來越少的思想，於是它創造出最瘋狂的東西。這是否是你工作的一部份？還是我快發瘋了？

你要發瘋了！

但那也是我工作的一部份。

不過別害怕發瘋，因為這個瘋狂只會發生在非常少數的個人；那不是某件常遇到的事。那不是神智不清，那是超越頭腦；而頭腦會感到非常害怕，因為超越的意思是從已知的來到未知的。從那個似乎被點亮的小空間開始，超越的意思是進入黑暗。頭腦被訓練來應付生活中的一切。超越並失去可以抓住的東西會使它感到危險。

每個小孩要出生也會感到同樣的危險。母親分娩的痛苦是因為小孩，因為沒有小孩想要被生下來。他住在一個舒適的家，自給自足的，沒有任何擔憂和責任，完全的喜悅。現在他突然要被丟出來。他只知道那個小空間；那一直是他的世界，他在裡面是完全幸福的。現在他要從那兒被丟向某個未知、不熟悉的地方。那感覺幾乎就像死亡。小孩會拒絕離開子宮；那個拒絕會造成母親的痛苦。

小孩不想放開來並輕易的讓自己離開子宮——他會抗爭。那就是爭鬥的開始。

現在他會抗爭一輩子。那也是他對未知感到恐懼的開始。這是有原因的，因為小孩從未待過比子宮更好的世界。他進入了一個悲慘的世界。他對悲慘沒有任何概念。他從不知道任何緊張；一切都依他所想的進行著。現在一切不再跟他所想的一樣，他的一生都會努力去創造他曾經失去過的舒適。

對舒適、享受、美麗的家、溫暖氛圍的慾望，只不過是在創造另一個圍繞著你的子宮——你曾經失去的子宮。你為了創造它而做了一切，但一切都失敗了；沒有任何東西可以將那個子宮帶回來給你。那給了你的頭腦一個極大的保證：永遠不要讓任何東西是未知的；永遠不要超越已知的界線——那是危險的。一旦你超越它，你就無法回來了，因為你無法回到子宮。這些都不是有意識的想法，那是你無意識的感覺。

所以當你安靜的坐著，當你接近那個界線時，你可能會感到害怕。你可能會緊抓著任何東西，這樣你就不會失去已知的，就不會消失在巨大的未知中。你不想再犯下出生時所犯過的同樣錯誤。那個無意識仍然攜帶著那個創傷。

在一個更好的教育系統中，我們會教導小孩，那並不是生命。你是舒適的，但是沒有任何冒險和挑戰。進入未知的一切恐懼都必須透過正確的教育從無意識中拿掉它。然後將會抱持一個完全不同的態度。每當你接近那個未知的，你會感到極大的喜悅、興奮和探索的挑戰。你不會再抓著不放。

但是到目前為止，情況並非如此。世界上的教育系統甚至沒觸碰到你基本的心理問題。它和給予你心理上的自由是無關的。那個問題甚至沒被提到。

我曾經參加過教授、副校長、教育學者舉辦的研討會，討論如何使教育系統運作得更好。然而在每個研討會中，我一直告訴他們：「你們說的一切都是垃圾：你們甚至沒碰觸到基本的問題。某個人說學生不服從，不守紀律，不尊師重道——如何使他們尊敬、服從？」

「你們在乎表面上的問題，你們關心的是自己、你們的麻煩、你們的問題，而不是世界上年輕的一代。你們從未談到他們的心理自由。」

「如果你們可以著手進行——這是可能的——讓每個學生在心理上對於未知的一切是沒有恐懼的⋯⋯不是感到恐懼，而是為那個未知的而陶醉，愛上那個未知的，在傳奇的冒險中進入超越了渺小頭腦的世界。如果你們可以做到那樣，他們將會尊敬你們。你們給了他們這樣的禮物，他們不可能不尊敬你們。他們將會服從你們，因為他們知道你們不會剝削他們。你們一直在試著使他們在心理上是自由的，所以你們怎麼會剝削他們？他們會信任你們。」

「這些你們每年舉辦研討會不斷在討論的膚淺問題⋯⋯每年的結論都是同樣的解決方式，而你們的解決方式只是創造出更多的問題，因為你們所有的解決方式都是非常差勁的。同樣的解決方式：更嚴厲、讓不服從的學生退學、懲罰那些製造麻煩的學生。你們的解決方式只會讓學生更不服從、更反對你們。」

「情況已經演變成學生認為現在是學生階級在反對教師階級。這是階級的抗爭，就像窮人和富人。他們為他們的族群而戰，就像其他族群，例如勞工階級。現在學生階級在意的就是如何保護學生並和教師、制度對抗。你們並沒有解決問題，而是在創造問題。」

當他們聽我說，我總是感覺在對牆壁講話，因為無法穿透他們的厚頭骨。幾乎不可能影響他們。

他們是如此的博學多聞，以致於不準備要聽，特別是某些對他們非常新穎的東西。

原因很明顯。出生時的創傷是生命裡其中一件最重要的事，因為那是起點，其他的一切都將隨後發生；我們必須改變那個創傷。否則人類將會保持不變——一直害怕那個未知的、恐懼的，不會尋求冒險，不會尋找和探索新的空間。

而我們的意識頭腦是一個非常小的空間；在它下方有一個巨大的世界，在它上方也有一個巨大的世界。兩者都必須被探索過。如果你掉到它的下方，你會神智不清，你真的會發瘋。但是如果你超越它，你的瘋狂將會轉變成最清醒的狀態。

到達意識最高峰的人有了新的潛力，其中最重要的是，現在他可以往下走。他擁有足夠的光去進入更黑暗的部份，那是他以前無法進入的。以前，掉到頭腦之下一定會發瘋，因為頭腦是一個小光點。如果你從那兒墜落，你只會落入黑暗中。而黑暗會變得越來越深厚，你開始失去返回的能力。

但如果你到達的是頭腦的更高層次——超意識、集體超意識、宇宙超意識——然後你會擁有非常多的光，你就是光。現在你可以啟程前往無意識、集體無意識、宇宙無意識的世界。然後無論你到了哪兒，黑暗都會消失。你會成為一個完整的七層光譜——完全充滿光芒的。這就是我說的成道。

現在你無法發瘋了。現在你不再恐懼了；連死亡也不會使你恐懼。事實上你已經實現了你最初的慾望：你再次處於存在的子宮，再次沒有憂慮、責任、緊張，完全放鬆的——只是相信存在，無論它帶你去哪兒，都是好的。

你不會有任何要求、慾望、目的。你放下了所有麻煩而進入存在。現在你已經得到一個永恆的子宮。那就是為什麼成道者可以完全放鬆的生活和死亡。現在生或死已經沒什麼差別了；他是永恆的一部份，他是整個存在的一部份。

所以當你在寧靜中來到了那個界線，不用擔心。寧靜就是保證；在寧靜中，你無法來到一個會使你墜落的界線。在寧靜中，你會來到一個使你只會超越一切的地方。

當你的頭腦如此的沉浸在痛苦和焦慮中，那你就是來到了你會墜落的界線。所以把這個當成標準：你越是充滿思想，你就越接近發瘋——只要再一步。

紀伯倫有一個故事，他的一個朋友發瘋了。他是一個天才，而我們的天才總是會有發瘋的危險，原因很簡單，他們的天才只是用來更加的理性化，那將使他們更接近那個界線。在那兒，只要再一步，他們就會失去所有的理智。

這個天才住在精神病院，紀伯倫去看他。他們是好朋友。當他進去時，他朋友正坐在花園裡。他看到紀伯倫，要他坐在椅子上，坐在他旁邊。紀伯倫想要問他：「在精神病院還好嗎？」但是他先問了紀伯倫：「告訴我一些精神病院的事，外面的精神病院。你是從那個你稱為世界的大精神病院過來的。對我說說那個大精神病院的事；發生了哪些事？」

紀伯倫感到震驚。他說：「你認為我從精神病院過來的嗎？那你認為你現在在哪兒？」

他朋友說：「我和少數幾個神智清醒的人在一起，他們被世界留下來。我們被這道大牆保護著。我們被醫生和護士照料著，因為只有少數人被留下來。全世界都瘋了；我們是唯一的希望。否則誰在乎我們？我們被如此妥善的照顧著——這就是證明。」

他在紀伯倫耳邊輕語：「如果你也能假裝發瘋而進入這個地方會比較好。這是一個很棒的地方。每個人都在乎自己的事；沒有人會去干涉別人。」

「這兒人數很少——大概十五個。他們都過著自己的生活。他們互相尊敬，如此尊敬以致於他們甚至不會說：早安——只是為了避免干涉到你的生活。他們不會打招呼。每個人都在做自己的事，無論他想做什麼。不會有人問：你為什麼做那件事？那和任何人無關。每個人獨自負責自己的工作。」

「當某個人在講話，不會有人問：你在和誰講話？這兒可以讓任何人對自己說話。即使在外面的世界，每個人也是在對自己說話；別人只是藉口。這兒的人是非常正直和真誠的。他們不需要任何藉口。他們自問自答。他們是真誠的。他們只會說實話。」

「我愛這個地方。你快點來——在你和全世界一樣都發瘋之前。住在那兒是危險的。」

紀伯倫回家想：「也許他是對的，因為世界似乎是一團亂。」

精神病院的人看起來是更清醒的、更寧靜的。人們獨自做著各種事情。有的人微笑，有的人大笑，但是不需要任何原因才能笑。當你想笑，你就笑。在外在的世界，你必須找到一些理由才能笑。你不能沒有任何理由就笑；否則你會被認為發瘋了。

他在日記裡寫到：「當晚我無法入睡。那個發瘋的朋友對我造成很大的困擾，以致於我開始懷疑……誰知道，他可能是對的，我們可能都錯了。而且他如此深信不疑。」

瘋子總是非常深信不疑的。瘋子從不會懷疑他們瘋了——那不是發瘋的一部分。只有神智清醒的人會擔心，也許自己是神智清醒的，或者不是神智清醒的。

瘋子和正常人在品質上並無太大不同——只有一點程度上的不同。瘋子只是比你早一步、早兩步進入到無意識的黑暗中，但是這不會造成任何差別。

所以害怕是好的：當你是充滿思想的、思想過多的，你就非常接近瘋狂。但當你是寧靜的，那就沒有必要害怕。因為你非常接近真正的清醒——只要再一步，你就會觸碰到超意識的世界。一旦你經驗過、嚐過，只要一點點超意識，然後你將無法只是滿足於此。那將會創造出更多的渴望，想要更有意識的。只有當你來到了宇宙般的意識，超越那個空無一物的，一切才會結束——然後你就能踏上一個回到無意識的旅程。

這就是為什麼西方心理學和心理醫師是錯誤的。我無法認同他們。他們叫人們直接進入無意識，透過無意識了解夢。他們不知道自己是在玩火。

你們可以看到：在西方，發瘋的人、自殺的人、憂慮苦惱的人比東方還要多。情況應該反過來，因為西方有了一切，而東方只有貧窮、飢餓、疾病和死亡。但即使在貧窮、飢餓、疾病和死亡中，似乎也存在著一種滿足，一個放鬆的狀態。

西方有了一切，但似乎存在著非常大的緊張，以致於有數千人決定自殺，原因是至少他們可以擺脫掉生命中的所有緊張。而那些最有智慧的人、那些天才，是更脆弱的。在西方，幾乎每個天才都待過精神病院。在他們之中，大部分的人都會接受心理治療，只是為了保持正常。連保持正常也變成一個目標。

對他們談論成道，就像要他們碰觸到星星；連成為正常人也變得如此困難。人已經墜落到頭腦的正常狀態之下。現在他們只想要回到正常的狀態。心理分析最多只能使你保持正常，不會比這更多。而且不保證你會一直保持正常，任何小事都會使你再墜落。

即使你的心理醫師也不是正常的。他會去看其他的心理醫師，使他維持正常。所有的心理醫師不斷被其他的心理醫師分析，這樣他們才能保持正常。

我聽說有個非常富有的人，心理變得不正常且擔心受怕。他預約了費用高昂的心理醫師，因為他是富人，所以他可以支付一切。你花了心理醫師多少時間就要付多少錢。富人不在意：他可以支付二小時、三小時、四小時、五小時或六小時的療程。躺在心理醫師的躺椅上，他可以不斷談論各種無意義的東西。

心理醫師在擔心，為那個人進行六小時的療程是危險的，因為到了晚上，他會開始夢見富人所說的一切。這是個徵兆，必須做出決定：「這太過分了。如果這個人繼續這樣下去，我就無法保持正常了。而且這似乎不會結束；他有足夠的錢，所以對他而言，要看多久的心理醫生都不是問題。」

心理醫師試著透過某個方式，使他不會失去這個病人，因為他是金主，但是他也想保持正常，因為如果不再正常，他要如何治療富人？他還得花錢去看其他的心理醫師，以便清理他的頭腦。於是他對富人說：「因為你需要花這麼多時間，使我無法為其他病人看診。但你也確實需要這麼多時間，所以我不會減少時間。我想到一個方式：我會把錄音機放在這兒，這樣你想講多久就能講多久，然後到了晚上，我沒別的事了，我就會聽那些錄音帶。」

富人說：「那太完美了。我沒有意見。」

隔天，當心理醫師進辦公室後，他看到富人正要走掉。他說：「怎麼回事？現在才剛營業，你不是都在晚上才離開？」

他說：「我想到我也得經營很多事業、公司和工廠，所以昨晚，當我空閒時，我已經對錄音機講話了，現在我的錄音機正在對你的錄音機講話。到了晚上你就可以聽了。你省了你的時間，我也省了我的時間。」

但是這個方式對富人沒有幫助。錄音機彼此對話和聆聽是不會有幫助的。但因為時間寶貴。而心理醫師，雖然賺得很多，卻總是處於危險中，因為他們面對的是危險的人和危險的思想——它們會纏上他們。頭腦會捕捉思想。有時候你會有些想要擺脫掉的思想，但卻做不到。

某個人以為有奇怪的生物爬滿他全身上下。除了他以外沒有人看得見，但是他一直在驅趕牠們，不斷咒罵和驅趕。最後人們累了。他的家人也累了：「並沒有任何東西，你在驅趕什麼？我們沒看到有任何東西或生物。」

他說：「你們不了解。牠們是隱形的；你們怎麼看得見？不幸的是我可以看見牠們。我能怎麼辦？」他會不斷的驅趕牠們，因為牠們在他全身上下爬動著。家人帶他去看心理醫師，醫師說：「不用擔心，我已經治好很多這樣的人。」

到了第七天，心理醫師仍然堅持那只是想像。七天來他不斷的重複：「這只是你的想像。沒有任何生物。我沒看到牠們；沒有人看到牠們。只要警覺一點，牠們就會消失。」

那個人說：「我會試試看，」但是他仍然在驅趕牠們——他坐在心理醫師旁邊。心理醫師突然說：「你這個笨蛋。停止！你把牠們弄到我身上了！我昨晚開始看到牠們。使我整晚無法入睡。牠們在我身上爬來爬去。這都是你造成的。請原諒我；你去找別的心理醫師吧，因為我還有妻兒和年老的雙親要照顧。我無法對付這些隱形的生物。你比較勇敢！在我面前，你把牠們弄到我身上」——心理醫師也在驅趕牠們。

如果你不斷聽瘋子講話，瘋子是非常堅持己見的，非常堅信自己的主張——他們是狂熱份子——

他們遲早會說服你。誰知道？——他可能是對的：確實有隱形的生物。在某個晚上，在黑暗中，你突然感覺有某個東西在爬動，你的腦中出現一個想法⋯然後就很難擺脫它了。

心理分析的問題在於它必須先往下深入。在東方，我們做的剛好相反：先往上，到達更輕盈的層面，更光芒四射的層面。當你完全的協同一致，以致於沒有任何東西能干擾你——你的寧靜如同堅固的岩石——然後你就能移動到意識頭腦下的區域，和你一起前往的會是光。

無論在任何一個無意識的區域，你都攜帶著光。在那兒也可以發現寶藏，但是只有已經到達最高意識的人可以發現那些寶藏。只有擁有雙眼和智慧的人可以發現那些寶藏。

你不需要擔心。如果在寧靜中，你到了一個似乎快要發瘋的狀態——發瘋吧，帶著我所有的祝福。就發瘋吧，因為沒有人可以在寧靜中發瘋。寧靜的保護力是如此強大，以致於你只會越來越清醒；你無法發瘋。但是當你充滿了思想，那就保持警覺、覺知——你現在非常接近瘋子。

一旦你越過正常人的界線，然後對你而言，進入不正常、神智不清的空間是比較容易的，你會越來越失去控制。只是一件小事就可以觸發你的無意識，使你掉到它裡面，因為它一直在你裡面。

在那些片刻裡，當你是過度充滿思想的，就靜心。試著保持警覺，以便使那些思想消失。一旦你寧靜了，那個未知的呼喚會來到，然後就跟隨它。無論它要去哪兒，跟著它。

奧修，拉提漢（Latihan）與自我催眠的差別是什麼？

拉提漢是個好方法，但是和自我催眠相比，它比較接近動態靜心。它的作用在於將你帶入到一個完全向存在臣服的狀態，並讓你的身體能量移動，不是根據你的頭腦，而是宇宙的靈魂。

放鬆的站在一個空房間裡，閉上雙眼等著。你會突然發現手或是頭在移動——不要停止它，只是跟隨它。也不要加強它。如果手在動，那就只是讓手在動，否則你會再次成為做者。

拉提漢就是放開來。你的身體能量將會和宇宙的能量協調一致，然後會有事情開始發生在你身上：你可能會開始跳舞、旋轉、移動雙手或雙腳。你可能會開始說話，你不了解它們的意義，你不知道它們是否有任何意義，是否屬於某種你不知道的語言。

但是你不干涉，不去檢查或促進那個過程；任何方式都會是干擾。你必須只是放開來：第一次發生時，它似乎是危險的。就如同你害怕發瘋，你也會害怕它，因為你看起來會像瘋子。你沒有任何原因就突然吐舌頭、移動你的頭部、跳躍、跳舞、做出你從未想過的動作。

但是四十分鐘的拉提漢會帶給你一個極大的安樂感。沒有任何東西可以給你那樣的感受。如果你在拉提漢中再添加一個東西：那就是為什麼我必須創造動態靜心——它是拉提漢再加上某個東西，因為在拉提漢中，你完全的失去自己。我要你保持是個觀照。不要成為做者。不要強加任何行為，不要強迫任何事，不要阻止任何事。拉提漢少了一個東西——它是印尼人的方法：裡面少了一個東西，就是觀照，因為少了觀照，它可能是危險的。

拉提漢已經被證明對很多人有害。你可能無法在四十分鐘後停下來；能量的旋風可能會太強。你可能會害怕無法停下來。如果超過四十分鐘，你可能會全身虛脫。如果你虛脫了——它是費力的肉體訓練——無法給你安樂感，你只會失去意識。當你醒來，你不會是煥然一新的，而是全身痠痛。你會感覺噁心，想要嘔吐；你的胃失常了。你不會認為自己變強壯了，反而是更虛弱。有時候人們會瘋狂的做它——他們停不下來。

危險是：因為你並未觀照，有時候你沒有要做它，但是它會自行開始——在街上、商店、任何地方。你沒有在操作那個方法，因為你沒有觀照。沒有任何人在控制它。所以任何情況都會觸發它——任何地方——那看起來會很奇怪、尷尬。如果你想停下來，那看起來會很尷尬，但如果你做它，那看起來也會非常尷尬。

所以我不贊成單獨做拉提漢。它是好方法，但是必須加入觀照，這樣當你想要停下來時，你就能停下來，當你想要開始，你就能開始，它不會隨時隨地自行發生。如果保持觀照，身體會放掉它的緊繃、丟掉它的緊繃。

你會驚訝的知道，我們的身體也會累積那些緊繃：例如，你想要打某人，但你沒打他。你的身體準備好了，你的肌肉準備好了，因為你的身體和肌肉只會聽從你的頭腦。你的頭腦想要打人，你的手準備要打人，但是你的頭腦一直處於分裂中。你的宗教說：這是不好的，這是暴力；不能這樣做。

你的一部分頭腦說：「這是犯法的。你可能會陷入不必要的麻煩。」另一部分的頭腦說：「你可以打他，但是對方比你強壯。他不會只是站在那兒被打，然後向你道別後回家。他會跳向你，你會被打，所以何必自找麻煩？」

但是你的雙手準備好了。能量已經來到你的肌肉、手指和雙手。你因為某個理由停下來：非暴力、恐懼、他是你的主管、老闆——你因為某個理由停下來。但是那個緊繃的狀態會怎麼樣？

你的雙手準備好了；能量無法返回。沒有任何方法可以讓準備要釋放的能量返回到它最初的源頭。它會留在你的手腕、手指、手臂。這類的能量會累積在你身體上的不同部位——那就是為什麼拉提漢可以運作。在拉提漢中，這類的能量會開始移動，你可能會開始揮打某個不存在的敵人。

但觀照是絕對需要的，這樣你的身體才能釋放所有累積的緊繃，你會感覺煥然一新，一個美麗的安樂感。其次，四十分鐘的觀照是更重要的，因為你會更容易的了解到你不是身體；你沒有在控制它，你沒有做任何事，你沒有干預任何事。你可以了解那和你無關，它是自行發生的。你可以很容易就不認同自己。那就是為什麼動態靜心優於拉提漢。

拉提漢可以幫助某個身體不這麼緊繃的人，某個頭腦不這麼壓抑的人，但現在要找到這種人是很難的。它是一個古老的方法。現在每個人都充滿了緊繃。所以曾經有一段時間，只是二十年前……拉提漢變成一個世界性的運動，它吸引了每個人，但之後它慢慢的消失了。它一定會消失，因為它創造的問題比解決的問題還要多。因為它而發瘋的人勝過被它幫助的人。

原因很簡單，基本的東西失去了。將拉提漢介紹給世界的人，他的拉提漢是自然發生的：有一天獨自走在森林中，他發現某些動作在自行發生。因為對這些動作好奇，想知道它們怎麼發生的，他讓它們發生。但他不是很緊繃的人。他是個單純的人——這樣的人通常是單純的——他是個伐木工。

伐木工的內在不會累積任何暴力。他每天都在進行大量的暴力工作，砍樹，他的雙手不可能還會累積想要攻擊任何人的能量。伐木工、漁夫、農夫——對他們而言，拉提漢可能是非常適合的，因為他們的身體已經做了很多拉提漢。所以不會有任何東西留在裡面。在十或十五分鐘內，做完了拉提漢，他們會感覺很舒服。因為他們的工作，即使在農田、湖邊或森林裡，它發生了……就算它自行發生，也不會造成任何問題。

但是在俗世裡，如果當你在辦公室，它發生了，你突然跳到桌上開始做拉提漢，很快會有人叫來警察。拉提漢會使你在牢裡度過餘生，你將無法對任何人解釋那是某個和靈性相關的事件。不會有人想去了解你的靈性——因為那是完全的瘋狂，你會做出任何事。你是危險的人。

然而壓抑的能量是如此之多，因為在現代文明社會的人整天坐在椅子上。身體的架構不是為了那個狀況而產生的。人本質上是個獵人。他的身體構造是用來當鹿群奔跑時跟著牠們。你看過鹿在奔跑嗎？牠們像箭一樣的奔跑著，然後獵人會跟著牠們。身體的構造是用來應付艱辛的工作——八小時、十二小時——身體的緊繃是不可能發生的。拉提漢是適合這些人的。也許幾分鐘，他們就會感覺非常精力充沛，就像淋浴過——但它不適合現代人。

你累積了這麼多的緊繃，以致於你可以連續做數小時的拉提漢：沒有任何東西在控制你：因為你已經完全的拋棄自己了。你不會去控制，你不會做任何事，所以你會幾乎處於痙攣的狀態。你會持續做數小時，然後跌倒，也許是昏迷了、失去意識了。你可能醒來後會發瘋，或者你可能醒來後會感覺很棒，但那是在冒險，我不要任何人冒這樣的險。

最好還是保持觀照，那可以隨時阻止你，讓你可以受到控制，自制，這樣它就不會任意發生。然後它會對你的身體更有幫助——它能帶給你的所有幫助——對你而言，那四十分鐘的觀照會是極大的祝福。

拉提漢很快就會被遺忘，但是觀照會永遠跟著你。那是你的本性。

奧修，當你談論走在那條路上的佛陀最後的弟子，你說：「現在誰會把他當成師父？誰會承認他是佛？」奧修，我們會。

即使沒說，我也知道你們會。但是我要全世界都承認，因為透過那個承認，將會帶來全人類的轉變。

你們會被轉變，但世界是巨大的。數百萬人執著於他們的無知、迷信、愚蠢，他們如此緊握不放以致於似乎很難讓他們分開，似乎很難讓他們覺知到他們的情況：他們就是他們痛苦和無知的來源——他們已經在地球上創造出一個地獄，但同樣的地球可以是一個天堂。它仍然可以是一個天堂。

你們愛我，所以你們可以了解我，但全世界都關上門反對我。這就是整個歷史以來他們一直在做的同一件事。對任何可以讓他們改變的人，對任何可以在他們裡面創造出某個新東西的人，他們會關上門。這幾乎變成一個自發性的習慣。

所以當我問誰將認同這個人是覺醒的、解脫的、成道的，甚至是超越這些分別的，我是在質問這個世界，在每個國家、每世紀以來都對諸佛關上門。要打開他們的門是非常困難的。

你可以看到這個情況正在發生。以前影響到的地方從沒有這麼大過，因為從來沒有人在這麼大的地方工作過。每天都有新聞提到二到三個以上的國家通過法令禁止我進入他們的國家。

昨晚海斯雅在哭，因為我們被迫離開每個國家。我說：「不用擔心。這是一個好的徵兆；一個認可。他們已經承認了一件事：如果他們讓這個人待在他們的國家，他們的所有架構將會分崩離析。」

但是他們能阻止我多久？我已經讓你們準備好了。他們可以阻止我，但是他們無法阻止你們。

我很快就會派出那些已經準備好進行我的工作的人。我會透過各種方式進行。

今天味味克在哭，她說：「你說存在會照料一切，但是它沒有照料我們。」這件事必須了解，因為很多人心裡可能會有這樣的疑問。每當我們有了這樣的想法，那表示我們在要求，如果要求被滿足，那我們就認為存在有在照料我們。味味克舉了一些存在並未照料一切的例子：「蘇格拉底、耶穌、曼蘇爾……他們被釘上十字架、被謀殺，存在並未照料他們。你很快也會被釘上十字架。所以我們如何能相信存在會照料一切？」

這個問題是非常重要的。我要對你們說：這就是存在照料一切的方式。蘇格拉底沒有任何要求。也許對蘇格拉底而言，這是最好的死法——因為如果他不是這樣死去，那他的教導也會消失。他的教導比他的身體還重要。身體總有一天會死去；它不會維持太久。即使沒中毒，身體也可能在那一天死去。但是中毒讓全世界清楚的知道了一件事——他的教導將會被保留下來，他的教導已經被確認對所有古老腐舊的謊言而言是危險的。他的教導到現在仍然是適用的。

在蘇格拉底之後出現了很多偉大的思想家，但是他們的思想並未繼續適用在現代。存在照料了一切——但是它遵循自己的方式，不是你們的慾望，因為如果你有了慾望、要求，那你就沒有信任存在。信任的意思是無論發生了什麼事、將要發生什麼事，都會是完全正確的。

存在比任何個體還要有智慧，因為個體擁有的是微小的意識。即使他成道了，它仍然只是巨大的存在海洋中的一滴露珠。存在一直是正確的。如果它認為曼蘇爾應該被謀殺，它是正確的。如果它認為耶穌應該被釘上十字架，它是正確的。

信任的意思是，無論發生了什麼，我們都隨著它、喜悅的、不勉強的、沒有任何不願意——否則你就錯過了——反而是跳著舞的、唱著歌、歡笑的、充滿愛的。無論發生了什麼，都是好的。存在不會出錯。

如果它沒有滿足我們的慾望，那只是表示我們的慾望是錯誤的。

第四章
敲響的鐘

奧修，最近這幾天，我常感覺到腳下的地面被移走了。似乎我過去和現在所愛的一切都被摧毀了。最近在蘇聯核電廠發生的意外令人傷痛，但也清楚的顯示出生命的脆弱。我的父母、孩子、兄弟姐妹、朋友和我關愛的人——現在正處於危險中。現在對我而言，很難處於當下。我充滿恐懼的問自己：「接下來會發生什麼事？」但是是誰在問誰？一切似乎非常荒謬和空虛。有時候我甚至感覺我要發瘋了。奧修，這是成長的一部分還是我生病了？

災難的年代使你意識到真相的原貌。它一直是脆弱的；每個人一直處於危險中。只是因為在平常的日子裡，你是熟睡的，所以你看不見：你不斷做夢、想像未來即將來到的美麗事物。但是當危險即將到來，你會突然意識到可能不會有未來、不會有明天，這會是你唯一剩餘的時刻。

所以災難的年代是非常發人深省的。它們並不會為世界帶來任何新的事物；它們只是使你意識到世界的原貌——它們會喚醒你。如果你無法了解這點，你會發瘋；如果你了解，你就會覺醒。

我想到一個故事。一個偉大的戰士，是他的國家中其中一個最好的劍客，他有一個非常服從的僕人。他愛那個僕人，信任他。有一次他出門，僕人犯了某個錯：人都會犯錯。當戰士回來後，他很生氣，於是他向那個僕人挑戰，用劍決鬥——因為他不想直接殺了他。僕人犯的錯非常大，雖然僕人並不了解。他在清理其中一幅最好的畫時，把它弄髒了。

戰士說：「因為我愛你，我不會殺你。我會給你機會：你必須和我決鬥。拿著這把劍去決鬥場。」

僕人說：「主人，你知道我連劍都不知道要怎麼拿。你最好還是直接殺了我；無論如何你還是會殺了我——你是一個著名的劍客。我是不可能在決鬥中贏了你的。」

但戰士很頑固。他說：「你必須一戰。」

僕人說：「你得再等一小時。我必須去找我的師父，我一直跟他學習靜心——只是去見他，最後一面，因為我不認為我可以打贏你。」戰士同意了。僕人去找了他的師父。

師父笑了。他說：「不用擔心。這對你會是個好機會，因為他毫無疑問是一個偉大的戰士，他一定會殺了你。你對劍術一無所知，所以你將會被殺。你沒有未來可言，你沒有任何勝利的機會，你只剩下最後的這段時間。何不全然的度過你最後的片刻？

「我知道你的主人，那個戰士：他不會讓你活下來的，他是說到做到的人。但是他給了你機會，而我認為那是一個很好的機會。」

僕人不能了解。他說：「什麼機會？他會殺了我！我甚至不知道怎麼拿劍，而他曾經得過冠軍。這對他而言只是遊戲。」

師父說：「那就是重點。他會認為你只是一個僕人；你能做什麼？他不需要害怕死亡；他不會認為他沒有明天。他仍會擁有明天和未來。他會繼續處於日常的熟睡中。」

「而你不會。你不會有任何明天，你不會有任何未來：現在正是時候。你沒有什麼好失去的。你快要死了，所以何不處於全然的狀態和他好好的決鬥？不用擔心你懂不懂劍術。全然強烈的活過這個片刻。」

這時，所有鄰近的人都聚集在附近。僕人來了。戰士當然仍完全處於日常的熟睡中——對他而言，殺了那個人不需吹灰之力。

但是對僕人就不是這樣了；那是生死大事。他非常猛烈、全然的戰鬥，以致於戰士開始閃避。他從沒見過……他這輩子一直在戰鬥，但是他從未見過這樣的戰士！他遇過的戰士都活在日常的熟睡中，像他一樣熟睡；不會擔心沒有未來或明天。

但是對僕人而言，一切都將結束了，所以何不用盡全力？他對技巧一無所知——但是當一切即將結束，誰還在乎你的攻擊方式是對的還是錯的？而這使得戰士更害怕。他知道如何和懂得技巧的人戰鬥——但是這個人什麼都不懂。他只是打他這邊，打他那邊，完全不知道他在做什麼！他是全然的、強烈的，因為這是最終的片刻，而且他沒有想要抓住任何東西的念頭。有什麼必要？——下一刻就是死亡了。

所以他是完全覺醒的——他的整個存在是全然的、整合的——然後他打敗了戰士。他沒有殺了他，但是戰士倒地了。當僕人拿著劍抵在戰士的胸膛上，他說：「現在你想怎麼樣？我一直是愛你的，我無法殺了你。但你是否認輸？」而戰士在他這輩子首次承認失敗。

數千人見證了這個場面。他們無法相信一個平凡的僕人做到了。而且他不只勝利了……在那一刻，他扔了劍對戰士說：「現在我不再是你的僕人；我已經找到自己的路。我要感謝你，我會一直感謝你；因為你而使我覺醒。」

他成道了。在那個片刻中，他經驗到存在的圓滿，存在的最高峰。

這由你決定如何利用那個片刻：你可以驚慌、發瘋、被恐懼打倒、淚流滿面。但是那對你的家人、朋友或關愛的人沒有幫助。那也對你沒幫助。

發生在蘇俄的災難只是創造出一個局面，任何稍有智慧的人都會開始花更多的時間去靜心，因為明天真的是不確定的。它一直是不確定的，但是現在比以往更不確定。這個災難可能會是一連串災難的開始，因為所有核電廠都沒有任何內在的防護措施。如果任何事出錯——現在我們知道有一個核電廠出錯了——他們失去了電力，完全無助的。他們無法控制他們創造的能量。

同樣的災難也可能發生在美國或德國。在這個燒毀的核電廠附近，還有兩個同樣年齡的核電廠；它們是在同一時間建造的，設計是相同的。他們一定也有同樣的缺陷。第二個核電廠很可能很快就會爆炸，第三個也不會太久。這些災難將會對其他核電廠工作的數千人造成恐慌；他們將會失去他們所謂的自制能力。由於狂熱的行為、瘋狂的狀態，他們會開始犯下從未犯過的錯。那只不過是按錯按鈕的問題。但是你可以將此當成絕佳的時刻。

我們一直是處於危險中的。

你知道那句古老的諺語：「別問喪鐘是為誰而鳴，它一直是為你而鳴。」當某人死了，教堂的鐘聲會通知全村的人。但是永遠不要去問喪鐘是為誰敲的；它一直是為你而敲的。任何在此時死去的人⋯每個死亡就是你的死亡，因為每個死亡都是在提醒你不會在這兒停留太久。每個死亡都是一個被喚醒的機會。在死亡來到前，趁你還活著，去完成某件超越死亡的事情。

憂慮是沒有意義的，因為你只會錯過這個片刻，你不會因此幫到任何人。不只你的父母、朋友、關心的人處於危險中：全世界都處於危險中。差別只是⋯某個人今天是有危險的，另一個人在明天會是有危險的——但是危險一直在那兒。所以去學習如何超越危險的秘密。

秘密在於，開始徹底的活，更全然的。更警覺的，這樣你才能發現你裡面某個死亡碰觸不到的東西。那是唯一的庇護，唯一的保障，唯一的安全。如果你想要幫助你的朋友和家人，讓他們知道這個秘密。

已經發生的事還會一再的發生，因為有這麼多核電廠，即使是沒有技術能力的未開發國家，技術還停留在牛車時代的，差了兩、三千年的。他們沒有跟上現代，所以這些最新的技術發展對他們還很陌生。但是他們必須研發，因為其他國家都在研發，由於競爭和恐懼……

蘇聯正是如此，他們的技術是領先各國的。如果巴基斯坦或印度也擁有同樣的技術，那會發生什麼事？他們對技術沒有任何敏感度。他們現有的技術能力和核能科技有一段距離，那是無法銜接的。美國和蘇聯的科學家可以去那兒，然後幫他們蓋一座核電廠，但是對他們自己而言，那些技術是很複雜的。

在印度，我知道有的人沒看過火車——但我認為印度的火車比任何國家還要多。但是很多偏遠地方的人只有聽過火車。他們看過飛機，因為它在天空中飛。我們在無意識狀態下使用的數千種科技產品是他們從未看過或見過的。它們是最新穎的裝置，但是對我們而言，它們是息息相關的。對他們而言，那些裝置和他們的過去、頭腦和習慣是無關的。

過去三百年來，印度所有的技術都是由英國人引進的；否則完全沒有技術可言。沒有那些需要。

我聽說……當他們在蓋鐵路時，第一條鐵路——從加爾各答到孟買，連接兩個最大的城市——有個人在樹下休息，看著這一切進行著……一個印度人。有一個英國警察走近他說：「你如果加入工作可以賺很多錢。很多天來，我一直觀察你一整天：你來這兒，你喜歡看著這一切進行著，但你只是躺在樹蔭下。」

那個人問：「但是賺錢可以讓我得到什麼？」

英國警察說：「賺了錢後，你就可以休息和放鬆。」

他說：「奇怪——我已經在休息和放鬆。所以我才說為什麼要賺錢？金錢對我的放鬆和休息有什麼幫助？」你無法回答他。

這就是英國統治前的印度。每個家庭裡大部分的人都不工作；只有少數想工作、喜歡工作的人會工作。剩下的人只是在玩樂——吹笛子、游泳、躺在樹下、爬樹、吃水果——因為土地非常富饒多產，人口很少，所以不需要每個人都去工作；沒有必要。五個人的家庭只要有一個人在工作就夠了；其他四個人可以只是玩樂。

他們的態度還是一樣。他們還活在過去：而你們將危險的科技給了他們，到了他們手中將會更危險。就像把一輛美麗的車子給了一個只會駕馭牛車的人：一定會發生意外。

我聽說有一個印度王族。他很富有，因為英國總督有很多美麗的車子，而他也有同樣美麗的車子。他開車出去，但是他忘了可以煞車，最後他只能想到去撞樹來讓車子停下來。否則要如何讓車子停下？車子停下來了，他很快樂。他回家後繼續對房子做一樣的事！人們聚在附近說：「你在做什麼！」

他說：「這是一輛美麗的車子——只是當你要煞車時會有點麻煩。你必須有一棵樹或一間房子——用某個東西擋下它；否則它會一直行進。但是無妨：我們有很多樹和房子。」

一定還會發生災難。這只是開始。利用這個機會喚醒自己——那是你能做的。除此之外，你無法做什麼。

告訴你朋友利用這個時刻去靜心，因為在基輔附近的車諾比核電廠所發生的災難不是某個發生後就結束的事件。它的輻射污染會持續數十年，至少三十年。所以那不是某間房子燒掉後就結束的事件……

在基輔附近，特別是基輔所在的烏克蘭……烏克蘭是蘇聯最富產小麥和其他糧食的地區。但現在，你無法在烏克蘭種植任何東西。

輻射將會汙染水果、蔬菜、小麥、牛奶長達三十年……因為母牛會吃草。任何生命——牧草、小麥、水果——會立刻被輻射污染；輻射會變成它們的一部份。當你吃了它們，輻射就變成你的一部份。

那兒有數千個懷孕的女人。如果輻射進入她們體內，她們的胎兒生下來會是畸形、瞎子、跛腳、沒有頭——有各種可能。最好的情況是他們生下來就死了；其他情況只會是一輩子的悲劇。所以不只是活著的生命有危險，連那些將要出生的生命也會有危險。動物也有同樣的情況。如果牠們懷孕了，牠們的胎兒也會是跛腳的。

而政府持續說謊。你可以看到政客多麼會說謊。兩千人死於車諾比核災，而蘇聯宣稱只有兩個人死亡。你可以想像這個差距嗎？？兩千人死亡——有很多目擊者見到兩千具屍體被從燃燒中的核電廠抬出來——而蘇聯在廣播上宣稱只有兩個人死亡，一切都在控制中。實際上沒有任何事受到控制。

隔天發現：放射性雲層開始移向其他國家，輻射量不斷上升。

人類只能忍受到某個程度——少數地方的輻射量上升到二十倍、一百倍、二百倍。在維也納，輻射量超過了二百倍，在倫敦則超過了一百倍，在這些地方的孕婦都處於危險中——不只是孕婦，還有他們的胎兒。但是它會持續下去：如果那些小孩活了下來，他們會再生小孩，然後輻射會持續影響下去……

所以那不是一個小小的悲劇；它的規模是龐大的。而且有很多還不清楚的事，隨著時間經過將會明朗。海裡的魚會受到輻射污染：你吃了魚，你也被輻射污染了。水不能喝了，因為輻射塵沉澱在水裡。和這些核電廠、核子彈相比，用在廣島和長崎的原子彈只是小玩具。但是即使到了現在，輻射污染仍然持續著，因為它們從這一代傳到下一代。而且你無法控制魚群；牠們會移動到任何地方，你不會知道牠們去過哪些地方。

所以蘇聯宣稱烏克蘭將有三十年不耕種農作物，但那表示蘇聯會有三十年，其中一個最強大的權力，將會成為非常飢餓的國家。它必須依賴貧窮的國家。對於只提供食物的貧窮國家，情勢是很複雜的，你只能用軍事設備和它們交換食物。他們想要的是軍事用的設備。

它們準備要提供小麥和食物，但是它們要軍事設備，因為它們一直害怕擴增軍事設備的鄰國。所以為了得到食物，蘇聯將會販售老舊的軍事設備，如果某天發生了新的戰爭，它們是沒有用的。

另外的問題例如：那由風向決定。你無法控制它；風會將雲朵、煙和輻射塵吹到任何方向、任何國家、任何地方。所以那不是某個地方受影響的問題。可能發生在任何地方，你可能在數千里之外卻仍受到影響，因為風攜帶著輻射塵。而且你會是更脆弱的，因為你不會在意它，你不會採取任何預防措施。

有一種藥——這是它初次被使用——人們認為那可以使你不受輻射影響，但是在世界各國都已經用罄。人們非常想得到這種藥，特別是歐洲，但是沒有庫存了，因為沒人知道會突然有這麼大的需求。而且沒有國家想要提供它，因為誰知道？——那些雲可能會吹向他們，他們也將會需要那種藥。

情況比往常更危急，但是生命本來就一直被死亡緊緊咬住，這是一個覺醒的絕佳機會。死亡的來到總是沒有徵兆的：它會突然出現，你甚至連應對它的一個片刻都沒有。特別是在某些已經宣判死亡的情況——癌症或愛滋病——醫生、家庭、朋友，每個人都試圖隱藏那個死亡越來越逼近的事實——雖然是出於好意，但好意不會有任何幫助。他們是在傷害那個人。

應該讓那個人覺知到：「你的死亡將會在一個月內到來。你不會有更多的時間，所以在這個月內，去做那件可以使你經驗到永恆的事。」然後當你死去，將不會有悲傷、痛苦——你只是從這個身體移到另一個身體，或者如果你成道了⋯對死亡突然的覺知可以使你成道。

我要告訴你一個故事。艾內斯，一個非常美麗的師父和詩人，住在一間供奉濕婆神的廟。他是一個非常獨立的人。國王是一個無神論者，他是非常理性和好辯的。他的學者和謀士已經對於說服他相信神的存在感到厭煩。似乎沒有別的方式⋯於是他們終於說：「你去找艾內斯。那是唯一一個⋯也許他可以解決。」

國王喬裝後前往。他在早上抵達；那時候是九點，艾內斯正熟睡著。國王說：「我的天！他會成為我的老師嗎？」——因為有神論者，特別是聖人，會在日出前起床，而他在九點還熟睡著！不只如此，他的雙腳還放在濕婆林迦上，濕婆的生殖器雕像。國王心想：「就算是我也不能用腳觸碰濕婆林迦。雖然理智上我認為神不存在，但內心裡我在害怕：誰知道？——祂可能是存在的。這個人似乎太過份了，宮裡的那群笨蛋卻要我來找這個人！」

他等著。然後艾內斯醒來了。他問：「你為什麼來這兒？」

國王說：「我來這兒是想知道神是否存在，因為根據我的推論，祂似乎不存在。但是我的臣子、朋友、家人都相信神，他們要我來找你。」

艾內斯說：「給我看你的手。」

國王想：這個人似乎真的瘋了！——我的手和神有什麼關係？

艾內斯看了手，然後他說：「關於神，我們可以晚點討論⋯⋯但是你將會在七天內死亡。我必須先把這件事告訴你，因為我的記憶不是很好，我可能會忘記。你的生命線到了盡頭——最多七天。現在我們可以討論了。」

但是現在國王不打算討論了；他在擔心死亡。他已經沿著廟宇的台階往下走。艾內斯問：「你要去哪？」

國王說：「現在不需要討論了；我沒有時間了。只剩下七天！我不能浪費在討論上。」就在幾個片刻前，他看起來是如此強健，現在當他從寺廟的台階往下走時卻在發抖——只剩下七天！

他到了宮殿後說：「我不知道他是什麼樣的人，但可以確定他是一個偉大的手相師父。他宣稱我會在七天內死亡。他說我的生命線已經到了盡頭——只剩下一小截。」

因為他快死了，所以他開始為死亡做準備。他不再過問政事。他躺在床上，變得非常蒼白虛弱。所有親戚都來了。有很多皇室的人，因此那是一個盛大的聚會。他每天變得越來越虛弱：他的聲音越來越消沉，他的雙眼開始下垂。艾內斯說：「在第七天，當太陽落下——就結束了！那是你的盡頭。」在日落前，所有的皇族和親戚都在哭泣。

艾內斯來了。他問：「怎麼回事？為什麼這麼多人在哭？」

他們說：「我們的國王快死了。」

艾內斯說：「我要去看他。」他去見了國王，搖了搖他並說：「先醒來看著我。那只是一個玩笑——我對手相一無所知！我說的那條線也不是生命線。我問過手相師，他們說：「你至少也該知道正確的線！」你不會死的。現在醒來，和我一起坐著，我們現在可以討論你之前要問的問題了。」

國王說：「現在不需要討論了。神是不重要的。但是在這七天，我了解到什麼才是重要的——死亡如此接近以致於我無法繼續熟睡——我必須醒來。我不能浪費時間在那些不必要的思想上。我必須觀照我的思想以便讓它們消失，它們已經消失了。」

「你是正確的：隨著太陽落下——太陽才剛落下——那個去問你的人已經死了；我是一個嶄新的人。有沒有神⋯⋯我已經不在意了。現在我的存在有了一個全新的向度。我知道我的永恆，我知道我的神性；我為什麼要在意任何神？整個存在就是神。」

「你的玩笑產生作用了，但是你的方式很奇怪。你很可能真的會害死我。如果我不夠警覺，日落時我就會死掉。對我而言，死亡幾乎可以確定了。但是用比喻的方式來說沒有錯：舊的人死了，我現在是一個全新的人。我不再去在乎神是這樣或那樣。」

艾內斯說：「那就對了，那是真正的宗教性。」

國王說：「現在我可以了解像你這樣睡得這麼晚的人，睡到九點，把腳放在濕婆神的頭上。現在沒問題了；我可以了解。如果你可以感覺到你自己的神性，那麼雕像就只是一塊石頭。就不會有日出前起床的問題。無論你何時醒來都是日出。一個人會變成自發性的。」

所以那只是如何使用每樣東西的問題——無論它是什麼。正確的使用它。災難是偉大的，危險是偉大的，但是偉大的地方在於那個機會。

奧修，是否有任何東西是混合催眠和靜心的？——因為在你的存在中，我感覺好像被催眠了，但也能覺知到我週遭的一切。

在我的存在中，那是會發生的，兩者的混合：一股寧靜讓你感到你幾乎不存在，但你仍然覺知到周圍的每件小事。我的存在是完全不同的方式，同時催眠和靜心。

還沒有人試過這樣的方式。如果你只是嘗試催眠，那你就無法覺知到周圍的一切：你會入睡，進入深深的睡眠。你會聽到催眠師的聲音，但是你不會聽見其他聲音。如果你靜心，你會變成警覺的，你會在清晰的警覺中聽到周圍的一切，但是你不會感到令人撫慰的輕柔，彷彿你是熟睡的，但同時是清醒的。那就是我想要我的存在所產生的——兩者都有。

我不要你被催眠；那是一個老舊粗糙的方法。我要你待在一個非常柔軟的催眠中。不需要去催眠你，但因為你是如此全神貫注聽我說話，所以它會連帶發生——所以你是完全覺知的，你同時獲得兩者的效益，達到了兩者。催眠會使你感到鎮定，一個放鬆的愉悅感，而警覺會使你觀照到週遭的一切。它們不會互相衝突。我的努力就是要使這兩者同時發生。

那就是為什麼我不想再創造一個社區，而是創造一個學校，我可以在那兒對一小群人說話。他們非常接近我，然後他們會同時進入催眠和靜心中。

你的了解是對的：那就是在發生的。這個方式還沒被試過。靜心已經被試過了，催眠也被試過了——但一直是分開來進行的。某種程度而言，靜心是無汁液的，而催眠是無意識的，但是這個新的結合帶來了新的品質。

靜心在那兒，但它不是乾枯的、無汁液的，因為催眠會使你感到放鬆、寧靜、多汁的。催眠也在那兒，但是不會有任何無意識，因為你的靜心會使你警覺。沒有人這樣試過，因為他們認為這兩者是互相矛盾的——它們怎麼能結合？但是你們知道，我是一個矛盾的人：我不相信有任何東西是矛盾的；我的了解是，一切是可以變成互補的。相較於分別對你進行它們其中一者，同時靜心和催眠會是更豐富的經驗。

奧修，如果某人問我：「這房子的主人是誰？」我會說：「當然是我師父，他住在樓上。」但我感覺如果你被問了同樣的問題，你會說：「我只是客人。沒見過房子的主人。」不是這樣嗎？

確實如此。我不是房子的主人，只有這樣我才會是你的師父。如果我是房子的主人，那我就不會是真正的師父；我只會是一個剝削人們的自我主義者。

我只是一個客人。那表示你不能把我視為理所當然。今天我在這兒，明天我可能就不在這兒了。今天我是可以被取用的，明天我可能就無法被取用了。今天我講話，明天我可能就會停止講話。我不是可預測的。就那方面而言，我只是一個客人。

印度語的「客人」是非常美麗的；它是 atithi。Tithi 的意思是「約好的時間」，atithi 的意思則是一個沒有約好時間就來到的人，一個沒有約好時間就離開的人。他突然來到也突然離去。他的來去是無法控制的。他的來去就像一陣微風：它來了，你感覺到它的涼爽，然後它離去了。你無法阻止它。如果你把所有門窗關上，阻止它出去，那麼也就不會有任何微風；只會有腐臭的空氣。

師父就像微風一樣的自由。

師父是沒有人格的。他只是一個媒介——一隻笛子、一根中空的竹子——讓存在接觸到你。他的作用不在於做任何事；他的作用不是阻止存在接觸你。他是一個無為者：他無法為任何事邀功。他只是存在之手的工具。每當存在要彈奏任何音樂或唱任何歌，他就彈奏或唱歌。師父不會反對或阻止。

所以你是對的：你可以說你的師父住在樓上。師父總是住在樓上。但是我不能說我是一個師父；我只能說我是一根中空的竹子。你可以用我做一隻笛子；存在可以透過我唱歌。我唯一的用處就是不要擋住路。我會讓存在純然的觸碰你的心。

任何我做的事或我說的話都不屬於我。

你看過我的簽名。人們問過我數千次：「這個簽名是什麼意思？你使用的是哪個語言？」它沒有任何意思！它不是語言。我已經用各種不同的方式回答過，事實上是我無法簽名——我不在這兒。所以我只是創造出一個符號。我的簽名沒有任何意思；它只是象徵。它指出某件事，但沒有任何意思。那不是我的名字。

世界上最大的祝福就是處於你可以說「我不存在，只有存在是唯一的存在」的狀態。

第五章
禪的本質

奧修，在烏拉圭，傍晚來到了。一群朋友聆聽著寧靜。鍾愛的師父，禪的本質是什麼？

這是其中一個最重要的問題。「禪」這個字包含了整個宗教性意識的演變。它也象徵了不受宗教組織束縛的自由、不受教士束縛的自由、不受各種理論束縛的自由、不受神束縛的自由。這個字使你的存在再次燃燒。

先看看這個字的演變，那會幫你了解到它的本質。禪（zen）這個字是日文，但它不是源自日本；它是日本人對中文字「chan」的發音。而且你必須記住中文和日文不是使用字母的語言，所以發音會不同。在中國，即使同樣的字也會有數百種發音——那個國家如此巨大。它不是用字母排列的，它只是一個符號。那就是很難學習中文或日文的原因。

成為一個中文專家至少要下三十年的苦功。要熟悉不是用字母排列的語言需要記住一百萬個字——至少——因為每個字都是不同的符號。用字母排列的語言比較簡單。同樣的字母可以組成不同的字，但是字母是相同的。

中文裡的每個字都是獨立的。你必須記住符號的意義；中文是屬於符號的、圖像的。但那就很難有相同的發音；沒有辦法用相同的發音，因為符號沒有既定的發音。所以在中國，你會發現在不同的地方，同樣的字會有不同的發音。

日本人能唸中文，但是他們的發音會是完全不同的。中文和日文的差異在於發音——符號是相同的。但是發音是如此不同以致於會有兩種不同的語言。

所以中文字 chan 在日文則發音為 zen。方式奇怪，但是仍非常接近原本的字。Chan 也不是源自中國。它是被二千年前的某些僧侶帶到中國。佛教徒使用巴利文；他們用的字是 jhan。到了中國變成 chan。巴利文 jhan 來自於梵文 dhyan，所以這是一個漫長的演變史，有著細微的差別和意義。

我們把 dhyan 翻譯成靜心，純然的靜心，只是觀照。不會有宗教不同的問題。不會有不同教義的需要。你不需要任何前置作業。Dhyan 本身就是完整的。它是整個意識演變的開始和結束，阿爾法和歐米加。

人們知道什麼是祈禱，因為一般而言，所有宗教都倚賴祈禱；dhyan 和祈禱剛好相反。祈禱是直接針對神，那只是一種催眠。你說了些話、念誦咒語、吟唱、讚美神。那不是出於恐懼就是貪婪。你是因為恐懼而記住神，或非常想要某個東西但發現無法得到，所以你要求神幫助你。但是恐懼和貪婪不屬於宗教，透過虛假的信仰也無法得到真理。如果你以信仰開始，你也會以信仰結束；你永遠不會知道真相是什麼。

Dhyan 剛好相反，不針對任何人——沒有神、恐懼或貪婪的問題。它是某個帶著你向內看的東西。祈禱帶著你向外看，任何帶著你向外看的東西都是世俗的——無論你是在教堂、清真寺或寺廟都一樣。除非某個東西引領你向內看，到達你存在的中心⋯⋯除此之外都不是宗教性的。

所以宗教是非常單純的：只要到達你自己的中心。

Dhyan 就是到達你自己的過程：將身體放在一旁、將頭腦放在一旁、將心放在一旁、將一切都放在一旁——藉由「我不是這個」來移除一切——直到你來到沒有東西可以移除的狀態。

最奇怪的經驗會是當你移除了一切，你也不再是舊有的你、舊有的自我、舊有的「我」。你已經移除了一切。慢慢的、慢慢的、毫無察覺的，你摧毀了你的自我。現在只有純粹的意識，只有光，永恆的光。

Dhyan 被佛教徒帶到中國，但是在中國發生了一個巨大的轉變，因為中國正處於老子造成的巨大影響中，他的所有教導就是「放開來」。

佛陀透過努力進入了他自己的存在；最後，他到達了放開來的狀態，但那是到了最後。厭倦了努力、奮鬥、苦行、他終於放下一切。在那個放下裡，那個他好幾年來一直渴望的，發生了。當不再有任何渴望時，它發生了。老子以「放開來」開始——所以這是一個美麗的會合。

宗教也在其他地方會合過，但卻是醜陋的：回教徒和基督教徒、回教徒和印度教徒、基督教徒和印度教徒，他們的會合都是衝突、抗爭、暴力。只有流血事件——想要改變對方的極大努力！

唯一宗教的會合在中國的佛教和道教的僧侶間發生了。他們不會爭執、打鬥、想要改變對方。事實上看到對方，他們立刻了解到他們站在相同的位置。在佛教和道教的交流下，chan 發生了。

這兩個宗教的會合是唯一友善的、慈悲的、愛的會合。沒有任何衝突、爭執，只有全然的了解。在深沉的寧靜中，他們都能了解到他們的方式可能不同，但是他們都到達了同樣的最高點。道教徒沒有為它命名；他們使它是沒有名字的。佛教徒給它一個名字，dhyan。但它是如此的新穎以致於他們必需給它一個新的符號，那個符號被發音成 chan。它仍是這兩個最偉大、最高度演化的宗教的頂點和綜合——但它仍是被受限的，佛教徒和道教徒。

當它被日本的求道者帶到日本，它到了一個新的高度；不再受限於佛教和道教，單純只是禪。不需要所有佛教教義的支持；也不需要所有道教哲理的支持。它本身就是如此的完整和全然，以致於 dhyan 在日本，也就是 zen，達到了最純粹的品質。世界上沒有任何地方發生過這樣的事。

禪的本質就是觀照。完全沒有任何教義和教導。禪宗的人沒有什麼東西要教；他沒有哲理和宗教。他只能透過不同方式、透過寧靜對你解釋。禪發展出新的方式，那是佛教的 jhan 或中國的 chan 所沒有的。

禪已經有了一個新的路線、新的生氣、新的起源。連道教徒和佛教徒也對禪感覺有點陌生。最傳統的宗教則是嘲笑它，認為它是完全荒謬的。

我遇過知名的佛教僧侶。其中一個是僧護。他是一個英國人。他一定在很年輕的時候就成了佛教徒；現在他很老了。他住在位於中印交界的葛倫堡。他在那兒有一個小社區，他是受人愛戴的。他寫過美麗的佛教書籍，但是當我提到禪，他笑了。

我說：「看過你的書後，我知道你一定會感到可笑，因為你仍然受限於佛教的教義。你無法想像禪可以獨自存在而不需要任何哲理的支持。它是非常務實和科學的方法。當你走路、坐著、吃飯、聆聽、說話時，你只要觀照你的身體——無論你做什麼，只要保持警覺。」

有一個關於鮑爾夏姆的哈希德派故事，他是哈希德派的創立者。午夜時，他正被某個哲學問題困擾。他走出房子。路上沒人，他開始來回踱步。看到他來回踱步，一個富有人家的警衛走出來問他：「在半夜無人的路上，你在這兒做什麼？」

鮑爾夏姆說：「我也要問你同樣的問題。在午夜無人的路上，你在這兒做什麼？」

警衛說：「我是一個看守人。」

鮑爾夏姆擁抱了他並向他感謝。看守人問：「怎麼回事？」

鮑爾夏姆說：「我找到我在尋找的鑰匙了。我還在擔心如何擺脫這個憂慮。「看」這個字把鑰匙給了我。你是我的師父。」

看守人說：「我不了解你在說什麼。」

他說：「無論你是否了解並不重要，但你是我的師父；你給了我鑰匙。我也想成為一個看守人。」

看守人說：「如果你想當一個看守人，我可以幫你找份工作。」

鮑爾夏姆說：「你不了解，你不用擔心。那不是找工作的問題。我的看是完全不同的。我要看的是我的思想。」

整個過程是簡單的：看著你的身體，行動中的、沒有行動中的；看著你的頭腦，有思想的、沒有思想的；看著你的心，有情感的、沒有情感的、有情緒的、沒有情緒的。當這些都因為看而消失後，你的看就完成了一個根本的轉變：它看著自己，它返回到自己。

就如同世上萬物週而復始——能量也是如此，而看是一股能量。如果沒有任何阻礙，它一定會返回到自己。這已經透過不同的方式表現過了。老人變成小孩⋯就是意識返回到源頭。巨大的天真被釋放出來。

每當經過我這兒，僧護都會來找我；他至少會有一天和我待在一起。他在印度各地不斷教導佛教教義，試著改變人們，但是我告訴他：「佛教已經遠遠的走在佛陀前面，而你還緊抓著他不放。」

有個禪宗故事：

一個禪宗和尚住在一個佛寺裡。晚上很冷——在日本，佛像是用木頭製作的——於是他拿了一個佛像並生了火。

住持熟睡著，但是他聽到木頭的爆裂聲並看到火光。他從房裡出來。他不敢相信⋯⋯佛陀被燃燒著，那個和尚坐在旁邊享受！他說：「你似乎瘋了。你燒了我其中一尊最美的佛像。你應該對自己感到羞愧。我讓你住在佛寺，而你這樣報答我？——你燒了佛陀！」

和尚說：「等一下！」他撿起一根木頭撥弄著灰燼，佛像已經完全燒掉了。

住持問：「你現在在找什麼？」

他說：「我在找骨頭。」事實上他是說：「我在尋找舍利」——因為在東方，死人的骨頭被稱為「舍利」

「我在尋找舍利。」

住持說：「你真的瘋了。木雕的佛像怎麼會有舍利？」

和尚說：「那表示你認同我。請再拿個雕像過來，因為你有很多佛像，而夜晚漫長又寒冷。你也了解那只是木頭——沒有舍利，而且佛陀不可能沒有舍利。所以再拿一個雕像過來。」

但是住持氣瘋了。他說：「我不會再讓你待在這兒。你給我滾出去！」

當住持把他推出去時，和尚說：「聽著，你膜拜虛假的佛，卻把真的佛趕出去。你會後悔的。」

只有禪師會這樣做。沒有任何主教、教士或教皇會燒掉耶穌基督的木雕。他知道那是木頭製作的，但是他不敢拿來燒。沒有任何印度教徒會這樣做。全世界沒有人會這樣做。

禪已經超越了佛陀遺留的一切。如果他回來，他會感到欣喜，但是這些學者無法了解這就是最終的成長。現在沒有任何東西會超越禪了。我想不到任何超越禪的可能性。它將一切都放在一旁；現在只有本質被保留下來——純粹的意識。現在它和佛教無關、和道教無關。如果你接觸它，它就是你的，無論你是誰：男人、女人、黑人、白人，那都沒影響。

我所教導的是純粹的禪，但沒使用禪這個字，因為雖然它超越了一切，仍然有些舊有的聯想和含義徘徊不去。它仍然被稱為佛教的禪宗。仍然有些禪宗的寺廟在膜拜佛陀的雕像。最偉大的禪宗師父已經完全超越了這些儀式，但是有這麼多教派的存在。所以我不使用禪這個字；此外，我教導的是純粹的意識，如何進入它，如何成為它。

奧修，發生在你周圍的其中一件最美麗的事就是我們像個團體一樣的運作著。也許不同於其他團體。我們發現到我們之中的大多數人都擁有某些美麗的品質，不斷蛻變，越來越接近你所談論的狀態，我們為此慶祝，如同這是發生在我們每個人身上，因為我們了解到發生在他們身上的也將會幫助到所有人。我想到你曾經大略談到過集體意識的現象。那是否和集體無意識是相關的？你是否可再為我們談論一些關於集體意識的事？此時我們要如何利用它來幫助我們？

我曾對你們說過，在你們的意識之下還有三層無意識，越深入就越無意識。最低層是宇宙無意識，就如同岩石的狀態。

在你們的意識之上是超意識，也是有三層，最高層是宇宙超意識。那就是我談過的純意識——

禪。

集體意識的現象是一個事實。世界之所以會一團混亂是因為每個人位於不同的階段。只有當你們都位於同樣的階段時，集體意識才會發生。例如，如果你們都是無意識的，然後你們的存在裡就會響起和你們連結的某種旋律。你們有時候可以從暴動中發現，暴徒完全忘記他們在做什麼。

我曾看過印度教和回教的暴動。我很震驚的發現那些彼此殘殺的人都是善良的人。有些人是我認識的。我從未想過他們會如此輕易的殺死某人，或輕易的燒掉裡面都是人的房子——毫不猶豫。

當暴動發生時，我正坐在書店的二樓。人們互相殺害，拿走商店的東西，任何他們想要的。不再有任何法律和秩序。商店就在我對面，市裡最大的商店，有各種鐘錶，人們拿走任何他們可以拿的。

有個老人……我認識他，我在早上散步時常遇到他，有很多次我們曾坐在一起討論事情。他是回教徒。商店屬於印度教徒的。雖然他是回教徒，但他仍在大喊：「不要這樣做！這是不對的。如果你想要殺印度教徒就去殺印度教徒，但偷竊搶劫……回教並未這樣教導。」他站在椅子上對人們大喊，但有誰在聽？

最令人驚訝的是當整個商店被搶劫一空，只剩下一個非常大的鐘，那個老人拿了它回家。我必須趕過去。書店老闆說：「不要下去。這很危險。等一下，等暴動停下來。等警察或軍隊出現。」

我說：「不。我必須問那個老人發生了什麼事。」

我終於逮住他，我問他：「你剛剛喊叫了半小時：不要這樣做！那你後來做了什麼？」

他說：「我不知道。我只是發現每個人都在這樣做，沒有人聽我的，也許他們是對的，而我是笨蛋。而且只剩下那個鐘。如果我不拿，它也會被人拿走，所以我立刻拿了它。它對我這樣的老人來說是很重的。」那是個大鐘。

我說：「但你一直在說這是違反回教教義的，這不是宗教性的。」

他說：「在那個瞬間，我忘了一切。當我看到只剩下那個鐘⋯⋯我不知道我發生了什麼事；我忘了所有的哲學和宗教。我腦中只有一個想法：每個人都拿了東西；而我在這像笨蛋一樣的喊了半小時。為了彌補我的喊叫，我想我至少可以拿這個鐘；否則我會後悔一輩子。」

我看到教授在偷竊、搶劫、燒死印度教徒、燒死回教徒。我後來問他們，他們說：「我們也覺得奇怪。如果有人對我們說：你去燒掉那間寺廟。我們自己是不會這樣做的。但如果有一群人在燒那間寺廟，我們就會參與。」

我說：「為什麼？」

有個人說：「有點奇怪，我不認為我需要負責。有一群人在這樣做的時候，我是沒有責任的，我只是群眾頭腦的一部分。是群眾在做這件事，不是我。而且無論我是否參與，那間寺廟都會被燒掉。」

一旦出現了一個類似的頭腦狀態，類似的意識狀態，就會有某個無形的東西進入你裡面，使你成為群體的一部分。如果它是低於意識的，那你就會變成野蠻人，謀殺和暴力就會發生。如果是高於意識的，你就創造出一個極大的能量，無論誰靠近，就會被那股能量照亮——意識之火如此龐大，即使是無意識的人也會變得有意識，也會覺醒。

關於這點，神秘主義的學校已經證實：你無法獨自做到的事，或你認為很難做到的事，如果有很多人一起做會比較容易做到、可能做到。你會突然被一個巨大的能量佔有，一個讓你馳騁的浪濤。

獨自一人時，你可能想了一千次也做不到，但是當這麼多人往更高的層次移動，慶祝著——你可以看到並感受到他們的喜悅——你會忘掉你的恐懼、你受的約束；你會開始加入他們。學校的作用就是依據這個基本的事實——意識可以用群體的方式進行。

一直以來，無意識一直以集體的方式進行。數以千計的基督教徒參加聖戰去殺害猶太教徒和回教徒——你認為呢？他們沒有考慮過嗎？數以千計的女人被當成巫婆活活燒死，沒有人反對。理由是什麼？——就只是集體無意識。他們都因此感到有活力。他們無法反對這麼多人形成的巨大能量流；因此每個宗教都希望擁有越來越多信徒。這樣就能創造集體性的洪流，他們也做到了。

你會很驚訝：在印度，佛陀以他思考和生活的方式幾乎轉變了全印度，但現在你找不到一個佛教徒。這麼多人被摧毀的原因很簡單。印度人的集體性頭腦，無意識已經準備要燒死活人、折磨他們，佛教徒無法承受這種瘋狂的無意識。他們沒有可以與之對抗的集體超意識。他們只是跟隨者。

在佛陀的時代，他們就在準備了。一旦佛陀死了——他創造了一股超意識的巨大能量，轉變了全印度——一旦他死了，一旦他的重要弟子都死了……五百年後的佛教徒都是出生在佛教家庭的人；他們並不了解佛教，所以沒有任何東西可以和印度巨大的無意識對抗。

耆那教妥協了。很多耆那教徒被殺死；了解到他們會像佛教徒一樣的被摧毀。他們妥協了。你會很驚訝的知道這兩個宗教，佛教和耆那教，它們的形成是為了對抗印度教和婆羅門教——婆羅門不能控制一切……他們不會因為出生在婆羅門家庭就會成道。它是必須掙得的，必須有得到的資格。出生在哪兒不會使你不同於其他人；你不能宣稱你是比較優秀的。

耆那教和佛教都反對婆羅門，但是看到佛教被如此殘忍的摧毀，耆那教妥協了。那個妥協就是現在，當小孩出生——命名的儀式是由誦讀印度教經典的婆羅門所完成——婚禮和喪禮也是由婆羅門主導。

所有婆羅門為印度教徒做的儀式，同時也為耆那教徒完成，所以他的職權是不受影響的。他不用擔心你是否相信；他不在乎——只要他的職位、他的教士身分保持不受影響。而耆那教徒接受了他們的教士身分——如同他們為印度教所做的，也為耆那教完成——但這樣耆那教就無法有所成長。真理一旦讓步，它就死了。它無法造成任何影響；它失去了光輝和壯麗。

也可以在別的情況看到集體性頭腦。例如，心理學家和哲學家一直對希特勒這樣的人感到困惑，幾乎弱智的，沒有任何吸引人的特質…如果希特勒擁有迷人的特質，那卓別林也擁有迷人的特質！他們都是丑角。他們的臉並不屬於那些會給你留下很深印象的人，而且他們說的話都是胡扯。但是像德國這樣的國家，擁有比其他國家更多的知識份子，誕生了比其他國家更多的哲學家…為什麼全國上下都會跟隨這個瘋子？

而且這個瘋子所做的一切是無法想像的：無數的猶太人在集中營被毒死。只是施放幾秒鐘的煙霧，然後數千個生命就消失了！數百萬的猶太人在那些毒氣室中被活活燒死。

操作這些毒氣室的人是非常有教養、有品德的人，他們從未想過自己在做什麼。沒人給過答案；那仍是未解決的問題，如果他們不了解頭腦可以集體運作，那個問題將無法解決——那麼個體就不會存在。他們就不會認為自己需要負責。如果全國都在做某件事…那就是希特勒想達成的。他全部的努力就是去創造一個龐大的集合體。

數以千計的年輕人聚集在他後面，創造出衝擊和你察覺不到的無意識浪潮。那些在觀看的人會和這些集會者的某種無意識的節奏保持一致。那些集會者會被安排在大城市裡，因為人們從村莊趕來觀看。

這些集會者在心理學上的意義是什麼？就是要讓全國上下確信「人們是跟隨我們的。」數以千計的年輕人擁有同樣的口號、同樣的穿著，在同樣的音樂中行進，創造出某種氛圍，即使像海德格爾，本世紀其中一個最偉大的哲學家，也成了希特勒的跟隨者。

好幾世紀以來，這種情況一直進行著。政客利用它，宗教領袖利用它，也許他們不知道自己在做什麼，這是如何發生的。你不知道電是怎麼運作的；你只知道如何開燈和關燈。那就是你所有的知識。

他們可能不了解集體性頭腦，但那就是在發生的情況，這必須讓全世界的人都知道。在你行動前先想兩次：你是因為自己的責任而做，或者你只是跟隨群眾？跟隨群眾是一個罪，因為群眾不是超意識的，它只會是無意識的。

我們必須創造出小團體，沙漠裡的綠洲，讓少數人以集體的方式朝著超意識上升。但危險在於大多數無意識的人們不會允許你這樣做。這個情況已經發生了。

美國反對我，慢慢的，這會變成一個世界性的現象。如果不了解集體無意識頭腦就無法察覺到這個現象。這些政客擁有不同的思想觀念，但是他們的無意識和其他人一樣，所以無論是德國、英國、瑞士、瑞典、美國，都不會有任何不同。現在全世界的政客的集體無意識同時反對我。他們將會相信彼此的謊言。

印度政府一直被其他政府施壓，不應該讓我繼續這樣下去：因為這是他們一直反對我的理由。

就在今天，我拿到拉克斯米的剪報。國土事務部部長在國會上被質詢：「你是否有阻止奧修的跟隨者入境印度？如果奧修住在這兒，他的跟隨者是否會被拒絕入境？」他否認了。

這個問題被另一個人再問一次。他再次否認。他說：「不，沒有這種限制。每個人都可以去看他。」

隔天反對黨的某個人提了一個問題——他是黨主席，也認識我，因為他住在普那。他問：「奧修是否有任何所得稅沒有繳納？或是避稅？」

財政部長說：「不，因為他沒有收入。所以他怎麼會要繳所得稅？他也沒避稅。」

這是他們面對國會的說法，因為如果他們說的不符事實，他們得提出證明。但面對其他國家，他們的論點是一致的，和每個政客相同。

時機似乎成熟了。我們必須瓦解這個惡性循環，創造出擁有不同的集體性(collective)能量的團體，更高層次的，更高等的，否則歷史將會重蹈覆轍。

他們殺了曼蘇爾、他們殺了耶穌、他們殺了蘇格拉底——他們也將會對我做同樣的事。他們不會擔心沒有反對我的理由。他們會創造出來，他們會發明謊言，但是他們會和無意識保持協調一致。

這樣的情況確實一直在發生。你可以從流行中看到它：某個東西突然開始流行，數以千計的年輕人開始跟隨。某個東西不再流行，它就只是消失了。某個音樂變得很流行，每個人都愛它，當它不再流行，甚至沒人會再想到它。

那只是集體性的意識流在影響人的頭腦。任何東西都可以流行，只需要捕捉到集體無意識的火焰。然後它會像野火一樣散播給每個人。

就更高層次的東西而言，那是困難的，非常困難的，因為它需要一些努力、一些膽識、一些勇氣、一些對真理的追尋。所以只有少數團體在這兒，集體超意識是可以創造出來的。但只有少數團體是無法做到的。

這個世界較以往面臨了更多危險。我們需要世界上更多的團體，能夠提供庇護而不被政治上的愚蠢、政治上的無意識所束縛。對於那些擁有膽量和智慧的人而言，這是一個非常偉大的工作，也是非常吸引人的、充滿挑戰性的。我要我的人成為防堵政治上的無意識的阻礙——這仍然是可能的。我們會戰鬥到最後一口氣。

第六章
剝洋蔥

奧修，有時候我早上醒來，我又再次回到既有的形態，我強烈的感覺到一切是多麼的反覆無常。我知道我再次成為的那個人：我知道她的癖好、她的喜惡。似乎沒有人可以代替我進入這個身體——他們也忙著為自己的身體尋找著——於是我進入了我的身體，開始了一天。

澳洲的原住民似乎相信一個人睡著後會離開身體；根據他們的說法，夢事實上是他們離開身體後的冒險經歷。我希望我可以一直維持這種距離感。這似乎很奇怪，這種距離感會在完全的警覺中發生——觀照的——或者在離開深沉的無意識後發生。

這種對身體的距離感可以透過兩種方式發生：成為警覺的、覺知的，或者離開無意識。當你是無意識的，那個距離是無法認出來的，但是當你變得有意識，有一個短暫的片刻，你會看到那個距離——你是某樣東西，而身體是另一樣東西。在警覺的狀態下，這個距離會更明顯，但結果是一樣的。

很多原始部落的神話認為，靈魂會在作夢時離開身體去旅行。你在夢中看到的一切不是夢，而是實際存在的。原始部落裡盛行著這樣的神話，不會有人在睡夢中被叫醒，因為如果你叫醒那個人，而他不在家——他可能在夢中旅行到遙遠的地方——你這樣會害死他。曾經發生過很多次，在某些意外中，人被突然叫醒後就死了，但那只是因為深沉的自我制約。

在夢中，你無法去任何地方；否則這個情況會在全世界盛行，不會只有某些部落深信不疑。你可以叫醒任何人；那不表示他就會死掉。但是在那些部落——有些印度和遠東地區的國家裡的部落——當一個人在睡覺，他們會非常小心，因為他可能去了遙遠的地方。不會有任何噪音或打擾，所以那個人回來時可以自行醒來。如果他沒回來，而你叫醒他，你就弄斷了連接他和靈魂的線。在那些部落中會發生這樣的情況。

這是非常基本且需要了解的：一個惡性循環。如果你相信，它就會發生。然後你就會更相信它，這會持續下去。循環之輪會越來越深入你的存在。

盛行這種神話的部落也認為你在夢中做的一切都是真實的。例如，如果你在夢中打某人一巴掌，那早上醒來第一件事就是詢問部落裡的長老：「我該做什麼？我在夢中打了某人一巴掌。」他們會規定如何道歉：「拿些甜點和水果去那個人那兒請求他原諒。」也由於這樣的單純，他們很少做夢。那些部落裡的人很少做夢。他們的睡眠是非常深沉安靜的。

對佛洛依德和他的心理分析而言，這是很重要的。那些部落好幾世紀來一直在進行心理分析。你在夢中打了某人一巴掌，然後你在白天道歉，請求原諒。這是一個深入的心理分析。你不只是對那個心理分析師講述那個夢，事實上你再次經歷過它——不只是經歷過，你還嘗試去清理夢中的你。

那些部落不會收集垃圾。他們很容易就入睡，他們睡得非常深沉，而且很少會有人說他做了夢。

但是靈魂離開身體的概念並不只出現在這些原始的信仰中。很多不同文化的人會突然看到自己離開身體、在移動、做某些事。到了早上他們發現他們真的這樣做過，但是就身體的層面上來看，他們並沒有離開床。

所以有很多自傳是關於靈魂離體的經驗，而且越來越多事實證明人可以靈魂離體。那是危險的，但如果它是在覺知中自行發生，那是無害的；事實上它是極大的達成，離開監牢的偉大解脫。當你不舒服、生病或臨死前，超越身體的感覺會有幫助。沒有任何事能使你痛苦。

但是有時候它會發生在早上醒來的某些人身上；這要依據醒來的速度而定。少數人會很緩慢的醒來——從睡眠中醒來，他們會需要些時間——所以他們永遠不會有這種感覺。由於他們的步調，他們會很慢醒來，所以當他們醒來，睡眠也幾乎消失了。但有少數人是突然醒來，那就是你們的狀況；你是突然醒來的。這沒有對錯，但是因為這兩個不同的狀態，你會感覺到一個突然的變化。在睡眠中你處於某個狀態，醒來後你處於不同的狀態。

突然醒來會使你有一個片刻感覺到你和身體是分離的，而你正要進入它。享受那個片刻，延長那個片刻，仔細的享受那個過程。觀看發生的每件事，那對你而言將會變成一種靜心。如果當你入睡時也試著觀照，那也會有幫助。那個觀照會是比較容易的。

這種突然醒來是很少發生的。因為一切會變得非常緩慢。所以這兩個狀態會混在一起——一個是漸漸的加深，另一個則漸漸減少——以致於你無法區別。除非你在前世是突然死亡的，你才會突然醒來——那表示你是被謀殺的——那個經驗留下一個深深的烙印。這是可以利用的。不需要擔心它：前世發生了什麼並不重要。我們必須盡可能利用一切。但我的經驗是，突然醒來是很少見的，因為很少人被謀殺。

對其他人而言，死亡是一個緩慢的過程；漸漸的，他們失去了意識，進入了無意識，然後死亡發生了。但如果某個人被殺了，那就不會有這個緩慢的過程。他是清醒的——完全清醒的——然後他會離開身體。

與此相關的情況將會發生。如果一個人被殺了，他會突然離開身體——就像你的房子失火，你會跳出窗外。幾秒鐘後他就進入到另一個子宮，但是被殺的經驗是如此強烈以致於你無法在幾秒鐘內抹除它。如同你提到進入某個新的形體中，那個人也會以同樣的方式進入母親的子宮。然後同樣的事會在每天早上重複發生。

當你入睡時，如果你只是試著靜靜的覺知，你會再次感受到同樣的經驗。但最可能的情況是，睡眠緩慢的發生，所以你不會察覺到那個距離。但那個距離實際上是存在的，無論你是否有察覺到。能察覺到是好的。加大那個距離是好的。

所以你先讓對於身體的距離感變成一個非常實際的存在。然後你會對頭腦產生那個距離感……而這只有透過靜心才有可能。在這個經驗中，你只會對身體有種距離感，而不是頭腦。這是好的一步，好的開始；已經完成三分之一的過程了。這樣開始是好的；用同樣的方式對頭腦產生距離感，然後對你的感受和心產生距離感。

最後在我們裡面，我們會發現到某個點是無法產生距離感的，因為那就是我們。就像一層層的洋蔥；你剝掉一層還有一層。不斷的剝洋蔥。禪宗有句諺語：「不斷剝洋蔥，直到手上什麼都沒有。」你就是那個什麼都沒有的狀態。

這個經驗可以使你確信，你在前世一定是被殺的或者某個突然的意外——從火車上掉下去，被車子撞到——某個突然使你和身體分開的情況。那就是為什麼會有這樣的經驗。但是現在去利用它；它是非常有價值的。

奧修，對我而言，你點化某人成為桑雅士不表示他就成了弟子。一個人是否必須付出努力去成為弟子？或者它就只是發生了？

這是個複雜的問題。三件事。第一，我點化你成為桑雅士並不表示你就成為弟子了；那只是顯示你想成為弟子的意圖。

第二，為了成為弟子，你必須做盡一切——雖然你無法得到，它就只是發生了。但是它只有在你用盡所有的能量去得到它的情況下才會發生。所以你不能不用盡一切的努力。如果你省略那部分，那它就永遠不會發生。如果要它發生，你必須耗盡你的自我，筋疲力盡的，癱倒在地上，幾乎沒有任何自我了——即使只有幾秒鐘——那也足以讓它發生。

成為弟子是獨一無二的，如此美麗的，那些沒找到的人錯過了生命的寶藏。它是最貴重的寶藏，因為成為了弟子。接著發生的一切會是多面向的。

你是放鬆的。你首次知道放鬆是什麼，因為現在它是發生的一部分。它不是美式的放鬆。美國有一本書叫「你必須放鬆」。那摧毀了一切。因為沒有人可以做到。

然而一旦成為弟子——因為它發生了——很多事情也會同步地在你裡面被觸發，那些事情都擁有類似的特性。放鬆會發生。你首次感覺如此輕盈，沒有任何緊張。信任首次發生，沒有任何原因的。對存在說一個深深的「是」，無論它帶來什麼…它可能會帶來生命，更多的生命；它可能會帶來死亡，但是那沒關係。就你的「是」而言，沒有任何事需要在意；你的「是」是不受制約的。它在你裡面出現，填滿你的心。然後你會過著一個無憂無慮、沒有緊張、沒有目標、沒有要達成什麼的生活。

愛首次發生，一個不反對恨的愛。這個愛無法變成恨。它超出了日常生活經驗的二分性。慈悲向你湧來，你甚至會對你一直認為沒有生命的東西感到慈悲。問題不在於對哪個客體慈悲，問題在於充滿慈悲的主體。例如，燈泡不擔心它的光會照著沒有生命的東西或有生命的東西。那是無關緊要的，那只是它的特性。而愛，當它是自然的，它永遠不會變成恨。一旦你找到它，一個強烈的感覺會來到。

弟子不是一般的經驗。所以記得，我無法使你成為一個桑雅士，你也無法使自己成為一個桑雅士。我可以給你方向和動機，而你必須努力下功夫，完全的耗盡自己，沒有任何保留，很清楚的知道這不會讓你成為弟子。但是它將會以某個方式給予……因為當你做盡一切所能做的，一個寧靜降臨於你，放棄了努力。你處於一個無為的狀態，在那個狀態中，在那個片刻中，弟子的開花——突然有這麼多花朵圍繞著你，這麼多的芬芳，這麼多的光。

你將會感激師父。他並沒有把它給了你，但是沒有他，就不會有方向。你將會感激你做的所有努力，因為沒有它們，你就不會突然停在那個時間和空間都是靜止的狀態。

一旦它發生了，一旦你嚐到它，你會知道，就如同你知道你的房間在哪兒。即使在黑暗中，你也能碰到它，即使閉上眼睛，你也能找到它。那個經驗是如此美麗，如此生氣勃勃，以致於你會一再的想要擁有它。

漸漸的，它變得如此自然以致於局外人無法了解它。只是看著師父就觸發它了，只是看到盒子裡面的師父照片就觸發它了，或者只是記住師父就觸發它了。任何和師父有連結的，任何話語……你不會經歷整個過程；整個過程會發生的非常快速以致於你甚至無法察覺到。你會突然成為弟子。

你很難對人們解釋為什麼項鍊上會有我的照片。它是如此的隱祕以致於他們無法了解它，但那就是鑰匙。它是非常簡單的。只要手上握著它就能使你立刻進入那個美麗的空間。

奧修，我為什麼很難和人目光相接？

可以有很多原因。一個可能是妳的前世生活在東半球，在那兒對女人而言，眼睛往下看才是得體的，而不是目光相接。那被認為是無禮的，有點暴力。所以在東方，沒有女人會目光相接。

妳可能攜帶著前世的經歷。對我而言，這一定是原因所在，因為妳也攜帶著卑賤的感覺。那也是東方對所有女人的教導：成為女人就是卑賤的，因為透過女人的身體是不可能成道的。首先她必須生為男人，那時她才能下工夫。而且妳不只是活在東方…

妳可能曾經是個尼姑，佛教的尼姑，耆那教的尼姑。她們不被允許去看超過四尺外的一切。即使和她們講話都很奇怪，因為她們不會看著妳，她們看著四尺內的地上。她們會試著聽妳說話，她們會回答妳，但是她們不會看著妳。原因似乎是尼姑不能和任何人有親密的關係。

心理學家發現如果妳看著某個人的雙眼，兩到三秒鐘是可以接受的；那只是碰巧。但如果看的時間更長，那就不是碰巧；那時妳就是在試著干涉對方的個體性。如果對方剛好是女人，那就是絕對不道德的。那是東方的方式：妳不能目光相接太久。

妳會驚訝的知道，印度斯坦語的流氓是 luchcha，這可以幫助妳了解我們要談論的問題。Luchcha

這個字來自於 lochan，意思是眼睛。Luchcha 是某個人一直注視著妳，不只是碰巧看到。他不是有教養的人。他的行為是醜陋的。

在北印度語、印度斯坦語中，評論家這個字是 aalochak。那也是來自於 lochan。評論家必須深入研究，不是隨便的，而是盡可能深入；那樣他才能知道什麼是對的，什麼是錯的。只有妳夠深入了解才能去評論。Aalochak 和 luchcha 在語言方面的意思是一樣的，但是它們的用處是不同的。兩者都來自於注視。

現在妳的問題是妳帶著東方的頭腦出生在西方，但是西方的方式是目光相接。那被認為是真心真意的、誠摯的，這裡面也有些真理。如果和妳說話的人一直看著兩旁，沒有直接看著妳，那顯示出：一定是他隱藏了某些東西。他害怕被發現，他不想看著妳的眼睛，因為眼睛是非常容易表現出意圖的。它們會暴露出妳的整個存在。如果某個人知道如何讀妳的眼睛，只是看著妳的眼睛就能知道很多；他什麼都不需要問。

在印度，被稱為阿育吠陀的印度草藥學在這方面的運用達到了極致。其中一個偉大的阿育吠陀醫生，曾經是全印度阿育吠陀醫師協會的主席，對我說過如果一個醫生無法只是藉由深入看著妳的眼睛、舌頭、感覺妳的脈搏：如果他無法藉此知道妳得到什麼疾病，那他就不配稱為醫生。他應該改行當獸醫。

對於對抗療法的醫生而言，阿育吠陀的醫生就像獸醫。動物不會講話，所以妳必須知道他們得到什麼病。人會說話，所以妳可以問他，但是阿育吠陀醫學認為即使人會說話，他仍無法真的說出疾病的來源。他可能會說出哪些症狀——他頭痛或什麼——但是醫生必須找出原因。而且他們沒有任何精密儀器——只能透過脈搏、眼睛、舌頭。

對他們而言，舌頭能夠提供關於胃的所有資訊。眼睛則提供關於心理狀態的所有資訊。脈博則提供關於身體狀態的所有資訊。這些就夠了。

妳會很驚訝：如果妳去看真正的阿育吠陀醫生，沒有採用對抗療法的，他不會問妳問題在哪兒。他只是感覺妳的脈搏，看著妳的眼睛、舌頭——就這樣。然後他會開始寫出妳必須服用的藥。

我問這個人：「只是看著眼睛能使你知道關於頭腦的什麼事？」他說：「就醫療的目的而言，眼睛幾乎告訴我一切。」

一個天真的人、坦率的人、誠摯的人，會有一個不同的品質——他的眼睛有一種柔軟、一種深度。注重表面的人不會有那個深度；他的眼睛會顯現出狡猾奸詐。

所以如果妳無法直接看著對方的眼睛，沒關係。妳不是醫生，所以妳不需要。需要的是向內看，不是某個人的眼睛。

而且妳攜帶著前世的東方經歷，女人在那兒被要求舉止得體。這是使她優雅的部分原因——不去深入看著妳的眼睛。在東方，只有妓女會這樣做。東方的女人有某種謙虛、非侵略性的態度。深入看著別人的眼睛是侵略性的，不是優雅的。我自己的經驗是，東方對女人教導的優雅使她們更美麗。

有時候我會好奇⋯⋯當我看著環球小姐、大學小姐，我會感到某些基本的部分弄錯了。在東方，她們是無法成為大學小姐的。她們的舉止是醜陋的：她們的表情沒有任何優雅，她們的眼神沒有任何優雅，而且她們在數千人面前幾乎全裸的走在伸展台上。那表示她們把自己貶低成性變態的客體。

這些比賽只不過是男人在情色上的發明。

在東方，那是不可能的。妳越回顧過去的歷史，妳就會發現越多的優雅。但現在在東方的城市中，妳看不到任何優雅，因為它們幾乎都被西化了，試著去抄襲西方。某些國家的內陸區域還存在著真正的東方美，西方在那兒還沒有什麼影響力。她們的體態、她們的容貌——一切都帶著超出常人的美。

所以不用擔心。不要認為這是問題；利用它。不用深入的看著某個人的眼睛，而是向內看。那兒才需要真正的洞見、深入的洞見。

奧修，有天晚上你提到你是如何被嚴重誤解。但是這些針對你的惡劣指控和捏造的新聞，對照真正的你，不是反而使一個桑雅士的愛和信任更有意義、更加堅定嗎？

是的。那就是為什麼我不在意被誤解。我不在意他們持續散播的謊言。群眾相信任何書面的文字；他們依靠新聞而活。他們的頭腦裝滿新聞剪報、一疊疊的舊報紙。

我不擔心他們，也不會因為他們感覺被冒犯。事實上，他們做的一切是可以預期的。真正的奇蹟是我的人——儘管有這些政府、政客和記者的陰謀——仍然可以認可我。那樣的報償對我就夠了。

從消極面來看，這個陰謀也使我有了負面的形象，他們無法忽略我；那部分是可以肯定的。甚至我沒去過的國家——我也可能不會去——也無法忽略我。那是他們認識我的方式。我為此而感謝。

但是我的喜悅來自於那些少數愛我的人、信任我的人。即使全世界都反對我也沒關係。甚至只有一個桑雅士也夠了；事實上甚至不需要。對我而言，我自己就足夠了，因為我完全確定我所說的一切就是真理：這就是新人類到來的方式，這就是人類被拯救的方式。我從未懷疑過。

無論人們要花三百年或五百年才知道錯過什麼，那沒關係，他們原本可以透過這個人的洞見學到更多。他們不去了解那些洞見，反而浪費我的時間，用各種方式在每個國家不斷騷擾我，試著創造一個虛假的形象，讓全世界的年輕人不會因為被我影響而來找我。

然而存在運作的方式非常奧秘。當他們在克理特島逮捕我的那天，唯一一本被翻譯成希臘語的書，隱藏的和諧，它所有的副本銷售一空——只是一天的時間。一本都沒剩下。

所以他們可能以為他們在破壞，但真理是某個你無法破壞的東西。你做的一切都會變成它的養分。

奧修，我聽你說——你一個人——獨自對抗全世界，或者被認為是世界的威脅等等。我知道我們每個人都是單獨的。我同時也想對你大喊：「奧修，愛你的我們都和你在一起」——因為愛著你，我們就是你。

確實，因為你們和我在一起，如此深入的，以致於你們和我合而為一，所以我可以說我獨自對抗全世界。你們和我不是分開的，你們是我的一部分。即使你們在這兒，那也不會改變我的單獨。你們變成了它的一部分，你們融化在它裡面。

我的努力就是強調一個事實，所謂的知識份子並不是真正的知識份子。他們沒有一個人有勇氣站出來對抗他們的政府，說它們如此對待一個沒有造成任何傷害的人是絕對違法的。

相反的，我感到全世界反對我的陰謀日益嚴重，所謂的知識份子似乎也感到更快樂——因為我對他們也是一個威脅。他們只是博學多聞的。而我曾經打擊博學多聞的人，告訴他們：「誠實點，承認你和其他人一樣無知。」所以他們不會反對這些陰謀，他們似乎是快樂的。

而所謂的宗教人士也沒有反對，他們似乎是快樂的，因為我一直引起他們的注意：只是成為宗教組織的成員不表示你是宗教性的。宗教性是某個完全不同的東西——它是個人的成長，個人的達成。所以那些宗教人士也對這些陰謀感到快樂。

各種狂熱份子都認為他們擁有真理，只有他們擁有真理——但除了大叫大喊，他們沒有爭論，沒有影響力——這些人也感到快樂。

當我在教書時，一個非常美麗優雅的年輕女士來拜訪我並給了一些基督教的文宣。我看了標題後說：「你能否從這些小冊子中拿出一本，並誠實的說這裡面寫的東西是你個人的經驗嗎？」

她變得很生氣，不再有任何優雅，她說：「我一直在免費分發這些文宣給人們。沒人這樣問過。」

我說：「他們應該要問妳，因為如果這些是垃圾，妳並沒有權利把垃圾丟到我這兒。如果這不是妳的經驗，那妳憑什麼分發這些文宣？」

她說：「我是依據神的旨意分發這些文宣，憑著耶穌基督的旨意。」

我說：「妳現在是在胡扯。妳無法證明神。妳現在可以給我任何神存在的證明嗎？而且妳不像耶穌的跟隨者。妳穿著美麗的衣服，開著漂亮的車。妳應該在肩膀上扛著木製的十字架，妳至少應該像耶穌一樣施展幾個奇蹟。我是否該給妳一些水讓妳把它變成酒？」

她生氣的轉頭就走，什麼都沒說，奔回車上。由於她很生氣以致於她很用力的要發動車子但卻無法做到。我走過去對她說：「妳可以請神幫妳發動車子。至少祂可以做到這個奇蹟——任何技工都做得到。或者妳可以出來跪在地上向耶穌基督祈求，我來幫妳發動車子。」我必須發動她的車子。因為她氣的全身發抖。

我說：「我希望妳偶爾能夠回來。我喜歡這整個狀況。妳看起來如此優雅動人。如同耶穌說：「成為友善的人；甚至去愛妳的敵人。」但妳在一分鐘內就變成敵人，忘了所有的愛和優雅——妳如此生氣，妳一定是拚命的要發動以致於汽油都流出來了，所以車子無法發動。這是基督教徒的態度嗎？看了妳的文宣是否會使我跟妳一樣？請把妳的文宣拿走，送給其它會把這些文宣扔到廢紙籃的人。因為我做不到。」

知識份子、宗教人士、政客、政府都知道：他們如此害怕，這對我而言是最大的報償。從沒有人沒做出任何傷害就可以使全世界如此害怕。

我不是恐怖份子。我沒有放炸彈，沒有劫機。他們在怕什麼？也許我碰到他們腐爛的根部；我按壓到他們受傷的神經。他們知道他們無法給我任何答案，一旦他們沒有答案，就只能用槍來回答。但是他們也不能殺我。他們真的是進退兩難——要拿我怎麼辦？

他們不能殺我的原因是如果他們殺了我，那將會造成全世界的動亂，我的人會忘掉彼此間的小問題並團結起來。他們將會是其中一個最強大的團體。那些知識份子、宗教人士、政客將無法解釋——全世界都會問。原本反對我的人將會同情我，他們會問為什麼要這樣做。

我不是一個小問題，否則美國政府不會通知所有國家的大使館，無論我到達任何地方都要立刻通知他們，如果這個人被允許居留，美國政府的幫助和金援將會停止。

但是那對我而言不會是問題。我知道我擁有我的人，這些政府散播的敵意和毒藥會使我的人更接近我，更團結。他們想要做的是讓我被孤立。那也是他們做不到的。

他們對印度政府施壓，我可以建立社區，但是不能讓任何外國門徒或新聞媒體接近我。那就是我離開印度的原因⋯

現在印度政府很尷尬，因為在國會，他們必須提供合理的解釋和證據。首先，憑什麼不讓我的門徒接近我？而相關的部會首長回答：「不，我們不會阻礙奧修的門徒。他們和其他人一樣，可以進入這個國家。」

然後他們問：「你認為在奧修的門徒中是否會有美國聯邦調查局的探員和各國政府的間諜？」他們必須否認；否則他們必須提供證明。他們說沒有⋯沒有間諜、沒有聯邦調查局的探員、什麼都沒有。然後他們被問到是否有任何對我提起的訴訟，我是否沒有繳稅。財政部長只得說我沒有任何收入，所以不會有繳稅的問題，他們也沒有對我提出任何訴訟。

你會感到驚訝：那些我沒去過的國家，他們的國會都在討論我，甚至是那些連桑雅士都沒有的國家，彷彿我是世界上最大的問題。他們將要面對第三次世界大戰，但他們卻在擔心我！

這是很重要的，因為他們知道如果讓我繼續教導下去，他們腐爛的社會將會開始崩解。而我也將持續教導下去，無論發生什麼事；他們無法阻止我。我會找到我的方式。現在我將更甚以往，提出更尖銳的論點來反對他們，暴露每個政府阻止我接近我的人的行為。

當然我的人是和我在一起的。一旦我做出聲明，我們準備一戰，每個國家的桑雅士都該去法院控訴政府，我們準備創造出世界性的動亂。我只是在等待適合的時機。一旦我們安頓好，我們將和每個卑鄙的政府對抗。而我們也一定會勝利。

你會驚訝，連律師⋯⋯一個來自德國的最頂尖的律師問我是否可以讓他代表我提出訴訟，因為這一定是違憲的，他知道這個案子會使他聞名全球。

另一個律師，也是一個最頂尖的律師，來自西班牙，正在等我的指示。他想要和政府對抗。他說：「什麼都沒有。我看了所有政府的檔案，沒有任何不利你的東西。他們說的一切都是沒有證據的胡扯，還說你逃稅。」現在印度國會將會是證據，證明我在印度、美國或任何地方沒有逃稅。

我們將要一戰。那會是喜悅的一戰。只要再幾天，我在阻止他們。讓我們安頓下來；否則會很難——任何國家都害怕這些人會反對他們的政客和政府。所以一旦我們安頓好，我們將會和全世界對抗。那將會是一連串繁忙的活動。

第七章
在兩個夢之間

奧修，我一直著迷於古西藏經典中提到的中陰教法(bardo)。你是否可以談談這部分？

中陰教法是個簡單的方法，但有很大的重要性。只有曾經靜心過的人會從中受益，而西藏是一個幾乎每個人都會花些時間去靜心的國家——只是單獨的，寧靜的，不做任何事，只是觀照。如果這個人沒有成道，死亡將要來到，那就會使用中陰教法。

這個人已經接近門了。他還沒進入，但至少他試過；他敲了門。他擁有某種接受性，當死亡來到，他會完全樂意的進入靜心的狀態。現在已經沒有什麼要害怕了。死亡已經來了；他可以冒著失去一切的危險。而中陰教法是某種溫和的催眠⋯就像我用的方法。聽我說話使你變得安定和寧靜。

中陰教法是給予臨死之人的建議：「現在保持寧靜。有意識的放下這個生命。而不是讓死亡從你這兒奪走它，鬆開你緊握的一切；不要被死亡打倒，不要掙扎。只是放下你所有的執著。世界對你而言已經結束了，這個生命對你而言已經結束了。沒有必要再抓著它不放；要抓著它不放就得和死亡對抗。你無法贏，而且會錯過一個很重要的機會。」

「你只是自行放下一切。放鬆，沒有任何敵意的接受死亡，將它當作生命的高潮，一個自然的現象。沒有任何東西因此結束。保持有意識的，觀看發生的一切——身體如何開始變得越來越遠離你，頭腦如何開始像摔成碎片的鏡子般的變成碎片，你的情感、感覺、情緒如何…構成你生命的一切開始消失。」

它是夢的終結。那是中陰教法的基本要素，你過著一個你稱為生命的夢，一個長達七十年的夢。它將要結束了。你可以後悔你做過的一切，然後錯過機會…因為在幾秒鐘內，你將會進入另一個子宮，另一個夢。

在這兩個夢之間，你只有幾秒鐘的時間保持警覺和清醒，如果你可以保持這個警覺，你就戰勝了死亡，戰勝了夢幻。你會有意識的進入另一個子宮；你會有意識的離開這個身體，有意識的進入另一個身體。

你將能夠記住死亡，你經歷過的夢，在來世，將會使你警覺，不再重蹈覆轍——再次追逐同樣愚蠢的慾望，陷入同樣的嫉妒，為同樣無意義的面子而戰。它會使你警覺到你以前已經做過。一切將因死亡而結束，這也將會因為死亡而結束。

所以中陰教法會提醒你，消失的只是一個夢。當死亡來到，很容易了解到你的生命是一個夢。不然還會是什麼？就像你在早上醒來。

你度過了整晚，這麼多夢——你可能過了無數個夜晚——但是中陰教法會提醒你那只是個夢。必須由一個非常進化的存在來進行——一個喇嘛、一個師父——他會強調，是時候了解到那是一個夢：你不是快死了，只是夢醒了。

當你從一個夢進入另一個夢…那個間隔是非常重要的，因為在那個間隔中，不會有夢，只有明晰，絕對的明晰和覺知。所以第二個要注意的是：不要錯過間隔。

第三點：不要想著要進入子宮。那你就完成了需要下好幾世工夫才能完成的事。這個人落入到深沉的寧靜裡，死亡開始降臨。他聽著某個人的話語，某個他愛的人、他信任的人、他從不認為會欺騙他的人——只有這樣才有用。不能是隨便一個人。中陰教法是已知的，所有進行方式是已知的，但只有透過某個你尊敬的人、你信任的人、你愛的人，才有可能進行。

在關鍵的時刻中，對這個人的小小懷疑將會摧毀整件事——那中陰教法將會毫無作用。但是如果你沒有這樣的想法，遵循指示，你就能準備好一個新生命的基礎，將會是一個完全不同的生命。那將會是你的最後一世，因為任何人有意識的死去，利用這個間隔而經驗到完全的純淨，警覺的進入子宮，將會有警覺的出生。他的成道是毫無疑問的：他有了種子，有了基礎。

所以中陰教法是一個簡單的過程，但只有對於那些靜心過的人，曾經和師父在一起的人，曾經體驗過寧靜的人，體驗過存在和存在的美的人，才能做得到。

中陰教法是西藏對世界最大的貢獻。西藏沒有其他貢獻。它是一個貧窮的國家，遠離世界的——世界的屋簷——無法接近的。即使到今日也很難進入西藏。

西藏因為佛教徒的影響而發展了靜心，最後成了史上唯一每個人都在靜心的國家，接受靜心是個自然現象的國家。每個家庭必須有一個人——某個準備好的人——進入僧院，全然的靜心。所以每個家庭每一代至少會有一個人進入僧院。

整個西藏幾乎變成了一個僧院。就如同俄羅斯變成了一個集中營，西藏則變成一個僧院。山上或美麗的地方有數百個僧院。每個家庭都會有一個人真的想尋找真理。那是唯一人們會被鼓勵去求道的地方；變成了全國的風氣。

那些不在僧院的人也會盡可能的靜心，所以等到死亡來臨，中陰教法才可能適用每個人。有很多師父和進化的存在可以念誦那些話語——每個人都有自己的師父。那是一個完全不同的世界。

在本世紀裡，很多美麗的事物都被摧毀了，但西藏是最慘重的。西藏因為中國共產黨的入侵而被摧毀。僧院變成學校和醫院，僧侶被強迫在田裡工作。即使提到「靜心」這個字也會有罪。即使沒有傷害任何人：這個國家是如此的孤立，和世界毫無聯繫。

但是它被摧毀了，我不認為有可能恢復它的美和壯麗。那是不可能的，因為現在有道路連接巴基斯坦和中國。現在有巴士來往著，現在有飛機在那兒起降。軍隊在那兒。它已經成了一個中國的軍事基地。它已經失去了它的黃金時代。

很快就很難再找到一個懂得聆聽中陰教法指示的人，而且幾乎不可能找到可以給予指示的人。那些指示會出現在書上；現在各種語言都找得到。它們是簡單的指示，但是可以被改良，我有些改良的想法，因為它們是非常古老和粗糙的。它們可以被精煉。可以加入很多東西，很多層面的東西。但基本的是，人們必須是有在靜心的。我的人是有在靜心的，讓中陰教法以更精煉的方式復甦會是我基本工作的一部分，所以我們可以把它用在我們的人身上。

西藏不再是同一個西藏。但是我們可以創造出中陰教法——或者某個像中陰教法但卻更高層次的方法——可以幫助人們的情境和心境。那是一個美麗的過程。就如同日本將禪從靜心的佛教源頭引入。西藏同樣從靜心的佛教源頭引入了中陰教法。這是他們永恆不朽的貢獻。

即使核武被遺忘了，這些發現仍會擁有不變的重要性。

奧修：昨天有人問我為什麼跟你在一起，我意識到我沒有任何有意義的答案。只是單純的說因為我愛你似乎太容易了，完全不適合用來形容和你在一起的驚人體驗。我和你在一起不是因為任何智力上的理由，也不是因為我特別難以理解或非常有宗教性。事實上，身為一個弟子，我是相當惹人厭的。但是我深深的陷入在你裡面而無法自拔，就像被吸附在強力磁鐵上的細小鐵屑。奧修，可以請你解釋這個現象嗎？

很難對別人說明你為什麼和我在一起。你說的任何話都會讓你感覺是不適合的、表面的、膚淺的、不公平的；如果你什麼都不說，那也是令人尷尬的。必須說些話。

但是沒有合理的解釋會讓情況更複雜，你和我在一起不是因為特定的哲學或合理的教條。如果你和我在一起不是因為任何宗教上的意圖，那你自然會感覺很難回答。

但對我而言這是重要的，你必須是無法回答這個問題的。如果你可以回答這個問題，那這個關係會是表面上的。你可以說它是愛，但是每個人都在愛；人們進入愛、離開愛，這會是非常世俗的事件。那將會使這個字變得非常世俗。

你不是因為某個理智上的信念而留在這兒，那是好的，因為我不是理智的人；你不是因為任何宗教上的理由而留在這兒，因為我已經把宗教放到一旁。但是你可以在不給出某個特別答案的情況下，用和提問一樣的方式解釋整個情況。

無論誰問，你就說：「情況就是這樣。你來告訴我這是什麼樣的關係。」你為什麼尷尬？讓問你的人尷尬。讓他思考，讓他想一整晚⋯⋯這個情況造成了什麼，這是什麼樣的關係。你只是保持真誠的。

你的問題就是答案。只要用你在問題中寫的一切對那個人說：「情況就是這樣；現在你來告訴我。我不知道原因；也許我太陷入其中了。你是旁觀者。你可能會找出原因。如果你可以找到原因，請告訴我，讓我也能回答其他人。」

你和我的關聯越神秘，你就越難回答。但是不需要有答案。你只需要說：「情況就是這樣，我不知道哪些是正確的話語，可以用來解釋這整個情況。」這會是真誠的、誠懇的。你不會感到不恰當或尷尬。事實上，發問的人會感到尷尬，覺得提出這樣的問題是不好的、粗魯的、未開化的。是有一種關係是可能無法用文字解釋的——那就是發生在你我之間的情況。

你可以只是說：「我不知道，但是我可以敘述整個狀況。」這也會對那個人有幫助，碰到一個如此浩瀚的關係以致於無法用文字界定它，如此遙遠以致於語言的描述會是暴力的。也許真誠並懇切的描述你的整個狀況可以幫助他感覺到某個東西。

你的問題就是你的答案。

奧修，我聽你說過我們會害怕接近你，但我們怎麼能接近？此外，我確信當你給我名字時，我的內在只有噪音和群眾。不久前，我開始發現在不同時間下，至少有五個完全不同的人占據了我的內在。其中一個好像是目空一切、叛逆的、強壯的、氣沖沖的、報復心強的希臘女戰神；另一個是非常不安的、脆弱的、溫柔的、討人喜歡的、受傷的小女孩。還有其他人，但都是極端對立的。在她們之中，我要如何認出真正的我、那個個體？

那不只是妳的情況，而是每個人的情況。不是五個——妳是群眾、一大群人。妳只要更近的看、更深入看，妳會發現很多人在妳裡面。有時候他們會假裝他們是妳。當妳在生氣，某個人格會占據妳，假裝是妳。當妳在愛，另一個人佔據了妳，假裝是妳。

這不只使妳困惑，也使得來接近妳的每個人都感到困惑，因為他們無法理解。他們本身就是群眾。

在每段關係中，結婚的不是兩個人，而是兩群人。將會有持續不斷的戰爭，因為只有在偶然的情況下，很少見的情況下，是妳愛的人在主導自己、是別人愛的人在主導自己。否則妳會繼續錯過：妳在愛，但另一半卻是悲傷的、生氣的或憂慮的。然後當他在愛，妳則不然。沒有辦法控制這些人格，它們會自行出現。

葛吉夫有一個故事：

有個主人在山上有個宅邸和一群僕人，他告訴僕人他將要去朝聖：「可能要一年、可能要二年、可能要三年，或者我可能還沒完成旅程就回來。我可能會在中途隨時返回。所以每天要準備好，就好像我隨時會回來。房子必須保持在我想要的狀態。不要這麼想：『現在在他回來前還有三年，所以何必擔心？有三年的時間好好享受。』我隨時會回來，可能是三年或十年，或者我不回來了。但是對你們而言，記住我隨時會回來。」

僕人們感到很為難。如果他給了一個固定的日期，那就能好好休息和享受。每個僕人每天工作一小時；只要一個人看守。數年過去了。事實上他們完全忘記主人要回來，已經過了很長的一段時間。

在那個時候的世界是未開發的，朝聖是危險的。事實上只有當死亡將要來到，有沒有危險已經不重要了，因為死亡都會來到，人們只有那時會去朝聖。非常少的人能完成朝聖並安然返回。僕人開始想：「經過這麼多年：也許他死了，我們不需要擔心了。」他們變得很懶散，但仍持續進行日常工作，因為還是會懷疑：「誰知道？也許他某天會回來。」

任何經過的人都會停在門口：「多麼美麗的宅邸！誰是房子的主人？」

然後值班的僕人會說：「是我。我是這個美麗宅邸的主人。」

但人們感到有點困惑，因為房子的主人每次都不同。值班的人一直改變：每個人每天只需工作一小時。你下次來會看到另一個人，他也會說他是主人。

想到主人可能死了，說自己是主人沒啥大礙；事實上現在他們才是主人。主人沒有兒子，沒有親戚，什麼都沒有；他只有自己一個人。僕人開始穿他的衣服，開始用他的東西；他們真的越來越相信主人死了，他的死表示他們才是主人。

然後有一天主人出現了！僕人亂扔自己的衣服，赤裸的來回奔跑，尋找他們自己的衣服⋯⋯一團混亂。

主人說：「怎麼回事？」

他們說：「我們要請您原諒。因為你這麼多年沒回來，我們以為你不會回來了。而且我們是笨蛋——未受教育的、愚蠢的人。我們開始用你的東西，聲稱自己才是主人。當然每個人都會當一小時的主人。為了避免衝突和爭吵，我們決定值班看守的人就是主人；遵從他的命令，但只有一小時。

之後你仍是一個僕人；換另一個人是主人。」

葛吉夫常常說這個故事來象徵我們內在的世界。有很多個人格——不只五個，而是一群人——而且他們不斷輪替。像一種扶輪社。在扶輪社裡，為了避免競爭，每個成員都能輪流擔任主席。明年換另一個……每個人都希望輪到他，不會有人因為誰擔任主席而感覺不好；那只是一年的時間，而且每個人都會擔任主席。事實上他們都是主席。

你的內在也有某種輪替，如果你持續觀看……不要干涉這些人格，因為那會造成更多的混亂，更多的困惑。只要觀看，因為觀看這些人格會使你越來越覺知到，在那些來來去去的人格中，有一個不是人格的觀看者。

在妳的問題中，妳感覺到五個人格，但是誰在觀看這五個人格？一定是第六個！而且那不是人格，因為人格無法觀看另一個人格。

這是非常有趣且基本的：人格無法觀看人格，因為人格沒有靈魂。它就像妳的衣服。妳可以不斷換衣服，但是妳的衣服不會知道它們被更換了，現在是別的衣服被穿上。妳不是衣服，所以妳可以更換它們。妳不是人格；那就是為什麼妳可以覺知到有五個人格、十二個人格或無數的人格。

這使得一件事情非常清楚：有個東西不斷的觀看妳裡面的整個人格遊戲。那就是妳。

所以去觀看那些人格，但記住妳的觀看才是妳的實相。如果妳可以一直觀看人格，它們會開始消失；它們無法存活。它們需要認同才能存活。如果妳生氣，那需要妳忘記觀看而與憤怒認同；然後憤怒就有了生命。但如果妳只是觀看，那憤怒就不會有生命；它已經死了、垂死的、漸漸消失。

所以越來越集中在妳的觀看，這些人格會消失。一旦沒有人格留下，妳的實相——主人——就回家了。然後妳的舉止會是真誠的、懇切的。接下來無論妳做什麼，妳就全然的做、全心全意的。妳永遠不會後悔；妳會一直處於慶祝的心境。

奧修，你點化我成為桑雅士，給了我生命中美好的一面，持續地灑落你的慈悲和愛。我感覺我好像對靜心或內在的旅程一無所知——我是沒有希望的。請潑些冷水到我臉上，讓我從這個深沉的睡眠中甦醒。

你不用提醒我，因為那就是我一直在做的——將冰冷的水潑到你臉上。但是要讓你甦醒，只有冷水還不夠；你甚至會開始享受它，轉過身把毯子蓋好並繼續睡覺。

我們的睡眠是深沉的。就像昏迷，但是它會被打斷。你不需要擔心你不知道什麼是靜心。你只要繼續閒晃。有一天即使在睡眠中，你也會被它絆倒。只要繼續摸索，你會找到門——因為門就在那兒，而我會做各種努力去聯繫你。

無論你的睡眠多麼深沉，無論你的昏迷多麼嚴重，我會用一千零一種方式試著聯繫到你。只有當你甦醒後才會了解我為了聯繫你所做的一切。

一定會有某個方式，某扇小窗，因為你無法過著關上全部門窗的生活：你會死掉。那將不會是睡眠或昏迷，而是死亡。你需要一些新鮮的空氣，所以會打開某扇窗。

例如，如果我們繼續在這個房間睡覺，你們是熟睡中的，打鼾的，然後我大叫：「瑪尼夏！」那將只有瑪尼夏會聽到；其他人不會聽到。奇怪，因為聲音進了每個人的耳朵，但只有瑪尼夏會醒來問：「怎麼回事？為什麼在半夜叫我？」

名字觸碰到深沉的無意識，因為你在童年時就被給了某個名字。或者如果你變成一個桑雅士，那麼這會是個第二個童年；某個名字給了你，那個名字用某種方式到達了你的無意識。即使在睡眠中，你也會知道那是你的名字。其他人不會醒來，其他人不會被打擾，只有叫這個名字的人會有影響。

所以不用擔心靜心。當你和我坐在一起就已經經驗到它了，你只是不知道。

不要擔心意識。當你看著我，觀察我，你就會感覺到屬於意識的某個東西。某個門鬆開了，開啟了。那需要一點時間。不用急，你需要的是耐心，然後其它需要的一切將會發生在你身上。

奧修，昨天有位訪客說我們都擁有不尋常的閃耀雙眼。我也聽到很多人這樣說。為什麼你的桑雅士會擁有閃耀的雙眼？

因為他們是我的桑雅士，他們反映了我的眼睛，他們反映了我。他們的心跳反映出我的心。當你越來越寧靜，當你越來越警覺，你的雙眼會擁有不同的光芒；一般人的眼睛是呆滯的、沒有光芒的。他們的表情好像被下藥了，好像半夢半醒之間。他們說的一切似乎不是來自於任何經驗過的人。他們的舉止是死氣沉沉的。他們過的一生是不完整的。

成為桑雅士的意思是全然的、強烈的生活。在那個強度中，你的雙眼受到的影響最大。

在印度，耆那教有兩個派別。兩者的差別很小，但就某方面而言是非常重要的。其中一個派別膜拜閉上雙眼的馬哈維亞雕像，另一個派別則膜拜張開雙眼的馬哈維亞雕像。現在這個差別不是很大，不需要因此創造不同的寺廟、持續的抗爭、辯論、註釋。然而在某些地方，這些現象變得很可笑。

耆那教的社區是一個小社區，他們建造的寺廟真的很美；也許他們的寺廟是最美的。但其中一個派別可能沒錢建造寺廟，所以兩派把它們的寺廟合而為一。寺廟是一樣的，經典是一樣的，雕像是一樣的——唯一的問題是眼睛。然後他們找到一個方法：半天的時間讓其中一個派別膜拜，另外半天讓另一個派別膜拜。

雕像是用大理石製作的。現在你無法讓大理石雕像在你想要它張開眼睛的時候就張開眼睛，想要它閉上眼睛的時候就閉上眼睛——至少在東方不可能。在西方也許我們可以利用一些技術，一些電子裝置。你按鈕，眼睛就張開；你按另一個鈕，眼睛就閉上。但是這個衝突已經有二十五世紀之久，還沒有這樣的技術。現在他們發現一個方式：他們用黃金製作了睜開的眼睛，只需要把它黏到閉上的眼睛就可以。

有時候這會變成一個問題，因為總是會有問題人物：某個膜拜閉上雙眼的馬哈維亞雕像的人可以膜拜到十二點，但是過了十二點他繼續膜拜，而別人正在等待。這太過分了。最後他們認定時間已經過了；這太過分了，這個人只是在製造麻煩，所以他們開始把睜開的雙眼黏上去；但這個行為是令人討厭的：「我在膜拜閉上眼睛的馬哈維亞雕像，而你卻把睜開的眼睛黏上去。你影響我的膜拜了！」

有時候法院會有這類的案件。寺廟被鎖起來，人們有好幾年無法膜拜，因為法院無法決定馬哈維亞靜心時是張開雙眼還是閉上雙眼。兩派都提出他們的經典，兩者都一樣的古老。似乎沒有辦法決定。

在某個地方，這樣的衝突已經持續了幾乎二十年。我去拜訪那兒的學校，參加他們的年度聚會。我是去那兒對學生演講。然後這兩派都來找我：「事情必須解決。二十年…寺廟被警察鎖起來。似乎沒有辦法。你認為呢？」

我說：「也許你們的經典都是對的。就靜心而言，他一定是閉上眼睛靜心的。但是他不會一整天都在靜心；他會去乞討食物，對他的弟子講道…一個長久在靜心的人一定擁有非常美麗的雙眼，非常閃耀，火焰一般的，一定有些人被他睜開的眼睛震撼到。所以我不認為有任何衝突。」

「我的建議是廟裡不要只放一個雕像，要放二個雕像——一個是睜開眼睛的，一個是閉上眼睛的。這是一件簡單的事情，我無法理解二十年來最高法院仍無法決定，你們這些笨蛋也沒想到那只是多買一個雕像的問題。無論誰想膜拜就可以膜拜這一個雕像或另一個。如果有人想膜拜兩個也無妨，因為那是同一個人閉上雙眼坐著和睜開眼睛坐著。」

但是二十五世紀來，他們一直為這樣的小問題爭吵。這一定有其意義——那個意義就是傳統的派別認為馬哈維亞的雙眼是閉上的，而非傳統的派別，因為受到馬哈維亞的雙眼和其吸引力所震撼，想要眼睛是張開的。

所以當某個人問你為什麼擁有閃亮的雙眼，只要說因為你是桑雅士。你裡面的一切都會變得閃閃發光。你裡面的一切必須變成一個光，明亮閃耀的。

第八章
沒有終點的起點

奧修，我曾聽你說每個小孩都攜帶著一個空無的頭腦來到這個世界，像塊白板。若是如此，我們怎麼可能攜帶著累世的記憶和制約？是否可以請你解釋？

有一個頭腦和頭部的差異必須了解。頭部是身體的一部分。每個小孩出生時的頭部都是全新的，但頭腦不是。頭腦是圍繞著意識的一層制約。你不會記得它；所以會有一個斷層。

在每一世中，當一個人死掉，頭部也跟著死掉，而頭腦則被頭部釋放，形成意識外的一層。它不是物質；它只是某種振動。所以在意識外還有數千層。

每當我說小孩出生時攜帶著像塊白板的頭腦，我的意思是頭部。頭腦是非常古老的，像存在一樣古老。它沒有起點，但是它有終點。當你能夠拋棄掉累積了好幾世紀的那些外層時，頭腦就死了。它是會結束的。同樣的，必須了解到成道只有起點，但是沒有終點。

頭腦沒有起點；它一直和你在一起。到了某個片刻你會拋棄它。頭腦的終點就是成道。然後成道會持續下去。它有起點，但是沒有終點。這兩者包含了整個永恆，從過去到未來。

但是每當你進入一個身體就會有頭部的誕生，當你離開身體，頭部也隨之死亡。但是它的內含物——頭腦——並未死亡；它仍然和意識在一起。那就是為什麼有可能記住你的前世——即使你是動物、樹木或石頭。所有這些頭腦仍會跟著你。但因為心理學並未區分頭腦和頭部，而科學也沒去區分…在英語中，頭腦和頭部幾乎是同義的。那就是為什麼有時候我會忘記，沒使用頭部這個字，而使用頭腦這個字。

在梵語中，對於內在的實相有深入的研究，有很多描述不同現象的文字。在那些語言中有一個用來表示頭部的字，絕對不會和頭腦搞混的字。英文的頭腦也來自那個梵語字，manas——它像是頭腦——但是 manas 表示每一層；有動物層、植物層，你經過的許多不同的進化階段。

在梵語中，整體稱為 chittam。因為它不是身體的一部分，而是意識的一部分。意識在梵語中稱為 chetana。因為整體依附在 chetana 上，所以它是 chittam。梵語的用字和意義是很明確的。因為他們下過工夫，發現這些不同。

Chittam 是所有的過去，所有頭腦共同依附在 chetana 上，依附在意識上。它們可以同時被拋棄，一旦它們被拋棄，就好像你扔掉衣服使你的意識赤裸裸的。這個赤裸的意識就是存在的最終經驗。

這個被拋棄的頭腦將會持續待在你頭部的地下室中，所以成道者想要穿過它們，他可以做到，就像你可以下去到房子的地下室看看你扔在那的所有垃圾。

頭部是最外層，但頭部不是內含物。頭部只是一個機制；它是一部生化電腦。當你買了電腦，它是空的；它沒有被輸入任何東西，它是新的。當你開始把東西放進去，任何你想放的——歷史、科學、宗教、數學，任何你想要輸入到電腦裡面的。它會收集，它有一個記憶系統，就如同頭部也有一個記憶系統。每當你需要任何資料，你就可以詢問電腦，它會把資訊給你。

未來有一個危機就是電腦將會摧毀人記憶的能力，因為它是更精準的，只要一個小小的遙控器就能使你隨時帶著它…你可以使用家裡的電腦或市區裡的任何電腦，你可以用你的遙控器做任何事。你甚至可以知道蘇格拉底在哪天結婚！但是它只能給出它被輸入的資訊。如果你想知道任何它沒有被輸入的資訊，電腦是無能為力的；不會有任何解答。

頭部的情況也一樣。頭部是一個電腦，就像記憶系統。我們所有的教育只不過是在把資料輸入到電腦。它只能提供有被輸入的資訊。如果你沒學過物理，被問了相關問題，頭部就無法回答，因為你的記憶沒有那些資訊。所以你所謂的思考是毫無意義的：你只是在檢查記憶系統尋找答案。它遇到任何新問題就會停止運作；無能為力。

那就是為什麼我堅持你不能思考真理，你不能思考成道，你不能思考愛。你不能思考生命中所有偉大的東西，因為它們無法被事先輸入到電腦裡。

學者擁有的是一個資訊充足的電腦；他的記憶是豐富的。教授的記憶則更多。有些人尊敬他們只是因為他們的記憶。我們整個教育只不過是記憶力的訓練，不是提昇智慧的教育。智慧是完全不同的東西。我們的教育只是告訴你哪些東西已經被記憶化了。

在蘇聯，他們知道頭部就像電腦。所以何必折磨它、打擾它？一旦要考試，學生可以去圖書館查書或帶任何書本到考場。所有需要的書都會放在考場。何必不必要的記住某個寫在書上的東西？但是發生了一件事：原本沒得過第一名的人開始得到第一名。原本一直是第一名的開始走下坡——第二名、第三名。

怎麼回事？找答案是需要智慧的，那些書很大本，時間很有限——三小時。你必須回答五個問題。你必須非常警覺，擁有可以找到相關資料的智慧並給出答案。原本一直得到第一名的人開始退步，因為他們沒有任何智慧，他們只有記憶。現在記憶沒有用了。

這是如此的簡單。可以把一個小型遙控器發給每個學生，然後他們可以尋找需要的答案。他的智慧會在於如何使用遙控器——如何聰明的使用它，如何不搞混，如何明智的了解問題，這樣他就能明智的找到答案。但那不是記憶力的問題。用來培養你的智慧的各種教育是需要的。

已知的事實是擁有絕佳智慧的人的記憶力並不好。擁有絕佳記憶力的人則完全沒有任何智慧。他們的記憶力是驚人的，難以置信的，但卻是完全機械化的。

當鋼筆被發明後，人們就開始失去他們美麗的字跡。一隻簡單過氣的筆可以使你寫出比鋼筆更好的字跡。鋼筆是省時的，你不需要一再的沾墨水；它裡面就有墨水。因為它是省時的，有墨水，因此人們開始很快的寫字。緩慢寫字的優雅突然消失了。

同樣的情況也會發生在電腦上。它會幫你記住所有的一切，但是它的幫助也有負面的——你會失去記憶力。連朋友的名字也得查電腦。連你居住地的街道號碼也得查電腦，因為現在不需要用到你自己的電腦——你擁有一部機械裝置。

頭部不是問題，因為頭部只是機器。問題在於頭部的內含物，也就是頭腦。頭部只是容器，你每一世都得到一個新的容器。老舊的內含物轉變成圍繞著你的意識的外層。

所以當我說你有了一個全新的開始，我的意思是頭部，不是頭腦。但是在英語中，它們被當成同義的。如果你回到前世，你會進入頭腦的世界，那是浩瀚無窮的，每一層都是一個前世。當你有意識的穿越過所有外層，那時你才進入到意識的中心。

印度教的寺廟稱為 **mandir**。周圍的牆壁代表頭腦，如果你進去，廟中間是神的雕像。耆那教的寺廟稱為chaityalaya，理由一樣。如果你可以完全的經歷過chitta，頭腦的各層，你會碰到意識，廟宇的中心。

在日本，只有一個寺廟，其代表頭腦和沒有頭腦的實相、頭腦和意識的意義，比其他寺廟更精確。它只有一面牆。裡面是空的；沒有佛像，什麼都沒有。你只是進去安靜的坐著。曾經有人問過原因，但連住持也不知道，因為他們忘記它象徵的意義了。那和廟宇無關，而是和人的頭腦有關。

喬達摩佛死後五百年，沒有任何廟宇置放他的雕像。相反的，廟裡面放著大理石雕刻的菩提樹。樹下原本是佛陀靜坐並成道的地方則是空無一物。這是非常奇怪的象徵，但卻是非常有意義的：樹表達了喬達摩佛成道的地方——但是當他成道後，喬達摩佛不再存在。是空的，無物，只有寧靜。那些寺廟是美麗的，但是它們都消失了，被摧毀了。

我在印度看過一間寺廟：很難想像他們怎麼建造的。它沒有地基。它是一間大廟——一間巨大的寺廟——一間圓形的寺廟，非常高，也許有五十呎高——但是沒有地基。你可以拿一條線，從牆壁下方穿過，然後你可以繞著整間寺廟。你會發現牆下沒有地基，完全沒有和地上連接！

我問僧人：「它的意義是什麼？」他們有一個愚蠢的故事：我說：「這不是它的意義。你的故事只能說服笨蛋——這是一間天堂的聖殿，兩方的神：」耆那教和佛教中並沒有上帝，但是任何在天堂的人都被稱為神，所以有很多神。「兩方的神為了這間聖殿戰鬥，然後這個聖殿從祂們手上滑落，掉到地球上。那就是為什麼它沒有地基。」

我說：「這是一個愚蠢的故事。首先你不知道天堂在哪兒，如果它不在地球上，它在來的路上早就燒毀了——這是一個如此小的東西。」每晚我們會看到數千顆星星落下，但並不是真的有星星掉落，因為星星是很大的——那些只是徘徊在太空中的大石頭。

當一個星球或行星誕生⋯它是液態的，但是它持續繞著軸心轉動，由於它是液態的，而且不斷移動，它的很多部分會不斷被拋出來⋯

月亮也是以同樣方式被地球拋出來；它曾經是地球的一部分。是因為月亮使我們有了如此巨大的海洋。這些海洋是因為液態時的地球的碎片脫離而形成的。數千塊碎片掉到太空直到進入某個重力場。

當重力拉扯這些碎片，那個力量和速度使它們燃燒了起來。所以當你看到星星掉落，那只是一顆燃燒中的石頭。由於那個高速，它變得非常熱，到了某個程度，它會變成一團火球。大部分會在天空燒毀殆盡。只有非常大的石頭可以到達地球，例如卡巴的石頭。穆罕默德以為它是神；但它不是，它是一顆大石頭，無法完全燒毀而掉到地球上。有很多地方有這樣的大石頭。

所以我說：「那這間寺廟早就消失了。不可能。而且也沒有神——什麼樣的神會為了這間破爛的寺廟而戰？這間寺廟沒什麼特別的，除了沒有地基。」

但是我的了解是牆壁代表神，而內部⋯裡面沒有雕像。內部的空無一物代表意識。沒有地基表示你的頭腦沒有基礎；你決定扔掉它時就可以隨時扔掉。它是沒有根基的。它只是吸附在意識上，緊黏著，但是它沒有根基。

一個偉大的洞見被轉變成建築，而那些笨蛋在談論神在戰鬥，然後聖殿從祂們手上滑落，掉到地球上。他們摧毀了整個意義。但是建造這間廟的人一定知道自己在做什麼。一定花了很大的努力才讓它沒有地基。它是一個巨大的建築，已經存續了十五世紀。

頭部會跟著每個生命出現，新穎的、新鮮的；它是身體的一部分。而頭腦的存在和生命一樣永恆。直到你成道前，它都會一直依附著你。它只是你累世以來的灰塵，還有頭腦在你死後所釋放的記憶。那些記憶持續黏附在意識周圍。變成厚厚的一層。

靜心就是在這個厚層挖個洞，以便取得意識之水。所以靜心會有開始，但沒有結束。

奧修，我過幾天會去看看我八十歲的父親，我們已經有七年沒見面了。他非常堅持要見我，但也非常不高興我成了一個桑雅士。要如何讓他感覺舒服又不像個偽君子？

你不要去…那是唯一的方式！首先，因為現在的輻射塵，去歐洲是危險的；沒有必要。其次，八十歲的他是行將就木的年齡，使他不高興是不好的。如果你以桑雅士的身分前往，他的不高興會勝過你沒去的不高興。

你們已經有七年沒見面了。如果你不是以桑雅士的身分前往，你會感到不快樂，覺得是偽君子，很有可能會被發現你只是在假裝不是桑雅士。所以何必打擾這個老人？而且也不確定他快死了。就我所知，一個人活越久，他死亡的可能性就越低。你有聽過任何人在一百二十歲或一百三十歲死掉嗎？一個人活越久，死亡的可能性就越低！

他已經過了死亡的時機——他錯過了。七十歲才是正確的時機；他已經超過十年了。所以不用擔心。先讓輻射塵事件結束，然後你再前往。死亡永遠是無法確定的。沒有保證說他八十歲就會死掉，只是我們害怕他也許死了。

但如果你決定前往，那就以桑雅士的身分前往，這樣你就不用成為偽君子。他可能會發脾氣。喜悅的面對。靜靜的坐著並告訴他：「說出任何你想說的。生氣或者想打我巴掌，就打吧——但是不要傷害你自己，你太老了。我可以代替你摑我自己巴掌。」把它變成一個笑話；讓他笑。

和他在一起，但不要非常嚴肅，不要好像他要死了，所以你才來。告訴他：「我師父說你已經過了十年——你已經遲到了，一旦一個人遲到，那個隊伍就不會再等他。隊伍會持續前進。」現在如果某個人遲到了，隊伍中有個空隙，也許你父親會有機會；否則現在不可能死掉。所以不用悲傷，也不要使他悲傷。

首先他會生氣。他會說你做的是不對的。你接受他說的一切，但是告訴他：「我是你兒子，我無法成為偽君子，因為我知道那會傷到你的自尊——你的小孩是偽君子。所以我以真實身分來到。我準備要讓你對我發脾氣或者任何你想要給我的懲罰。」

「我師父的教導是當一個人要死了，就滿足他所有的慾望，如果你想要打我，那就打我。不要因為這個愚蠢的慾望而死，因為它們會使你再次進入愚蠢的生命；你會再次得到一個像我一樣的兒子——也許又是我——會再次成為桑雅士的我。所以你做你想做的，把我們的關係弄乾淨。」整件事會在半小時內結束；不會持續太久。

然後幫助他靜心。告訴他：「這和桑雅士無關。你可以靜心。當你年紀大了特別適合，你也錯過死亡的機會，晚了十年。這可以讓你變得沉默和平靜。如果死亡來到，將不會有恐懼。」所以幫助他學習味帕莎那——最簡單的事。告訴他：「只要觀看你的呼吸。」

所以你必須決定。最好是不要去，因為我不認為他會搭上那班車。但如果你害怕他會搭上那班車，那就去吧。但是要以桑雅士的身分。不需要害怕。只要說：「我是同一個人，只是變得更好。你的兒子沒有迷失自己。」告訴他你在做什麼，問他那有什麼不對的地方。

盡可能再次建立那個交流。坐在他旁邊，幫助他靜心。如果你喜悅的去，那不會有問題，他會發現你是快樂的，無論你選了哪條路，都要讓自己是喜悅的，更獨立的，給你一定的整合性——它並沒有奴役你，而是使你比以往更自由。

他會是快樂的。他是一個老法國人，法國人一直熱愛自由。無論你在做什麼，法國人已經做了好幾世紀。那不會有問題。沒有法國人真的是基督教徒；他們沒那個時間。首先你必須先處理好女友。等到那時候，你已經八十歲了，然後是時候回家了，不是教堂。

所以只要告訴他好消息：「快點回來，再當個法國人；這是個好地方。我會跟隨你的腳步，所以不會有基督教徒或桑雅士的問題，基本上我是法國人。我不是真的去看你，而是去找女友。」只要說實話！

奧修，我曾經看過一個催眠師催眠人，使他們記起前世。當被催眠的人敘述那些細節時，相當有說服力，他們的環境和情況等等。幾乎在每個案例中，人們受到創傷的經驗，其高潮在於他們的死亡。如果能正確的利用，這似乎可以是一個有用的技巧。然而在這個情況中，我覺得催眠師的後續處理不是很好，他不是敏感的人。我想我得提到這個情況是發生在加州。請評論。

你能提到這個情況發生在加州是好的。在加州，什麼事都有可能。一旦你了解到任何事都能被技術純熟的人利用，尤其是催眠，你就不會感到神奇。

這個人只知道技巧；他不知道那些人會發生什麼事。他不知道他必須敏感的處理那些信任的人們、那些進入他們的死亡經驗和前世的人們。他只是一個懂技術的人，他的興趣在於把催眠當成一份職業。他可能有賣票，他的興趣在於賺多少錢。就是這些人使催眠在世界各地被譴責。

在印度分裂前……對我而言，印度和巴基斯坦的分裂造成的最大損失就是某些美麗的事物已經在印度街道上消失。否則在印度任何街道上，你會看到魔術師和催眠師在施展你無法相信的奇蹟——但他們都是回教徒。

那就像家族裡的秘密，所以他們不會告訴任何人。他們賺得不多：如果他們可以在一場表演中，因為人群丟出來的錢幣而累積到五盧比，那就夠了。而他們在做的一切是驚人的。但是他們不知道自己在做什麼；他們只知道技巧。他們是懂技巧的人在利用那些技巧——可以使一個人散發光芒、解脫的技巧——用來吸引路上的人群。

那是巨大的損失，因為印度在分裂時將那些回教徒遣送到巴基斯坦。我不知道他們是否仍然在做那些事。巴基斯坦是一個小國家，全印度有這麼多魔術師……催眠師和做各種雜耍的人、走鋼索的人。如果他們都搬到巴基斯坦……巴基斯坦是一個小地方；它不需要這麼多表演。不會有人在意他們。他們很有可能選擇別的職業。

在印度才有可能，因為這是一個很大的國家，你可以從某個城市換到另一個城市。但問題是……我也不斷遇到，無一例外，他們都不是敏感的人。他們不在意任何心靈成長或什麼事情會發生在人們身上。他們只對錢有興趣。

所以你在加州看到的只是一個懂得簡單催眠的人想要藉此賺錢。他不擔心，他不關心被催眠的人或他們的前世；他只關心錢。此外他一天得做五次同樣的表演——在這個街角、在那個街角、在這個戲院、在那個大會堂。

醫院裡的醫生也發生這樣的情況。他們看了一整天的痛苦、悲慘、骨折、手術——一切都變得以技術為主；否則如果他們很敏感，他們會因此而死。

在印度，你找不到是耆那教徒的醫生。我找遍了全印度。無論我到了哪兒都會問：「這裡是否有醫生是耆那教徒？」我從沒遇過。原因在於耆那教徒不能做手術，他受到的教導對於暴力是非常敏感的。他不能殺死螞蟻，所以他怎麼能切開人體？而且在切開人體之前，他必須先解剖青蛙、這個和那個。那是不可能的。

我只認識過一個堅持上醫學院的年輕人，但是當他要解剖青蛙，內心有了掙扎，昏倒了，不得不被學校解除學籍：「如果你不能解剖青蛙，一隻活青蛙，那你要如何動手術？」

我認識他。他自己告訴我這個如何被學校退學的故事。他必須有勇氣和他的父母朋友對抗，那些說「沒有耆那教徒可以做這樣的工作」的人。但是他想要接受挑戰。

他說：「這算什麼？——只是解剖青蛙⋯我會習慣的。」但是當你要解剖活青蛙時；如果你受到的教導要你非常崇敬生命，你會整個呆住，你的手將無法移動。

醫生會變得很不敏感，你不能怪他們，他們也必須生活。他們變得像是機器人。他們可以沒有任何感覺的切開你的手，他們可以沒有任何感覺的取出你的眼睛，因為如果他們整天都對病人感同身受，他們很快就會因為心臟病死掉。他們不可能保持敏感。

同樣的情況也會發生在開始利用催眠術或那類東西的人。這些東西是非常神祕的，所以人們會有興趣，而它們的意義就在於如何使你有興趣。他們會不斷胡扯使你有興趣，但是被利用的人是受過創傷的。這是可恥的；不應該這樣做。

催眠必須擺脫那些把它當成職業的人，只是用來賺錢的人。它必須變成一個聖殿的方法，某個神聖的東西。它是神聖的。

奧修，聽你說話總讓我感到柔和、平靜、安寧，但是在這裡面有一個非常深的渴望。這情況也發生過，有時候當我被日落、滿月、一段美麗的音樂所征服並感到喜悅，總會有一個渴望，幾乎像是甜蜜的痛。奧修，我在渴望什麼？

任何美麗的事，任何讓你想起彼岸的事，都會使你產生渴望，你不知道你在渴望什麼。你不知道它的名字，因為事實上它不是在渴望任何事物。

聽著美麗的音樂，看著日落、飛翔的小鳥或美麗的玫瑰，或靜靜的坐著，你會感到甜蜜的痛。這個渴望就是如何和這個感覺的狀態合而為一。它不是轉眼間的東西，來了又走，而是某個一直和你在一起的東西，變成了你，因為今天聽起來甜蜜的音樂，明天可能就不再甜蜜，後天可能就感覺無聊。

所以不是音樂的問題。而是你內在的某個東西被觸發了：渴望寧靜、渴望美妙的音樂、渴望存在所有的美並永遠擁有。它是心靈的渴望，對彼岸的渴望，超越所有無常的一切；渴望停止時間並處於此時此地，永恆的待在這個片刻中。這就是真正的宗教性。

真正的宗教性和教堂、清真寺、教士無關——他們都只是在剝削你。他們的思想體系、宗教理論都只是用來填滿你裡面的渴望。他們無法填滿它。所以有的人是基督教徒、印度教徒、回教徒，但在他們心裡的某個角落仍然有一個尋求，一個持續不斷的探索。如果他們可以了解到那就是宗教真正的方向，那他們就會拋棄基督教、印度教、回教，他們會跟隨那個渴望。

那是一個使你的生命更有創造性的渴望，使生命變成了音樂，變成了日落。使生命變得更靜心的，讓它變成圍繞著你的未知存在，釋放出不屬於這個世界的芬芳。

第九章
在存在中慶祝

奧修，你確定你不是以成道的狀態出生嗎？你憑著這樣的明晰、勇敢和承諾過著你的生活，永遠不使你的完整性讓步，似乎某個覺醒的品質一直和你在一起。如果你有二十年不是處於成道的狀態，是否有任何事讓你感到痛苦？

我沒有經歷過任何痛苦。我不知道痛苦的感覺。我看過人們受苦，我可以想像什麼事一直跟著他們，但是在這一世，我從未有過任何片刻的痛苦。所以你是正確的：我是在幾乎成道的狀態下出生。

我不能說「已經成道」，只能說幾乎……位於邊緣，彷彿某個人站在邊界：這一邊是黑暗的世界，無意識的，痛苦的，另一邊是喜樂的世界，光明的，被祝福的。我不是站在這邊或那邊，而是剛好在邊界上。

在我的前世，有些工作尚未完成。那就是為什麼我說「幾乎」。差一步就成道了。但即使只是如此接近，也使你不會感到痛苦、你不會煩惱、你不會做噩夢。你的生命一定會有某些品質是一般小孩沒有的：勇氣、完整性、一個完全不讓步的態度、一個全然的承諾——永遠不擔心結果，而是喜悅的接受它，彷彿結果並不重要。

重要的是你如何來到這個狀態。你是全然的、完全承諾的、毫無懷疑的。你的信任是基本的，不是比較而來的，不是根據任何條件——無條件的。這才是重要的，而不是結果為何——那是無關緊要的。

行為本身就是它的獎賞，那就是我生活的方式。如果我還有機會，我會再次以同樣的方式生活，不會有任何改變，因為我很享受發生的一切——而且在如此短暫的一生發生了這麼多。

愛默生曾經被問：「你幾歲？」他說：「三百六十歲。」發問者無法相信。他說：「這太過分了；你一定在開玩笑！請告訴我你幾歲。」

愛默生說：「我說了。但我可以了解你為何會感到困惑。你是根據日曆來計算三百六十年。那不是我計算生命的方式。用日曆來看，我只有六十歲，但是在六十年內，在同一時間內，我活了相當於你的六次生命。看看我如何生活的，我說我的年紀是三百六十歲——用六十年的時間過了三百六十年的生命。」

每個片刻都擁有無窮的價值。那些成道前的片刻、那些成道的片刻、那些超越成道的片刻——一切是如此豐富以致於我只能感謝存在。我的信任從這樣的感激中產生。那和存在無關，無論它是否可以信任，那都和我自己的經驗和感激有關，是它們使我產生了信任。

所以無論存在要怎麼做，我都會全然的接受——即使是十字架刑。但不會和耶穌一樣：他嚇呆了，有那麼一刻，他失去了對神的信任。

無論你把它稱為神或存在都無所謂。「存在」是更自然的，更真實的。「神」是更象徵性的，更譬喻性的——你無法證明祂。存在不需要證明，它已經在這兒；我們是它的一部分。但是有那麼一刻，耶穌失去了他的信任，而失去信任就是失去一切。

他對天空大喊：「天父，祢遺棄我了嗎？」這句懷疑、猜忌、不信任，是非常重要的。那表示他的信任不是全然的，還有些期待，也許他不是有意識的。但是有一個期待，希望奇蹟發生，然後他被拯救。什麼都沒發生。而他也承諾了他的門徒：「你們將會看到我的天父要做什麼。」期待來自天空的某個奇蹟，出現某隻手把他帶離十字架或改變整個情況，讓他不再是乞丐或罪犯，而是登上王位的國王，帶來和平的王子⋯⋯

什麼都沒發生：他就跟那些從未想過神、從未祈禱過、犯了各種可能犯的罪的罪犯一樣垂死。那些人垂死的方式就跟耶穌一樣。神似乎沒有偏袒誰。因此在那個處決中會有憤怒、挫折和失敗——那幾句話抹去了他身為救世主、覺醒者的一生。

信任是沒有條件的；它只會是感激、感謝。如果有過這些經驗、深情的片刻、喜悅的、美麗的空間，如果結局是十字架刑，如果這就是一切，那沒問題——享受它。

我一直在想如果耶穌可以感謝神，那我對他的評價將會完全不同。如果他可以在十字架刑中慶祝⋯⋯因為不該是你決定什麼應該發生；而是無論發生什麼都深深的接受和享受。那證明了你的完整性和你的信任。只有來到當你要走過火堆的片刻⋯⋯當一切都很順利，一個人可以很容易就信任——但是在十字架上的信任則是考驗。

如果耶穌在十字架上仍然保持信任，沒有質問、懷疑和猜忌，那他會是和佛陀同一個等級的人。他錯過了。但是只有在某個時候，某個關鍵時刻，心裡還有顧忌時，一個人才會錯過。

你的問題是重要的。連我的父母、鄰居和老師也都感到困惑，因為他們無法歸類我是哪種人。

他們認識各種人，但是他們無法把我分類。

我念高中時的校長是一個非常嚴厲的人，一個非常一板一眼、執行紀律的人。當我從國中來到高中，我和他的爭鬥從第一天就開始了。在開始上課前會有一個集體的晨間祈禱。我保持沉默。我沒有參與祈禱，稱揚印度神，甘尼夏，人身象首神。他叫了我：「這是不能容忍的。」

我說：「不需要容忍任何事。你做你想做的，但記住我會做我認為對的事。對我而言，祈禱是胡扯，特別是對這樣的神，這太可笑了。我無法祈禱。我可以沉默。」

他說：「我是非常嚴厲的人。」

我說：「我不在乎。你可以殺了我——那是你能做的；但是我不會參與祈禱，無論死活。我不相信任何神，特別是這些荒謬的神祇和偶像的想法。我也不是印度教徒。你必須跟我到法院。」

他說：「為什麼？」

我說：「強迫我進入我沒有參加的宗教。這是違法的。你和我去法院。我認識一個不錯的律師，是我的一個朋友。」我說：「我的律師在那兒，我告訴他，每當我需要…記住我會直接上法院。」

校長說：「你似乎是一個非常奇怪的人。你要帶我上法院？」

我說：「沒錯，因為你犯了某個罪行。我不是印度教徒：我為什麼要參加印度教的祈禱？這個學校不是印度教學校，是公立學校。政府是非宗教的。你和我去法院，這樣我才能把案子給我的律師，讓你接受法官的詢問。」

他說：「我的天，我從未想過你會把事情弄得這麼極端。」

我說：「我沒有…是你強迫我的；否則就忘掉你所有的嚴厲作風。這是第一天，所以一個好的自我介紹。我認識你了，你也認識我了——現在一旦發生任何事，記住你面對的不是什麼無名小卒。」

我對他說：「今天我可以原諒你，因為這是你第一次犯錯，但是下次，你就得和我去法院。」

直到我走出他的辦公室後，他仍是一句話都沒說。

那天晚上他來找我父親：「這是什麼樣的男孩啊？」

我父親說：「我們無法對付他。你在執行紀律上是非常有名的，他只是個男孩，你可以應付他的。」

他說：「他不是小男孩。他威脅我上法院，他也做得到！他已經有一個律師了。我認識那個律師，因為我看過他和那個律師討論過很多次，他們……」那個律師住在校長隔壁。「他們是朋友，雖然年齡差很多。他們是非常好的朋友；他們講話的樣子就像同年紀的人。所以我該怎麼做？」

我父親說：「沒人知道。你找出你的方式；我們已經找到我們的方式。沒有人會妨礙他。無論他想做什麼，讓他做——那是最簡單的方式。他沒有傷害過任何人。只要不妨礙他；否則事情會搞得很大，無法控制。」

第二天我再次保持沉默。他非常生氣。內心在沸騰，因為他感覺被侮辱。他沒有叫我到辦公室，但是我自己去了。他說：「我沒叫你來。」

我說：「你沒有勇氣叫我來，但是你想要叫我來。我可以從你的表情和眼神看出來：你內心非常憤怒，所以我想我最好過來。我何必等你叫我？」

他說：「你似乎喜歡爭吵！」

我說：「我享受一切——包括爭吵。因為他站著，所以我拉了他的椅子坐下。他說：「你在做什麼？」

我說：「我只是坐在椅子上。」

他說：「那是我的椅子。」

我說：「沒有任何椅子上有寫名字。椅子是要用來坐的，反正你都站著。而我是個小男孩。我累了。你可以站著。你夠強壯」——他是一個很壯的人，非常高，全身肌肉——「你可以站著。我坐著而你站著似乎比較優雅且正確。」

他說：「聽著，我們必須找到某個折衷的方式，因為你會摧毀我在學校的名聲和形象。」

我說：「但是我不相信任何折衷的方式。我不想要摧毀你的形象。你可以保持你的形象；只要不妨礙我。我從不想摧毀任何人的任何東西——我不是破壞狂——只要讓我一個人。如果你可以承諾，我將不會造成你任何問題。」

他只好承諾：「我永遠不會妨礙你；做任何你想做的。」

他也教過我一學期的課。他是科學家，所以他會教化學。每當我想出去，我就出去，沒有問過他，每當我想進來，我就進來，沒有問過他。他說：「那是不對的。」

我說：「我說過了，只要讓我自己一個人。那是我們的共識。如果我想出去時，我問了你，而你拒絕，我不會接受你的拒絕，我會出去。所以為了不讓你尷尬，我會直接出去，不問你——只是要保持你的形象。」他感到茫然。

三年來都是他當校長。甚至當拍畢業照時……他非常擔心我是否會出現，我是否會來。我不只來了，還帶了照相師。

他問：「但是你為什麼要帶照相師？」

我說：「這是這個鄉鎮的可憐照相師。你總是從大城市找照相師；沒有必要。這個可憐人需要工作，因為我看過他在雨季賣傘，在夏季賣冰、蘇打和其它冷飲。但是每當有機會，他會拍照——某些婚禮或什麼的。他是一個可憐的人，我要他從今天起成為我們專用的照相師。這個學校應該尊敬他。」

校長說：「既然你把他帶來⋯⋯」

這個可憐的照相師非常害怕，因為他從沒被叫來過。我對他解釋一切——他得怎麼做，他得怎麼安排⋯他必須穿最好的衣服等等。校長站在中間，還有老師和每個人，然後他安排一切，做了每件事。然後他說：「準備好了嗎？」我教他這麼說。

他說：「我必須配得上這個工作，高中專用的照相師」——那是這個鄉鎮裡最大的機構。所以他說：「準備好了嗎？」然後他按下照相機並說：「謝謝」，然後大家解散了。然後他說：「等等——因為我忘記放底板了！這都是你的錯。」他對我說：「你沒告訴我：『你必須放底板。』因為是你告訴我一切的。」

我說：「我以為身為一個照相師，你一定知道要放底板；否則要如何照相⋯⋯？還有這一切的『謝謝』和『準備好了嗎？』完全浪費了。但是沒關係。」

於是我說：「大家再準備好！」校長很生氣，因為督察在那兒，稅務員也在場，當照相師說：「我忘了放底板，現在怎麼辦！」整個變成一個可笑的情況。

校長把我叫去。他說：「這是最後一天。你要走了，但是你離開前仍然要搗蛋。誰叫你找這個照相師的？那個笨蛋！那就是為什麼我們避開他好幾年！你已經見識到……」

我說：「但這是非常美麗好笑的一幕！今天參加的每個人都會記住一輩子。你應該給他更多錢！記住從現在開始，他是這個學校專用的照相師。」

他說：「你會離開學校還是繼續留在這兒？這是我們的工作……是否認可。」

我說：「那不是你的工作。我已經找到學校裡適合的人來接替我，每年都必須把這個照相師找來，如果必要的話，可以把我從學校叫來。並沒有很遠，只有八十哩。所以每年的照相日我都會在這兒確認這個照相師是否還在這兒。」

他說：「好，他被認可了。」

我說：「我要寫下來，因為我完全不信任你們。」他只好寫了一封認可信。我把它給了照相師。

他說：「我很緊張，但是你做了這麼偉大的事——你讓我永遠都是專用的照相師。我可以把這個認可信給其他單位看，我不是人們心中的笨蛋。我是這個鄉鎮裡的教育機構所認可的照相師。」

他問我：「我做得如何？」

我說：「你做得很好。」

他說：「只犯了一個錯。」

我說：「那不是犯錯；那才是真正重要的事，你忘了放底板。沒有這樣就不會有歡笑。每個人都會照相，但你真的是天才！」

他說：「我以為大家會很生氣。」

我說：「當我在這兒，沒有人會生氣。」

他仍然是專用的照相師！每當我到了那個鄉鎮，我都會問他：他說：「現在一切都已經定型了。換過很多校長，但我仍然是專用的照相師。但你是對的：第一次發生過的巨大喜悅再也沒發生過了；我再也沒忘記放底板了。」

那些人在各方面都是有權有勢的，但我從不認為他們真的很有權勢。我認為他們只是假裝有權有勢的；內心裡其實是懦夫，如果你能正確的打擊，他們的權勢將會消失。我仍愛著我的童年——在學校、大學——那是每天的經驗。我享受過那些片刻。

有時候我會想到也許我和其他人有些不同，因為沒有人像我一樣遇到這些麻煩。但是那些麻煩給了我某種力量和奇特的經驗，也就是那些假裝有權有勢的人只是在承受自卑感的痛苦而已。

關心我的人每天都會擔心我會做出什麼事——但我從未計畫要做任何事。事情就只是發生了。我的存在就夠了，然後某件事就會被引發。

我想要每個人都用這樣的方式生活。一切將會依情況和獨立的個體而有所不同——但是我想要每個小孩都用這樣的方式生活，那他就能記得每個他度過的片刻都是黃金般的片刻。

我不記得有任何事是我可以說不應該發生或應該以不同的方式發生的。我非常喜愛它發生的方式，但是每個相關的人都會擔心我會把情況搞砸。

當我畢業後，其中一個著名的心理學家，也是瓦拉納西印度大學心理系的系主任，對我很有興趣。他來自一個鄰近的村莊，他常來找我，因為他要回家都會經過我住的鄉鎮。火車站位於我的鄉鎮，所以他常會來訪，在我家待一個晚上，然後回去他的村莊。

所以在我畢業後，他對我很有興趣。認為我應該去瓦拉納西最好的大學，位於印度的奧斯佛。

他說：「你應該加入心理系，成為心理系教授。」

我說：「那是以後的計畫。我不會考慮那麼久遠的事，但是我會來。」畢業後我加入了，只不過一天，他就對我非常生氣，把我在他家裡的東西扔了出來。我說：「你為什麼煩惱？你可以直接告訴我，我會收拾我的東西並且離開。」

他說：「我從沒想過你這麼危險。你父親常對我說：「小心這個男孩，不要讓他進入你的學校或你的學系。」但是我常對他說：「我是心理學家，我會糾正他的。但是你真的很難應付。」

第一天早上…我是在晚上抵達的；早上他坐在陽光照耀下的露台上。那是一個冬天的早晨，在那兒比較溫暖。他和他二、三十個優秀的學生，還有一些教授坐在一起。他把我介紹給他們，他也想要問些問題，那些問題一定不斷出現在他的腦海，我為什麼被認為是危險的、難以應付的。

於是他開始提出簡單的問題，例如「你是否相信神？」

我說：「我從沒想過這樣的問題。」

他說：「為什麼？」

我說：「因為你無法相信或不相信某個不存在的東西；兩者都是錯的。那個東西並不存在；相信或不相信都是愚蠢的。不會有這樣的問題。「神」這個字沒有意義。」

他是一個非常害怕神的人，於是他開始緊張。然後每個問題…半小時後，他把我的東西丟到屋外。我說：「你不需要…你老了；我會自己收拾。」

他說：「我不要你；你不能進入我的學系。」

我說：「我從未想要進入你的學系。是你要我來的，所以為了尊重你的邀請，我來了。現在你卻把我的東西扔出去。我的生活需要那些東西，所以我必須和那些東西一起離開。但這是美麗的經驗！一個偉大的心理學家感到心神不寧。問題都是你提的，不是我。」

每個在場的人都感到這不太公平：首先他邀請我，然後他發問……我回答了，我清楚並完全合理的回答。然後把我的東西扔出來……

他的那些教授、學生、每個人都出來向我表示同情，他們說：「我們很抱歉。如果我們知道會有這樣的行為發生，我們就不會來了。我們一直以為這個老人是非常寧靜溫和的。」

我說：「每個人都是寧靜溫和的。直到你戳了他，打到正確的地方！」

然後那個心理學家更加生氣，因為所有教授和他的學生都把他一個人留在露台，和我走到馬路上。他們叫了計程車，和我一起到火車站。稍後其中一個學生寫信給我，說心理學家對每個人都很生氣：「你們都在侮辱我，和那個危險的男孩離開。」他們說：「我們必須離開；我們要給他一個好的告別。因為你的行為，你讓整個心理系蒙受恥辱。」

在那個事件後，他變得有點害怕待在我家。但是每當他的電報來了，我都會到火車站接他，他會害怕的看著我，懷疑我會做什麼。我說：「你不用擔心。當你是我的客人，我不會把你的東西扔出去。如果我要扔東西，我會把你扔出去，不是那些東西，因為和那些可憐的東西無關……你弄壞我的手提箱。這個手提箱和那場討論完全無關。如果我要扔東西，我會把你扔出去。所以不用擔心，你的東西很安全。」

他到了我家對我父親說：「他在路上說如果要扔東西，他會把我扔出去，我的東西是安全的！他是危險的。到了晚上他可能會做什麼事。」

我父親說：「不用擔心，他不會把你扔出去。他只是表明你做的一切是錯的。扔東西是在發脾氣，一個全國數一數二的心理學家⋯⋯那不只是你的問題。因為你的行為使他反對心理分析；因為你的行為使他反對佛洛依德。他收集了心理分析的所有文獻，準備要譴責每個論點。是你使他成為心理分析的敵人⋯⋯不是你的敵人，因為他在意的不是人。你不用擔心，他不會把你扔出去或對你做任何事。」

他想要對我說⋯⋯因為在那個事件後，我去火車站接了他三次。我可以看出他想說：「我很抱歉，」但是他說不出來。第三次是最後一次，因為我要搬到另一個城市去擔任講師，於是我告訴他：「這是最後一次。如果你真的想說，就說出來。」

他說：「你在說什麼？我想說什麼？」

我說：「你知道，我知道，你也知道我知道。」

他說：「沒錯。我很抱歉。我一直試著要說出來，但是做不到。」

我說：「那就是為什麼我要給你機會，因為這是最後一次；也許我們不會再遇到。所以你說出來。如果你還有別的要說，歡迎你說出來；否則那會變成你內在裡的一個傷口。那和我無關。我只是在享受整個事件。我只是看出知識多麼虛假，你所有的學歷是多麼的無意義。」他擁有西方的學歷。

「這對我而言是一個很好的經驗。我可以看到一個了解頭腦的人卻不知道如何沉著和冷靜。這個事件是有助於我的。它的教育價值比你在大學教兩年課還要多。」

「當我看到你的行為如此幼稚，我在那一刻學到了心理分析的一切。為了找出原因，我看了所有心理分析的文獻。我知道原因就是所有的知識都和靜心無關。那不是屬於你的，你只是借來的。你根據人們的夢所做的分析而創造出巨大的思想體系，但是那不會讓你有任何轉變、任何新的存在、任何新的人格。你只是老舊腐爛的雞蛋。」

所以這對其他人是很困難的，但對我而言，這會一直是個美麗的經驗。我不認為在未來有任何事可以改變我對存在的感覺。

信任是一個如此重要的感覺，以致於一個人為了它可以犧牲數千世。即使是數千世也無法和它相比。隨著你經歷過生命，每一個片刻，品嘗過每個情況，諸如此類，使它慢慢形成。在別人眼中，它可能看起來是不好的。那無所謂。如果你可以享受它，在它裡面慶祝，那就很好。全世界可能都會譴責它；那是無關緊要的。

所以沒錯，我是在幾乎成道的狀態下出生。

奧修，某天晚上聽到你對記者說話，我感覺你是如此堅定自信，而我卻如此怯懦。在這個國家，像是個陌生人，我甚至害怕去商店買東西。我和你在一起感覺越好，我對人們的恐懼就越強烈。除了看著它之外，是否還有別的事要做的？

看是一個人基本要做到的；其它的事情都是其次。首先要做的就是看。

就我而言，談話是自發性的。如果我對你說話，我會用非常柔和的方式。不需要堅定自信，因為你是有接受性的。你越有接受性，我就越不需要堅定自信的說話。

但是當我自發性的對記者說話，我變得非常堅定自信，因為只有這樣他們才會聽；否則他們是聾子。他們每天都在寫文章、採訪政客和各種害怕他們的人——害怕是因為他們可以摧毀他們的公眾形象。

很多記者對我表示：「很奇怪，我們採訪時，感覺可以完全控制政客和各種人。採訪你則使我們感到緊張。以前從未發生過，我們為什麼會感覺緊張？」

我說：「唯一的原因就是我不在乎我的形象。我不在乎你寫的文章；我不在乎你寫什麼。在那個片刻中我在乎的是我說的一切是否碰觸到你。否則我不在乎。我有七年從未看過書、雜誌、報紙、聽廣播、看電視——什麼都沒有。那都是垃圾。」

所以當記者問我，他必須保持清醒的聽。他不能像聽政客講話——使得我一定要斬釘截鐵！如果你溫和謙虛的說話，你就無法碰觸到這些人。那會被他們當成弱點，因為那就是他們如何懂得讓政客和其它非常謙虛柔和的人說記者想要聽的。他們說的話會和他們想要創造出來的形象有關。

我沒有任何形象。所以當我對記者說話，我的努力就是碰觸到他，不是大眾。那是其次。如果那有發生，很好；如果沒發生，也不用擔心。

而且你為什麼害怕這些人？

我在任何地方都不會覺得像是陌生人，因為無論你在哪，你都是陌生人，所以何必感覺是不是？無論你在哪，你都會是陌生人，我們都是陌生人。一旦你接受了，那麼你在哪兒是不是陌生人都不重要——在這個地方或別的地方。你的陌生會維持著——某個地方比較明顯，某個地方比較模糊。

但是你何必害怕？那個恐懼是因為你想要人們認為你是好人。這使得每個人變成懦夫。那使每個人變成奴隸，為了讓人們認為你是好人。恐懼就是：在陌生的地方和陌生人在一起，你說的話和做的事可能會使他們認為是不好的。

你隨時都想要被了解，因為你沒有接受你自己。所以身為一個替代品，你想要被別人接受。一旦你接受自己，人們認為你是好是壞就都不重要了；那是他們的問題。不是你的問題。你依照自己的方式生活；現在別人怎麼想是他們的問題，他們要擔心的。

但是因為你沒有接受你自己——從童年開始你就一直被轟炸，一直被強迫灌輸，以致於你沒有接受你自己。你應該這樣做，那樣做；那你才會被接受。然後當人們接受你，了解你，尊敬你，那表示你是好人。但是這創造出全世界每個人的共同問題：每個人都依賴別人的意見，每個人都被別人的意見所控制。

了解到這個明顯的事實，我拋棄了別人的想法，那給了我難以形容的無比自由。你可以只是做自己的這種放鬆感——你不需要擔心。這個世界如此巨大，有這麼多人。如果我要考慮每個人，考慮他們怎麼看我，那我的一生將會只是在蒐集別人對我的看法，到處帶著那些資料……

當我到政府單位申請要到大學教書時——這是我的方式也一直是我的方式——我直接去找教育部長，對他說：「這是我的申請書；這些是我的資格證明。如果你想要問我任何事，任何面試，我準備好了。」

他看著我——奇怪的行為！申請書必須經過適當的管道。他說：「你的申請書必須經過適當的管道。」

我說：「這就是直接的管道；不會有比這更適當的管道！」我是申請人，你是必須要接受的人——面對面，人對人。我不相信其他的管道。

他說：「要面試必須先安排日期。」

我說：「你坐在這兒，我在這兒——開始面試！何必浪費你和我的時間？如果你沒有問題，如果你現在無法面試我，我可以來面試你。」

他看著申請書說：「品行證明在哪？」

我說：「我沒遇過我可以給出品行證明的人；所以我要如何要求某人給我品行證明？你告訴我。」

他說：「奇怪！你一輩子從未遇過可以給你品行證明的人？」

我說：「不。是我不能給他們品行證明。有數百人想要給我品行證明，但是我不在乎他們的品行證明；他們沒有任何品行可言。」

他說：「你的思想很奇怪，但是我必須依據法規來執行：品行證明是必須的。必須和申請書一起；否則我得負責任。」

於是我說：「好，給我一張紙，我來寫品行證明。」

他說：「你要替自己寫品行證明？」

我說：「不，我會根據我的系主任提供的品行證明寫一份副本。」

他說：「這似乎很奇怪。你沒有正本。要怎麼寫副本？」

我說：「我會拿到正本，然後也會寄給你，這樣你就能確認我沒騙你。」然後我寫了根本不存在正本的副本！然後我再弄一份副本：一份給他，然後我說：「另一份我會給系主任，以便取得正本。」

他說：「這似乎是很複雜的情況！請把正本寄給我，這樣我就能知道你的系主任是否願意……」

我說：「不用擔心。」

我去找了系主任。我說：「請根據這個副本寫下完全相同的正本；這份是副本。」

他說：「你怎麼得到副本的？」

我說：「我自己寫的，但是我沒有寫出任何讓你覺得和我不符合的事。」

他看了副本說：「我來寫會比這份證明還要好一千倍。」

我說：「我寫下最基本的部分，這樣你就不會說我誇大任何事。」

他說：「但是我很抱歉得簽署這份…你已經讓這一切成定局了。」

於是他寫了正本，並說：「我這輩子都會記得這件事——這是第一次先有副本然後才有正本！我會把正本寄給教育部長。」

兩年後，教育部長離職後，我們在火車上遇到。我問：「你對正本滿意嗎？」

他說：「奇怪——一字不差！你怎麼辦到的？」

我說：「系主任很生氣。他願意為我寫一份非常美麗的證明，將會是他有史以來寫過最好的證明，但是現在沒辦法了——我已經給了副本，所以他只能照抄後寄給你。」

部長說：「自從那次，我常常想到你，沒有任何面試，沒有任何品行證明，申請書沒有透過任何適當的管道…你怎麼從我這兒取得委任信的？我不是一個笨蛋或容易上當的人。」

當他給我看了委任信後，他說：「這會用郵寄的。」

我說：「不需要；你給我。我在這兒。你透過郵局寄到我的地址——不必要的浪費三天。你現在直接給我；我就在這兒。」

他說：「我常不斷的想，也許我被催眠了——或者發生了什麼事——因為這不是正確的方式。」確實如此。

當我到了我要任職的學校，我見了校長，他說：「但是這封委任信昨天才核發！你怎麼這麼快就拿到？——因為透過郵局需要三天。」他在懷疑；他認為有點古怪：昨天才簽署的，隔天我就拿到了——而且從首都到那個學校距離有一千哩。

於是他說：「我會打電話給部長；請原諒我。」

我說：「沒問題；你打吧。我坐在這兒以免有任何事…」

他打電話給部長，然後部長說：「是的，有這件事。我不知道怎麼發生的。我不該這樣做，但是他說得如此理直氣壯，如此權威，以致於我必須給他。我也確認是合法的。」

政客依賴大眾的看法。他們沒有任何整合性。你的態度只要堅定自信，他們馬上就會聽你說話。如果你不夠肯定，他們的態度就會是獨斷的。

所以在火車上我告訴教育部長：「沒有催眠，什麼都沒有。我只是知道政客的頭腦是虛弱的頭腦；它依賴大眾的看法。它本身沒有任何真實性，無法接受自己。事實上，它會持續否認自己，如果某個人出現，拋棄所有大眾的看法，直接的看著你的雙眼，你的內在，你會害怕，因為你裡面什麼都沒有。」

所以如果你感覺害怕人們，那表示你感覺你裡面什麼都沒有，但是不該如此。你裡面應該是充滿而溢出的，不是依賴任何人的看法或理解，而是你自己的生命、你自己的風格。

那就是我的意思——靜心帶給你真實性、力量…不是支配別人而是一種力量的品質，真實性的品質，而且沒有人可以拿走。那是屬於你的。

大眾的看法是會改變的——今天他們支持你，明天他們就不再支持你。今天他們認為你是聖人；明天他們都會譴責你是罪人。你最好還是依靠自己——無論聖人或罪人。無論你是誰，只要依靠自己，這樣就沒有人可以拿走它。

最好成為依靠自己的罪人，那會好過依靠大眾看法的聖人。那是借來的，而你裡面什麼都沒有。

第十章
懶人成道的方式

奧修，你是否可以談談意識頭腦（conscious mind）和無意識頭腦的關係？頭部似乎擁有可以儲存經驗的能力，假設經驗被儲存在一個記憶庫。如果記憶的終點站是無意識頭腦，那是意識頭腦壓抑了它，並把它記錄為「已檢查」，還是無意識頭腦在負責檢查？但是就壓抑而言，無意識頭腦是否有任何投資？如果沒有，是意識頭腦在持續提供能量來檢查嗎？如果是意識頭腦在持續提供檢查的能量而無意識頭腦並無任何投資，那是否有辦法可以接觸意識裡面的無意識？在接觸無意識之前，這是否是進入超意識所必經的？

意識頭腦會將記憶壓抑在無意識頭腦裡面。無意識頭腦對壓抑沒有興趣；事實上它想要將一切表達出來，這樣它就沒有負擔了。所有的投資都來自於意識頭腦，因為是意識頭腦在接觸社會、接觸宗教、接受教育。

是意識頭腦在學習什麼是對的、什麼是錯的。對的部分必須保留在意識頭腦，錯的部分必須被丟到地下室，無意識的黑暗深處。意識頭腦只是把無意識頭腦當成地下室，因為無意識是黑暗的，一旦任何東西被壓抑在那兒，慢慢的，意識頭腦會傾向忘掉它們。隨著時間經過，意識頭腦會完全認定它從未壓抑過任何事。

無意識頭腦沒有辦法直接釋放任何被壓抑的記憶。它是封閉的。唯一的方式是把它們帶回到意識頭腦。但如果意識頭腦持續維持和以前一樣的認知——就算透過心理分析可以取得一些無意識的壓抑記憶，並把它們帶回到意識頭腦——那也不會有太大幫助，因為頭腦對於對錯的認知仍然和以前一樣。

所以目前而言，在心理分析師的幫助下，它可能可以認出什麼是不對的，並且不壓抑它，但是這樣的幫助並無法深入到社會的制約。明天或後天，同樣的壓抑還會再發生。那就是為什麼心理分析的療程不會有結束的一天。它是不可能結束的。你今天可以取得某些東西；但明天頭腦仍會繼續和過去一樣的運作方式。

心理分析無法改變意識頭腦。如果意識頭腦的想法仍然一樣，即使你取出某些東西也一樣；雖然某些東西被釋放了，但生命中的每天帶來這麼多的東西，頭腦會再次像過去一樣的運作：壓抑不好的部分。

心理分析師說性沒有錯。在他的幫助下，以及某些神經官能症的治療，病人願意釋放那個壓抑的部分，但是這個釋放不會成為他裡面的一股強大力量而使他不再壓抑性。明天他會再壓抑，明天還會需要心理分析。這是一個無止盡的過程。

心理分析缺少的部分就是它沒有改變意識頭腦的態度。它使意識頭腦維持一樣，事實上如果它試著要改變意識頭腦，社會就不會接受心理分析。心理分析將會遇到我所遇到的同樣麻煩。那將不會是受人尊敬的職業；它會是被排斥的職業。教會對女巫所做的一切也將會用在心理分析師身上；它會把他們活活燒死。

社會、教會、政府都很樂意見到你的意識頭腦保持不變。你可以持續做任何你想做的——那都只會是玩耍，因為你並沒打算摧毀舊有的、過去的、傳統的⋯它的根源位於意識頭腦。社會已經對意識頭腦訓練過，它會保護它所做的訓練。

唯一的方式就是提升到比意識頭腦更高一點的層次，還沒有被社會制約的、被接觸的⋯那個還是完全純粹且單純的地方。超意識比意識還要強大，這是正常的；而且它是單純的，和無意識一樣——差別在於無意識是黑暗的，而超意識是警覺的，充滿光的。它可以用自己的光去看清一切，它不需要任何借來的洞見。

所以要創造一個全新的心理分析的唯一可能就是把超意識帶進來。那麼意識頭腦就無法做任何事。超意識頭腦將會解除意識頭腦受到的制約。穿過了意識，然後它可以讓無意識頭腦被釋放出來，所有被壓抑的部分。

奇蹟在於一旦無意識頭腦釋放了一切，它就失去了黑暗，不再是無意識的。然後你就擁有一股有意識的巨大能量。現在你頭腦的三部分——無意識、意識和超意識——已合而為一。而支配者仍會是超意識。現在用這股能量穿透集體無意識會是可能的。雖然還有困難，但已經是可能的。

比較簡單的方式就是用這股能量進入集體意識。一旦集體意識的門被打開了，那要進入集體無意識會非常容易。在更高的層次面前，低層次的將會失去所有力量。當主人來到，僕人會立刻認清自己的地位。

透過集體無意識和集體意識的加入，你會擁有一個很強大的力量，屬於警覺的、覺知的，你以前從未感覺過的。你現在可以直接接觸宇宙無意識；會有困難，但已經是可能的。我的建議是，何必走比較困難的路？那就是為什麼我說我的方式是懶人成道的方式。一旦你可以更容易的進行，沒有任何衝突，那就不需要創造不必要的爭鬥。先進入宇宙意識；一旦你達到了，然後你會擁有如此多的力量以致於宇宙無意識的門會自行開啟。現在你的意識是如此巨大，能量是如此強大，以致於宇宙無意識無法繼續保持封閉。

這些層面都有某種程度的壓抑。集體無意識也有壓抑的部分，其程度勝過無意識。當意識壓抑時，它可以把一切壓抑到無意識裡面，但無意識是非常封閉的；它們會在任何放鬆的時刻浮現出來。那就是為什麼在夢中，它們會開始出現。但是無意識可以再把它們壓抑到集體無意識裡面；即使在夢中，你也無法發現它們。然後會需要一些特別的方法，把集體無意識放到你的夢中。榮格已經在研究那些方法，而且他走在正確的方向。

一般而言，夢不會有幫助，因為夢是非常表面上的壓抑。社會在各方面使你壓抑，有些東西必須是表面上的壓抑。例如你的憤怒，但它是非常表面的壓抑——就在皮肉之下。稍微刮一下，它就出現了；不需要透過夢。

社會無法將你的憤怒壓抑的太深，因為它有時候會需要你的憤怒。在戰爭時，你的憤怒和暴力會是需要的。還有為了使你在野蠻、充滿憤怒和暴力的社會保護自己。所以社會無法壓抑太深；它可以讓它們是表面上的壓抑，這樣就可以隨時輕易的讓它們出現。

但有些東西會被壓抑到集體無意識裡面，例如你不能和你的母親做愛。每個男孩都想這麼做，每個女孩都想和他的父親做愛。社會深深的壓抑這部分，使它即使只是被想到也會是一個巨大的罪行，甚至連作夢⋯⋯

一般而言，夢是真實的，但是就集體無意識而言，有時候當你作夢，它會用微妙的方式做了修改。例如妳想和父親做愛——在夢中妳會和叔叔做愛，不是妳父親。最多如此：因為叔叔和父親的長相相似。

有時候無意識會允許集體無意識：如果某件事被強迫顯現：例如，你不能和你的姊妹做愛。全世界的每個社會已經將它壓抑了數千年；它不再只是待在無意識裡面。所以心理分析無法使你免於它的束縛。即使它在夢裡浮現，它也會是被掩飾過的：對方不會是你的姊妹，會是你姊妹的朋友——某個長相和你的姊妹相似的人，但不會是你的姊妹。

然後是最根本的壓抑，它是宇宙無意識的一部分。例如，你一直被告知這是你唯一的一世。只有在東方——因為有的人已經到達宇宙超意識——他們在宇宙無意識裡面發現到前世壓抑的部分。那是最深入的壓抑。即使有時候它在你的夢裡出現，你也無法知道它來自於你的前世。那只是夢，就像其他夢一樣。

有時候，在某些情況下，宇宙意識也會試著聯繫上你。它想要傳達訊息給你，說你是依據虛假的知識活在虛假的世界中：事實在於並不是只有一世。那是你頭腦裡面最深的部分。但是很難進入，因為那必須穿越集體無意識和無意識的障礙，而且在每一層都會被扭曲過。直到它在夢中出現，已經讓你認不出來了。

佛陀講過很多他前世發生的事。馬哈維亞也是。那些人是先驅，開啟了全人類一直否認的偉大現象之門。

為什麼社會如此關心有沒有前世和來世？為什麼說你只會上天堂或下地獄？為什麼猶太教、基督教和回教如此堅持？他們的理由就是一旦你知道，無論是前世或來世，你都是永恆的，那他們的宗教將會有了戲劇性的改變。如果你是一個永恆的存在，那被創造的宇宙萬物怎麼辦？上帝怎麼辦？誰是造物主？如果根本不需要造物主和被創造的萬物。這風險太大了。如果他們開啟這道門，他們擔心他們的宗教將會崩潰。

這就是耆那教和佛教不相信上帝的原因。那不只是在邏輯上駁斥上帝的存在，而是一個存在性的經驗，我們永恆的存在證明我們不是被創造的——如果我們不是被創造的，那存在也不是被創造的。

我們一直在這兒。存在一直在這兒。上帝是完全沒有意義的。

任何以上帝為基礎的思想體系都會很擔心耆那教和佛教所說的。它們說你們每個人自己就是神。有的神在睡覺，有少數的神醒了——但是那不會造成本質上的不同。有一天，所有神都會覺醒。

所以問題不在於只有一個神；有多少存在就有多少神——無法估計的，因為不只是人，還有動物、樹木和每顆石頭都是一個存在。它們都在以自己的步調慢慢的進化。

沒有人想去研究耆那教和佛教的心理學，去研究為什麼這兩個宗教拋棄了上帝的概念。那不是哲學上的駁斥；他們從沒有這樣做過。但如果在過去就一直是永恆的，那你的生命就獲得了某種程度的個體性：你必須憑著過去數千世所累積的經驗來生活。你裡面並沒有其它的信念；你一直攜帶著你自己的信念。這兩個宗教不是教條化的，無論它們有什麼教導，那都是根據內在的經驗。

馬哈維亞和佛陀常說：「不要一直待在惡性的循環中。只要看看你的前世，你是否一直在做這類的事。你是否有任何理智？任何智慧？」只要想想數千年來你一直在追逐金錢，你也在很多世是富有的，但裡面只有挫折，沒別的了；你一直在追逐權力，有很多次你是有權有勢的。但當你到了梯子的最上層，你發現那裡什麼都沒有——你一直被社會愚弄，而野心是毫無意義的。

你並不是要成為某個人。你一直是你所是的。不是要爬梯子，然後你就會變更好，沒有這樣的事。因為這些前世的經驗會改變一切，最好還是壓抑它們。一旦未來是存在的，永恆是存在的，你就無法使人們害怕。而這三個宗教依賴的就是恐懼，依賴的就是如果你錯過機會……而那個機會是很渺茫的——大部分的人都會錯過：在七十年的生命中，我不認為有誰可以滿足上天堂的所有條件。時間不夠。所以他們必須依賴信仰和信念，那是不需要時間的：你只要相信。你必須相信耶穌基督，最後一天他會挑選出他的羊並帶著牠們上天堂。別人則永遠掉入到無止盡的黑暗中。

藉由恐懼就可以很容易改變人們。藉由貪婪就可以很容易改變人們——如果你是有信仰的，你就可以得到天堂和它所有的寶藏。但你的人格還是沒變——虛假的。這些東西不會使你有任何轉變。

在東方，當他們知道一切是永恆的，他們當然不會有同樣的匆忙；他們是非常有耐心的。看著過去，他們學習不再犯同樣的錯；看著未來，他們則是有耐心的。不需要緊張和擔憂。

這就是為什麼在東方，即使是最窮的人，心理上也是完全不緊張的。他可能會挨餓，他可能瀕臨死亡，但是他不會反對任何人；他不會報復使他來到這個地步的社會。不，他不會失去任何東西：如果他死了，他就死了。還有來世——旅程會繼續下去，只有列車換了。死亡只是換了班列車。

東方的宗教不會想改變誰。他們不會改變任何人；他們不會在路上要誰信教。如果某個人覺得：想要了解並加入，就算如此，他們也不會很熱衷。他們會說：「你去了解；即使待在原有的宗教，你也可以來了解。」但如果某人堅持，他可以加入。

有一次，日本的大主教去拜訪南泉，一個非常偉大的禪師。他拿了聖經，念了山上佈道裡的幾句話。才念了一點，南泉就說：「夠了；那個人正處於成道的邊緣。」他是用佛教術語：「他是一個菩薩。無論誰寫的——那不重要——他是一個菩薩，不需要再念了：這幾句話就足以證明。」

大主教不能理解：他以為南泉說耶穌是個佛。但南泉說的是菩薩。菩薩的意思是幾乎準備好了，但是事情還沒發生。他已經接近那個界線，他感受到新鮮的空氣；從他的話語中可以看出他已經不遠了。

大主教是來說服南泉信教的，他說：「如果他是佛，那你為什麼不念聖經？」

南泉說：「你誤解我了。我是說菩薩，菩薩的意思是他基本上是個佛，但實際上還不是。而且我為什麼要念…？」他說：「我是個佛；所以我可以看到那個可憐的傢伙只是接近…努力試著要達到。」他可能會達到，也可能不會，因為即使離目的地只差一步，人們也可能會迷路。他們可能轉錯彎，可能會停下來，可能會以為自己到達了。

他說：「我可以理解那個可憐的傢伙。他做得很好；不用擔心，他會達到的。但我為什麼要在意他？我不是菩薩。我曾經是，但那是過去了。」

大主教非常受傷。一開始他很高興南泉，一個偉大的師父，認同耶穌是個佛，但那是他的誤解。現在他說的是：「這個可憐的傢伙在努力，我可以看出來；那幾句話就夠了。一個佛不會說出那些話。只有一個在路上跌跌撞撞的人，帶著所有的可能——他可能會到達，可能不會…但他很接近了，所以他說的話會反映出某些東西，某些回響。」

東方在某種程度上是滿足現況的，因為一切是永恆的。「如果我現在無法達到，我也不用悲傷；

總有一世會達到。」把這一切壓抑到宇宙無意識裡面是在創造出某種緊張、匆忙、貪婪、恐懼。這是心理上的剝削。但如果你達到了宇宙意識，那你也能夠碰觸到宇宙無意識，然後你整個存在會突然被無數的光芒照耀著。

卡比兒說：「就好像一千個太陽在我裡面升起⋯我無法去數它們，光是如此的耀眼。」他說的完全正確。他不是唯一一個這樣說的；很多人也這樣表示，一千個太陽突然同時升起。我們看過早晨，但是在你裡面看到升起一千個太陽的早晨是最偉大的奧秘。

奧修，某天晚上，我在嘗試你說的催眠技巧。雖然我變得較以往放鬆很多，但我仍然相當清醒，所以我似乎並未連結上無意識和無意識的記憶。但是我確實看到很多影像快速掠過我的腦海。這樣做是否有任何意義？或者一個人應該忽略任何影像，然後等待，直到找出進入無意識的技巧？

自我催眠需要花比較長的時間，但是不需要重複或說出那些影像，因為那會變成一個干擾。你只要讓它們過去。你只要觀看，然後越來越放鬆。直到某個片刻來到，所有影像都會消失，在那段時間，你已經事先決定你不會是警覺的。在那個間隔中，你會進入無意識。然後離開那個無意識會使你感到非常的有精神。

所以首先不要重複那些畫面，這樣你就能進入無意識。當你已經可以進入無意識一段時間，那段時間你會不知道自己在哪兒——你無法描述它⋯那段時間沒有被記錄在你的記憶中，因為記憶系統位於意識頭腦。無意識沒有記憶系統，它也不知道什麼是日曆、沒有時間和日期的概念——什麼都沒有。

所以先讓那個發生。當你醒來，在第一個片刻中，當你感覺你離開了無意識，就重複念三次：「下次當我實驗，我會更快地進入它，更深入它。」

當它變成一件很容易的事——你只要放鬆然後進入它——然後你可以做第二部分。當你離開了無意識，首先你需要複誦的是：「現在我要記住我在無意識中看到的一切。我不會是無意識的。我會待在無意識中，但是會有一個小小的意識跟著我，使我可以看到那兒的一切。」那會是第二部分。

在第二部分中，你可以開始放鬆，因為一部分的意識進入了無意識。然後會有一個管道讓被壓抑的記憶釋放出來。然後離開無意識，你不只感覺煥然一新，你也會感到解脫、卸下了負擔。那些微妙的感覺必須被記住。一開始你只會感覺煥然一新，就像睡了一晚好覺。然後你會感覺如釋重負。某個東西壓在你的胸膛上；它是沉重的，現在它已經不在那兒了——或者變輕了。然後繼續這個方法，不斷複誦：「我會越來越有意識，可以釋放越來越多的無意識。」

然後到了第三階段，你得複誦：「我必須是完全有意識的，這樣才能突破意識和無意識之間的障礙。」當你結束後，你不只會感受到煥然一新、不只是如釋重負，而是完全的自由——就好像你原本被手銬銬住，被鐵鍊鎖住，現在它們都被拿掉了。

自我催眠會花比較久的時間，但它是好的。你完全是自己的師父。但是不要重複那些影像，因為重複它們就無法讓你進入無意識；只要讓它們經過。現在你全部的努力應該是如何透過放鬆、寧靜、觀照來從意識移動到無意識。一切都必須用非常柔和的方式進行——觀照也是。

如果你仔細盯著，那不會讓你進入無意識。只要看著路上；就好像你坐在路邊，人們來來往往——你甚至不在乎是誰經過，是男人或女人。你只是看到他們，因為你看著路上，但不要仔細盯著一切。

所以你做的一切都是對的——除了重複影像的部分。你不該那麼做。然後慢慢的，照我說的三個階段，持續進行。

奧修，我第一次看到你的時候是我被點化成為桑雅士時，那是我這一生初次有了「在家」的美好感覺。每當我離開你，我都會感到心神不寧，使我不斷從某個地方移動到另一個地方，無論在哪兒都感覺不對。當我再次留在你身邊，那個感覺才又回來：我又在家了。這個美好的感覺是什麼？你常說家並不存在，除非我們在自己裡面找到它。但是這個在家的感覺是什麼？

家不存在，除非我們在自己裡面找到它。但如果你接近某個已經找到家的人，而且你對那個人是敞開的、有接受性的、隨他取用的，那麼你也會分享到那個在家的感覺。畢竟，你師父的家也是你的家。

所以發生的一切是完全正確的。你去了遠方；你想念那個在家的感覺，你覺得某件事不對。它應該如此。但那只有在旅程剛開始時。

當你靠近我，你有了在家的感覺。讓這個感覺越來越深入；不要讓它只是表面上的。讓它沉到你的存在裡面；然後無論你在哪兒，我都會和你在一起。但現在你必須和我在一起，才有可能讓那個情況發生。然後你就不會再想念；到處都會是家。所以問題在於親暱的、信任的、帶著愛的合而為一……如此深厚以致於它幾乎是某種融化、某種合併。

蘇菲故事談到拜齊德，其中一個最重要的蘇菲師父，常對他的弟子說：「你們很沒有耐心。你們不知道我是怎麼和師父相處的。有三年，他連看都沒看我一眼——好像我不存在。他是對的。現在我知道我不存在。就肉體而言，我坐在那兒，但我的頭腦在世界各地徘徊。我那時感覺非常受傷。對他而言，問他任何關於我的事是不可能的；因為他沒看過我一眼。三年後，某個早上他第一次看了我。然後我知道那是我第一次感到我是存在的。」

「三年再度過去；他沒有對我說任何話。我希望和渴求——現在他能看著我，認可我的存在，對我說些話。但是漸漸的，那個慾望和渴求消失了：那個人似乎是陌生人；他會和別人說話，甚至是整天不斷來訪的陌生人，而我坐在那兒一整天，從早到晚。然後又三年過去了，他看了我並且笑了。」

「現在我知道他為什麼不看我或對我笑——那是因為我的慾望。那是個障礙。當我第一次拋棄了慾望：他是個陌生人；沒有必要。我完全忘了那個慾望，那個希望；那只是一個習慣，因為我很享受這樣。但現在他的存在就夠了。」

「三年過去了，他初次看了我並說：拜齊德，你好嗎？」

「現在我知道他為什麼在十二年後這樣問。當人們相遇會互相打招呼：你好嗎？——但不是十二年後！然而他是對的，因為直到那晚，當他叫了我的名字「拜齊德」並問：你好嗎？——那是我首次不存在，只有他存在。」

「這十二年來，不斷的融化和消失。而且多奇怪的人：當我還在那兒，他從沒問過，當我不存在了，他才問我：你好嗎？」

「同一天我師父還說：現在你準備好了。你可以去任何地方講道。因為你不再存在，我會和你在一起；你已經為我騰出了地方。從那時起，他就透過我說話、透過我做任何事。從那時起，我不再對這個世界有任何問題和責任；他已經負責了一切。」

所以發生在你身上的情況是好的。只要再更多的融化、更多的消失。再保持更多的空，只有我在你裡面。然後你就不會在任何地方想念我，你不會感覺你不在家。無論你在哪兒，你都會發現那是你的家。

奧修，我聽你說過無意識頭腦的內含物無法被直接釋放；首先它們必須先引起意識頭腦的注意，並讓其接受及表現出來。那在歇斯底里性癱瘓的病例中，它的運作機制是什麼？你曾說過某個女人因為受到丈夫死亡的打擊而癱瘓的故事。當她的房子失火時，她的四肢突然有了力氣而能逃離房子。是否因為她受到驚嚇使得無意識放下了她所壓抑的未解決的問題，而意識頭腦沒有足夠的時間來處理它？你是否可以為我們談談這個？

那是完全不同的事。丈夫死了，這樣的打擊使她癱瘓了。這和無意識無關；整件事都是有意識的。那個打擊是有意識的，而癱瘓也是有意識的。癱瘓的發生是因為沒有活下去的意義了；不知何去何從。某方面而言，意識頭腦感覺：「這就是死亡。」她如此愛那個男人，沒有他就無法活下去。這個想法掠過她的意識頭腦，雖然她還沒死——死亡並沒有很容易。但是她已經半死不活了；癱瘓了。

然而一切都是有意識的。沒有任何事被壓抑。那是一個有意識的了解，現在生命是無意義的，現在這個身體是無意義的。就她而言，她是死的。身體還在呼吸，心還在跳動——但那是另一回事。那個打擊太大了，但一切的發生都是有意識的。

只有當你感覺到某件事不對才會產生壓抑；然後你會把它丟到無意識裡面。但對她而言，她的感覺是完全正確的。要再活下去的渴望才是錯的。所以這裡面沒有任何壓抑。那就是為什麼當房子失火時，她可以很容易就逃出來。她只是忘掉她已經癱瘓了。現在有另一個打擊——房子失火了。這是全新的；她只是忘記先前的打擊，忘記她因為癱瘓而無法走路。

沒時間了：很快的，當每個人都逃出房子，她也逃出來了。只有當人們看到她跑出房子並說：「嘿，妳已經癱瘓很多年了！」她才意識到這件事。然後立刻倒在地上，再次癱瘓。

但這一切都是有意識的——她並不是在假裝，不是在掩飾什麼。先前的打擊已經是老舊的；新的打擊則是比較新的，剛發生的——而且每個人都在奔逃。有那麼一個片刻，她忘掉之前使她癱瘓的事件。但是當他們提醒她，她立刻倒下回到癱瘓狀態。但是沒有任何事進入到無意識中；整件事仍然是有意識的。

心理分析無法幫助她——只有一個新的愛情、新的意義可以幫助她。只有一個想再活下去的全新慾望才能讓她的四肢再次有了生命。那部分也將會是有意識的。她需要的只是某個讓她為之活下去的東西，某個讓她的生命再次有意義的東西，某個可以取代舊有的愛並帶來一股清新的氣息以使她想要再次跳舞和唱歌的東西。然後一切將會再次不同。

不需要心理分析。心理分析無法做任何事，因為無法在她的夢裡找到任何原因；然而原因其實很明顯，很簡單。是因為她深切的愛使她感覺失去意義，進而影響到她的身體，因為頭腦對身體有極大的掌控權。

你可以試試：將你的手指交纏然後不斷的說：「即使我想要鬆開手指，也無法做到。」只要重複五分鐘：「即使我想要鬆開手指，也無法做到。」五分鐘後，你再說：「我會數到七，然後我要試著鬆開手指，而我知道我無法做到。」然後數到七，去鬆開手指，你將無法鬆開它們。至少有百分之三十三的人無法鬆開它們。他們越努力就越會發現不可能做到：手指已經完全纏住了。

而這一切都是有意識的，因為沒有無意識的問題。你必須再重覆整個過程；否則就無法鬆開它們。它們纏住了。你必須不斷說：「我會數到七，然後慢慢的，會可能…我可以鬆開它們。」慢慢的數到七，然後不需要太多努力，慢慢的鬆開它們。如果你有努力，那會造成麻煩。你只要慢慢的鬆開它們，你會對頭腦做的一切感到驚訝。所以如果這是可能的，那你也可以創造出癱瘓。那只是相同的過程：「我的腳將無法移動。」

你可以對身體做任何事——頭腦對身體有極大的掌控權——但這一切都是有意識的。和無意識完全無關。你們可以用手指試試，誰成功了請告訴我！

第十一章
輪子持續轉動

奧修，當我看著某個人，我看到了仁慈、智慧、真誠、單純、無害、長處、人性等特質，那似乎是屬於生命的特質，不論他們做了什麼，這些特質仍然在那兒。當我和人們分享這些事，他們總是很驚訝，不認為這些是他們的特質。他們似乎認為知道這些只會強化他們的自我。但我一直以為知道這些本性上的特質會讓自我融化。

這是複雜的情況。你們都是對的，但是是在不同的情況下。透過經驗而真正的知道這些特質不會強化自我；自我會融化。但是知道這些特質而沒有經驗過它們——只是因為某個人說你有這些特質⋯⋯誰不想要這些特質？——你會立刻接受它們，抓住它們。那將會強化你的自我。所以他們也是對的：「如果我們開始認為我們有這些特質，那會強化我們的自我。」

你們都是對的，但你們是在不同的情況下使用「知道」這個字。你把它當成經驗，一個存在性的了解；他們則把它當成知識。

把它們當成知識並接受是最危險的事，因為你將永遠無法發現它們。你永遠不會尋找它們。你會變成偽君子。

所以每當你在某個人身上看到這些特質，不要讓他把這當成知識，而是讓他感到好奇，讓他想了解這些特質。幫助他從自己身上尋找這些特質：也許他擁有它們。但記住是「也許」。

不要讓他們確定——每個人都想要確定，某個容易得到的保證——而是給他們去探求的渴望。只要讓他們口渴，並察覺到也許可以解渴的水源就在自己裡面；只要向內看。

教他們靜心，這樣他們有一天就可以發現這些特質。當他們知道他們擁有這些特質，那他們就不會有自我被強化的危險：否則自我會透過某些微妙的方式強化自己。它一直四處尋找食物來滋養自己。

這對你們而言是非常重要的，因為你們會越來越敏銳；你們會開始看到人們沒有察覺到的事物。他們擁有那些特質，但他們不知道他們擁有。當你越來越敏銳，你的責任也越來越重。所以你不告訴他們：「你有這些特質。」

你最多可以告訴他們：「你也許有這些特質，但是你得去深究、去尋找、去探求。誰知道？——我可能是錯的。」不用任何方式強化他們的自我，不管是有意或無意，因為自我是最大的束縛，我唯一知道的地獄。

奧修，我們是否可以憑著前一世在靈性上的進展來繼續每一世？

不一定。可能可以，可能不行；這要依當事人而定。存在並沒有保證你的層次會往上；你的層次也可能會往下，也可能低於之前的進展。只有當你變得越來越有意識，才能確定你的進展；然後每一世才會來到更高的層次。

但是有多少人在試著成為有意識的？相反地，世上大部分的人都試著盡可能越來越沒有意識，因為他們唯一意識到的只不過是憂慮、擔心、煩惱。那是一種折磨，一種緊張。

而且無法確定你做的一切一定是對的，所以會有很大的恐懼和猶豫。在人們擁有的小小意識中，他一直處於分裂的、拉鋸的、撕扯的——這個部分從這個方向拉著他，另一部分從另一方向拉著他。他只會是痛苦的。

人類用酒精和毒品將意識拖向巨大的無意識並不是偶然的，這個做法就跟人類一樣的古老。有無數次，人類深深的知道應該拋棄這些東西。他一直因為這些東西受到懲罰——監禁、罰鍰——但這些毒品給了他某些東西，遠大於對懲罰的恐懼。

所有宗教基本上都是反對毒品的，所有政府基本上都是反對毒品的，所有教育系統都是反對毒品的。很奇怪：每個人都在反對毒品；那為什麼這些毒品還存在？沒有一個人站出來問為什麼。

毒品就跟人類一樣古老，而那個拋棄它們的努力也跟人類一樣古老，所有的努力都失敗了——這些努力都是由當權者對於沒有權力的個體所做的。但他們仍然無法將毒品從人類的生命中完全剷除。我也不認為他們可以完全剷除毒品，因為他們沒有考慮到基本的原因——人為什麼想要成為無意識的。他們只是不斷和症狀對抗，這是愚蠢的。

沒有任何宗教或政府解釋為什麼人類想要變成無意識的。事實上，就算他們知道也不能說出來，因為那是在譴責他們的整個社會。他們創造世界的方式是如此醜陋以致於人們不想要成為有意識的。人們想要變成無意識的，想要忘掉一切。他們準備要接受懲罰，他們準備坐牢，但是他們不準備放棄毒品，因為所謂的權力和所謂的宗教創造出來的世界並不值得讓他們成為有意識的；這個世界太糟糕了。

除非我們改變情況……為人們創造出有意識的生命，如此美麗、如此令人喜愛、如此喜樂，以致於他不會想要變成無意識的——他會想要變得越來越有意識——或者我們必須使人類完全不被那些使他悲慘的一切所束縛。那他就不會想要成為無意識的。他會想要變得越來越有意識，因為他越有意識，生命就會是更多汁的，越如同冒險般的，那他就知道越多存在的奧秘。

他想要變得更有意識，這個想要更有意識的渴望將不會停止，直到他達到全然的意識——直到他就是純粹的意識，在他裡面甚至沒有任何黑暗的角落或無意識，直到他是充滿光明的，直到他就是光。

整個人類的歷史就是使人們越來越沒有意識的歷史，毒品不是唯一的方式。還有其他使人類無意識的東西。所以有時候某個人可能對毒品沒興趣，但不表示他有興趣去保持有意識的；他找到不同形式的毒品，不是已知的毒品——例如某個人對權力有強烈的慾望。那也是一種毒品，但是他無法完全失去意識；他必須爭奪權力，所以他必須是有意識的。

政治是屬於和大麻、迷幻藥同樣等級的毒品，也許是更危險的，因為使用大麻、迷幻藥或麻醉藥的人並沒有對世界造成如此大的傷害。他們可能傷害了自己，但他們沒有傷害任何人。而政客？他們做的只有傷害。整個歷史沾滿了鮮血。現在，使用大麻和那類東西的人，他們沒有創造歷史，他們沒有創造出成吉斯汗、帖木兒、納迪爾沙、亞歷山大大帝、拿破崙、希特勒。他們沒有創造出那類的怪物。和政治相比，他們的毒品是非常幼稚的。

有的人可能會追逐金錢……金錢對他而言就像毒品。我認識一個人……我從沒看過誰如此迷戀金錢。

如果他看到你手上有一百盧比，他會忍不住要摸它。還有他觸摸的方式，就好像在觸摸他的愛人。他會從每個角度看著它、觸碰它。但那不是他的鈔票，他必須歸還。

他跟任何人借錢從未還過；他做不到。我不會說那是個罪；對他而言不可能和金錢分開。他擁有足夠的金錢。他有七間房子，都租人了，他自己則住在免費的房子，dharmashala，一種可以免費住三天的旅館。那個城市很大，有很多 dharmashala，所以他可以在這個 dharmashala 住三天，然後搬到另一個 dharmashala。而且他把錢都存在不同的銀行。他怕某些銀行倒閉——最好把錢分散在不同地方。

我常問他：「你要用這些錢做什麼？你沒有妻子。」他沒結過婚，原因就是女人很喜歡花錢。那會是個麻煩，他害怕那會使他平靜的生活變成一團混亂——最好避開女人。他沒有小孩。「你為了誰而收集這些錢？」

他說：「我愛錢。」

「但是」，我說：「金錢只有被使用才有意義；你沒有使用它！無論你有一百萬盧比、二百萬盧比或五千萬盧比…你在銀行有沒有任何東西不會造成任何差別——那是一樣的。你從未取出來使用。」

他說：「你不了解。那對我的心是很大的慰藉。只是數錢就讓我感覺充滿了希望。」

每天晚上他都會來看我。沒人喜歡他，因為每個人都認為他是吝嗇、小氣的人。但是我常問…我想了解他擁有什麼樣的頭腦——他是個特別的人！他會把他的筆記本拿來給我看。「現在在這個銀行有這麼多錢，在那個銀行有這麼多錢，然後全部的錢有多少。你看到了嗎？總金額一直增加中！」你可以在他眼中看到閃光。現在這個人完全上癮了；他不再是有意識的。

他沒有其他要擔心的；他的心都放在金錢上。當他臨死前，我也在場。醫生知道我是他唯一每天都會拜訪的人，所以他們通知我。我詢問他的病房號碼。他們說：「你認識他，他住在免費的病房！他甚至不能死在必須花錢的病房。無論如何他都不會從銀行拿錢出來。而且他控制著所有銀行的帳戶。」那是他的生命。

當我到了那兒，他很高興。他把所有存摺放在胸膛上，雙手緊握著，然後死了。我看過很多人死去，但是他的死是如此美麗。他有數百萬盧比和價值數百萬的財產，但他在免費的病房像乞丐一樣的死去。然而他是十足快樂的。

就如同單純的人吸食大麻，有的人會對金錢上癮，有的人會對權力上癮，但是他們都在做一樣的事，只是用更巧妙的方式。沒有任何吸食大麻的人會變成希特勒——不可能。他不會有興趣。沒有任何抽鴉片的人會想要當首相；否則何必抽鴉片？

我提過那個抽鴉片的理髮師，我祖父的一個朋友。我告訴他：「你是如此令人尊敬」——那是個謊言，但是他很喜歡，所以我不認為這會有任何傷害。如果某個人喜歡，因此感覺快樂，而且我不需付出什麼⋯⋯我說：「你是如此令人尊敬以致於如果你出來競選，你將可以得到任何想要的職位。」

他說：「我知道，但是那會令人苦惱；幾乎像在乞求選票。而且當我抽鴉片時，我就會是全世界的皇帝。誰還在乎成為內閣成員或首相？我只要抽鴉片就能做到了。」

這些人沒有造成任何傷害，而那些造成傷害的人，我們不會把他們和上癮聯想在一起。他們的毒品是非常精微的。衝突一直持續著，整個歷史上，這些對精微的毒品上癮的人一直在騷擾真的在吸食毒品的人。他們現在仍然在做一樣的事，他們也會繼續做一樣的事。但是他們無法改變情況，原因很簡單：為什麼要成為有意識的？那裡面什麼都沒有。

無意識有某種吸引力。它會讓你忘掉所有的憂慮和責任。它會讓你放鬆。世界消失了，核武和雷根也消失了。那就是為什麼人們不想試著更有意識，因為現有的小小意識並沒有讓他們想要擁有更多意識。那是很痛苦的經驗；他們不想要。

有兩個方式：世界變得非常美麗以致於因為意識而感受到的痛苦變成了甜美的經驗——那是不會發生的，幾乎像用希望對抗希望一樣⋯另一個可能就是每個個體可以增加他們的意識，隨著意識的增加，痛苦也消失了。他們剛好遇到一塊世界還沒汙染到的新鮮陸地。他們越深入意識，陸地就越新鮮，水就越新鮮，直接來自於冰河的——然後會有一個想要擁有這一切的渴望。然後在每一世裡，他們都能增加他們的意識。

否則每一世都會是痛苦的經驗：你沒有得到任何有價值的東西，你只是失去了生命。你一直在忍受痛苦，想辦法活了下來——幾乎是用自己的肩膀拖著自己的軀殼——然後死去。

這個經驗不會讓你在來世有更高的品質⋯也許是更低的品質，這樣你的意識就比較少、意識到的痛苦也比較少。它可以使你處於幾乎無意識的狀態，這樣你就不會意識到太多痛苦。如果你受的苦是無法承受的，那來世會讓你不用承受或不用意識到這樣的痛苦，但你會往下走。方式有很多種。

例如，印度聖人蘇達斯⋯他的詩歌是美麗的。他是一個偉大的詩人，但他的生活並非如此。因為他奉獻性的詩歌和他的犧牲，一個極大的犧牲⋯他是一個桑雅士，他常去乞討，有個女人，一個年輕的女人，問他：「你何必去其他房子乞討？我每天都會準備⋯我想要給你食物。你不能對我體貼點嗎？」

他無法拒絕，因為印度教沒有限制：佛教和尚不能每天去同樣的房子，他必須更換。耆那教和尚不能每天去同樣的房子，他必須更換。但是印度教沒有限制，所以他就這麼做了。她為他準備美味的食物，他會滿懷感激的接受。

但有一天他想：「這個女人為什麼這麼麻煩自己？每天都為我準備美味的食物。我得問她。」於是他問她：「妳為什麼要這麼麻煩自己？」

她說：「我喜歡你的眼睛，我想要每天看到你的眼睛。準備食物對我來說並不麻煩，但如果我無法見到你，我會整天都在思念。那是令人受傷的。」

蘇達斯認為：「這就是依戀。」苦行者的思維。「這就是依戀：那個女人在依戀；她依戀我的眼睛，這是不好的。這對眼睛在別人的腦海中造成了依戀——我將會是這些人迷失自己的原因。」於是在朋友的協助下，他挖出了雙眼，去找了那個女人。他捧著雙眼說：「因為妳愛這對眼睛，妳留著它們。我永遠不會再回來，因為現在妳想要的和妳喜愛的東西已經和妳在一起。此外我也很難再找到妳的房子。今天是因為有朋友幫忙，但是不會有人每天幫忙我。而且也不需要了。」

那個女人無法相信他做的。他的臉上都是鮮血。她說：「但是我從沒叫你挖出雙眼給我。它們是你的一部分，它們是美麗的，但現在它們已經沒有生氣了。」

印度教把他封為聖人，因為他為了使人們不再依戀而做了這麼大的犧牲。我不這麼認為。我認為這完全是無意義的。如果明天有人喜愛你的鼻子，你就切了鼻子。如果有人喜愛你的耳朵，你就切了耳朵。如果有人喜愛你的頭部，你就砍了它，那一切就結束了！

我不認為這有任何意義。那個女人有什麼錯？她喜愛你的眼睛。她沒有向你要任何東西，而且你為什麼認為那對眼睛是你的？那就是佔有；那才是真正的依戀。那對眼睛是屬於存在的。如同有的人喜愛星星或花朵，也會有人喜愛某個人的雙眼。而且那個女人沒有要求任何東西。那是殘忍的舉動，暴力的行為。

我曾經非常嚴厲的譴責蘇達斯。印度教徒非常生氣，因為他們認為他是其中一個最偉大的聖人。我說：「他不是聖人，他只是一個頭腦遲鈍的人。他深深的傷了那個女人。他不只對自己施加暴力，並對那個女人施加了更大的暴力。現在那個女人的餘生將會是痛苦的，責怪自己為什麼說喜歡他的雙眼。她將永遠無法原諒自己。」

那個女人的來世可能會進化到一個更高的層次，而蘇達斯則可能墮落——因為他做的事是完全沒有人性的。

墮落的方式有很多種。例如，蘇達斯可能來世出生會是瞎眼的。他將會錯過百分之八十的生命經驗。沒有任何盲人成道過。並不是說盲人不會成道，但似乎是不可能的。是你的雙眼給了你百分之八十的經驗。是那些經驗使你覺知到你的生命並未走到正確的路上，某個地方錯了，你必須改變。盲人失去了百分之八十。他活在最少的生命經驗中，只有百分之二十；他幾乎像是動物。所以他可能可以投胎為人，但他會出生在進化之梯的較低梯階。

有很多種可能的方式，你可以是更低的或更高的。聾子和啞巴也是人，但是沒聽過⋯他是完全沉默的——他從沒聽過任何聲音——所以他應該會立刻成佛。他從沒聽過任何聲音，從未出過任何聲音——你還能要求什麼？他已經滿足了所有的必要條件——超過你需要的。但是沒有任何聾子和啞巴曾經成道過，因為必須了解：如果你聾了、啞了，你就不會知道沉默是什麼。

人們會有錯誤的想法，認為這個人是完全處於沉默的。那只是外在如此。他對沉默一無所知，因為要了解什麼是沉默，一個人必須了解什麼是聲音，而且要沉默，一個人必須先能夠說話。他無法說、無法聽：他同時錯過了聲音和沉默。他處於非常奇怪的情況——要如何成長？會很困難，幾乎不可能。

所以你無法只是藉由不斷出生而成長。你可以不斷的輪迴，但永遠不會有任何靈性的成長，任何意識的進化。

但如果你在這一世試著變得更有意識，無論你得到什麼都會跟著你到來世；它是永遠不會失去的。所以在來世，你可以從前世漏掉的部分開始，因為你只是改變了肉體；但你是一樣的。所以如果你裡面有某些東西變成有意識的，在來世，在你裡面的那個東西會繼續是有意識的。一切會有一個全新的開始；不會有任何東西遺留在你裡面，你的意識會有更多成長的自由。在每一世裡，你會擁有更多成長的機會。那都要依你而定。

我不認為，因為我從沒遇過任何人可以墮落的如此深以致於你會從人投胎為動物。但是耆那教和佛教都同意你會墮落，這是我無法否定的事實——是有可能——因為數千年來，他們已經對數百萬人下過工夫。他們可能遇過很少數的情況，有些人的墮落是如此無意識以致於他會投胎為動物。但是我從未遇過，所以我無法說什麼。

然而我認為那不太合理。人會墮落，但是他仍然會是人；他無法做出任何可以使他變成動物的事。我沒遇過任何人是這樣的，我曾經試著進入他們的前世……所以關於這點，我必須否定佛教和耆那教，但是我同意他們的懷疑。他們可能是對的，因為他們的經驗是悠久的，他們沒必要發明這件事，除非他們…也許只有很少數的情況。也許像希特勒這樣的人，沒有任何原因就殺了數百萬人，可能會失去他的人性。在特定的情況中也許是可能的。

但還有另一個觀點使我必須否定他們，使我認為我是對的，使我認為耆那教和佛教，這兩個一直在前世下功夫的宗教是在說謊。有件事是他們不可能沒遇過的，我將要告訴你們。他們一定有遇過這件事，但因為他們的教義——那和他們的教義及立場是衝突的——他們只是沒有提出來。他們並沒有為其說謊，但也沒提到它是謊言。那個我發現的事實是，如果你在這一世是男人，那麼你在前世就是女人。如果你在這一世是女人，那你在前世就是男人。

沒有任何宗教提到這件事，那很奇怪。我發現無一例外。我認為心理上而言，那是有根據的，因為女人會厭倦當女人，並開始覺得男人擁有一切——自由、權力、名望——而她什麼都沒有。自然的，臨死前，一定會有一個投胎成為男人的慾望。

男人的情況也一樣。雖然他擁有權力，雖然他有更多的自由，內心裡他會覺得他是比女人低等的，因為她擁有可以創造生命的權力，而他沒有。她是更美麗的。她似乎是更根植於大地的。

即使在母親的子宮裡…曾經生過一或兩個小孩的母親會分辨胎兒是男生還是女生，因為女生在子宮裡面會非常安靜，而男生會踢來踢去——他會開始踢足球。母親會知道是男生或女生。

在生活中，女人也是更穩定的、更平靜的。她有時候會發脾氣；男人不會發脾氣，他會累積。最好用零售而不是批發的方式來發洩，因為批發的方式是危險的。例如自殺、殺人或發瘋。批發的方式是非常危險的。但是女人只要一點震撼，在幾分鐘或幾小時內，就會再度恢復平靜。她會是沉默的，幾乎忘記…

女人還有一些小孩的特質。男人則持續失去那些特質。他變得越來越狡猾，因為他面對的是全世界各種狡猾的人們。所以他會變得狡猾；否則生存是困難的。所以慢慢的，他會覺得女人享受的更多。連性方面也可以比他還享受。當他們越來越老，會開始覺得他什麼都沒享受到，而女人可以如此享受以致於他開始感到嫉妒。

所以臨死前的男人會考慮投胎當女人。一般會是如此。可能會有例外——確實有。如果你有意識的死去，那就會是完全不同的事。

耆那教和佛教都對此保持沉默，原因是他們認為男人是更高等的，而女人是更低等的。由此你可以發現，即使非常真誠的人也會變成不理性的。他們接受男人會墮落而投胎為動物，但他們不接受男人會墮落而變成女人！而且男人和女人並沒差很多，不是很大的墮落，也許只是一步之差。如果他們是對的，女人是比較低等的，那為什麼男人不能投胎成女人？如果他可以投胎成為狗或驢子……

但對我而言，對這件事保持沉默是非常不誠實的。首先，他們不想讓女人認為投胎成為男人是很容易的。只要在臨死前渴望成為男人，她就能投胎成男人。

這兩個宗教都想要明確的表示達到男人的狀態是一個艱辛的旅程；不能只是渴望就會發生。女人必須和男人一樣，做各種苦行和持戒，但是在同樣的努力下，男人可以成道；而女人則是可以投胎成男人。似乎男人和女人的差距就如同男人和成道之間的差距！——所以需要同樣的努力。這完全是在胡扯。

其次，來世變成女人違反了男人的自我。他準備要變成馬、大象、任何東西——但不是女人！因為變成大象不會有問題、麻煩、爭吵，什麼都沒有；但是變成女人將會有不停的衝突。

但我的經驗是，這就像輪子：男人和女人就像中國的陰和陽。你有一次是男人，另一次則是女人，輪子持續的轉動——除非你成道。那麼輪子會停止轉動。而男人和女人都是輪子的一部分，整體的一部分，圓的一部分。

現在透過整形手術，我們會知道馬哈維亞和佛陀都錯了。而我是對的：因為整形手術無法把你變成驢子，但可以把男人變成女人，把女人變成男人。無論整形醫師多麼有天賦，也無法把你變成馬或大象。似乎完全不可能；他要怎麼做？他可以把男人變成女人是因為他們是非常接近的，非常互補的；差別之小以致於他們可以用移植的方式輕鬆做到。

整形手術將會支持我的經驗，而且我不認為：我從未遇過，所以我不能說有任何人會如此墮落以致於會變成動物或鳥兒。我沒看到這樣的可能性。他會墮落的更低，但仍會是人的身體。

所以不要理所當然的認為每一世都必然到達更高的層次。那個想法是危險的。你必須下工夫，你必須努力掙得。你必須擁有得到的資格。

奧修，當我靜靜的坐在你的存在中，發生了很多事。有時候我飛走了；有時候我感覺像石頭。有時候我的頭腦非常鎮定，有時候則是狂亂不止。有時候我的心泛著淚水，有時候則是恐懼。我的身體感覺完全的放鬆，或者全身痠痛。只是坐在這兒，全世界都在我身上發生了。我感覺就像心無旁騖的看著鏡子。是否可以請你談談？

發生的一切都是正確的。你只要看著它；不要打擾它。不要用任何方式干涉它。不要評斷它是好的：當你感覺放鬆，它是好的，當你痠痛，一切都是不好的。

不，不要評斷，因為它們是互補的。痠痛可能是因為身體在釋放它的緊張，以便可以放鬆。然後當它放鬆，它就能釋放更深層的緊張。所以會再次經歷全身痠痛的階段，就好像你感受到全世界的痛苦。

不要評斷。發生的一切都依照它應該發生的方式而完美的發生。你只要靜靜的看，就好像那是發生在別人身上。你只是一個遠方的旁觀者。慢慢的，一切會改變。現在發生在你身上的狀況會是兩極化的——有時候頭腦是安靜的，有時候則是到處漫遊的——彼此互補。如果你可以漠不關心的站在一旁看著，一切都會消失，一個前所未有且沒有對立的寧靜將會出現。每當某件發生在你身上的事是沒有對立的，那你就更接近那個超越的。這就是徵兆、象徵：當你沒有感覺到任何對立，那表示你越來越接近家了。

成道之後就不再有任何對立的存在；那只是單純的經驗，沒有對立的存在。可以把它當成一個信號。但是在這之前，發生的一切是完全正確的。那是一種淨化，每次淨化都會立刻得到報償。

如果身體覺得疲累或緊張，然後感到完全放鬆，那疲累就不是放鬆的對立方；它是在打好基礎。頭腦到處漫遊，然後突然安靜下來，那麼到處漫遊和安靜就不是對立的；它只是在準備那個基礎。

就你而言，什麼都不用做。你只要漠不關心的站在一旁，看著。

確實，我的存在只是一面鏡子。

你只要持續深入看著鏡子，無論發生什麼，記住那是鏡子裡的映像，不是你的實相。你的實相一直是一樣的。沒有任何事會發生在它身上，你感覺到的一切或發生的一切只是一個夢。讓這個夢繼續下去，但是不要成為它的一部分。

奧修，似乎大部分的人類傾向繼續沉睡。當冷水潑到他們臉上，他們很生氣，充滿敵意——即使潑的人是像你一樣慈悲的人。他們會把真理掃到地毯下面，然後把你和你的人一勞永逸的驅離。師父何必在意？

如果這是可以被稱為「在意」的事情，那沒有師父會在意。就師父的立場而言，那單純是他的愛、他的慈悲；他無法不這麼做。無論人類做什麼都無關緊要。最多，偶爾會大笑一場，就這樣。

我今天剛收到一些來自荷蘭的剪報。有一個很大的示威活動——不只是桑雅士，非桑雅士的人也有參與，在不同領域中的著名人士們紛紛抗議政府不讓我進入他們的國家是違反言論自由的。有兩家大報社寫了社論。這兩家報社過去一直在反對我，他們說：「我們過去一直在反對奧修，我們一直試著出版各種書報來反對他。但我們認為我們錯了。看到政府的作為，我們要強烈的抗議。他必須被允許入境；這是違反人權和民主原則的。」

還有一些個人的示威活動，政府對此的回應讓我想要大笑。他們的回應是值得思索的。他們說他們必須阻止我入境，因為我一直在提出反荷蘭的言論。他們問政府我說了什麼，政府說我的言論反對天主教、反對教皇、反對德瑞莎修女——還有最後也是最重要的，反對同性戀。

那表示政府認為同性戀是他們的政策之一，或者荷蘭是一個同性戀國家。現在是所有荷蘭人都起來抗議的時候了：「政府是在譴責我們。」也許他們的內閣成員都是同性戀者。

現在是荷蘭人把這些沒意識到暴露了內心想法的同性戀者趕出去的時候了⋯因為如果我反對同性戀，他們何必感到受傷？而且這和荷蘭的關聯在哪？他們把這兩者變成同義的。他們說⋯我反對荷蘭的言論分為四個部分，其中一個是同性戀。我要他們想一下，天主教也是反對同性戀的，聖經是反對同性戀的。

但他們只有提到我！基督教的神摧毀了兩個城市——所多瑪和蛾摩拉——因為人們變成了同性戀和各種性變態。所以如果他們是誠實的，那天主教應該被荷蘭趕出去，聖經必須被列為禁書，所有天主教教堂都改為同性戀俱樂部——這樣才合理。而且不能把旅遊簽證發給摧毀所多瑪和蛾摩拉的神。這是毫無疑問的。

然後我想到了教皇，因為他們也說我的言論是反對教皇的。教皇代表了聖經和天主教。他是宗教的領導者⋯他代表了反對同性戀的神。如果他們真的是誠實的人，那教皇不該被允許進入荷蘭。如果他們讓教皇入境，那是令人質疑的。之前的教皇是同性戀。我不了解現在這個，但如果他被允許待在荷蘭，那表示他可能是同性戀者。我只是很擔心誰會是他的男友⋯一定是某個荷蘭人。

還有他們何必在意德瑞莎修女？那似乎表示有一個秘密的男同性戀團體和一個秘密的女同性戀團體。而教皇似乎是男同性戀團體的領導者，而德瑞莎修女則是女同性戀團體的領導者。那一切就很明顯了：這是一個同性戀國家，它的宗教就是同性戀，政治是同性戀的，領導者則是男同性戀者和女同性戀者！

任何不是同性戀的荷蘭人應該要站出來反對政府；這個政府必須被推翻。如果荷蘭人不站出來讓政府下台，那表示他們認同政府，他們同意他們是一個同性戀組成的國家。

奇怪的是沒有人注意到政府的發言。現在我要荷蘭的每個男人和女人想想這件事。如果他們真的是同性戀者，那我沒意見；他們可以支持政府。否則會需要一個緊急的投票：這個國家是不是同性戀者組成的。如果經過投票結果，政府輸了，得票數不是多數的一方，那它應該立刻總辭。

我能否進入他們的國家已經不是問題了——我不在乎。現在的問題在於他們的名譽、全國人民的自尊、他們讓如此愚蠢的人當權。就算他們是同性戀者，他們應該保持沉默。但他們說出來是好的。這樣一來，真正的原因會是明確的：同性戀就是唯一的原因。而不是因為天主教，不是因為教皇或德瑞莎修女。

還有，我的批判有什麼問題？天主教已經批判了數百年；否則就不會有新教了。他們是否有阻止新教進入荷蘭？如果天主教可以批判，而且沒有任何新教徒被阻止入境，那我為什麼不能入境？

當教皇在印度參訪，我也可以提出抗議，但我是支持他的，並反對那些反對他的人、示威的人、要他離開的人。我為他說話，我要大家讓他發言。如果他說的某些事錯了，那應該恭敬的請他在公開場合提出討論，而不是這樣的方式：丟石頭、創造暴動。這是野蠻的。但教皇沒有勇氣對荷蘭人或義大利人說他們不該阻止我；事實上，他用各種方式來阻止我進入任何他能影響的國家。

現在情況很單純。宗教一直在討論各種問題；否則就不會有這麼多宗教。它們會互相批判。那不表示不尊重對方；那只是表示他們不認同，而不認同是人的其中一個基本權利。如果他們認為我的言論是在反對德瑞莎修女：我隨時可以在世界上的任何一個地方，公開的與她辯論。我會為我說的一切負責。但她沒有勇氣；教皇也沒有。

就同性戀而言，他們不需要擔心。當我進入荷蘭，同性戀可以示威，反對我的到來；我可以與他們辯論。我一直在和同性戀辯論……政府為什麼要擔心？

而且這四個論點沒有一個是反對荷蘭的！他們說因為我的言論是反荷蘭的，所以不讓我入境。問他們我說了什麼，就是這四個原因。我從沒想過這四件事等於荷蘭：德瑞莎修女等於荷蘭、教皇等於荷蘭、天主教等於荷蘭、同性戀等於荷蘭。

我知道這是一個瘋狂的世界，但這不是要「在意」的問題。那是我對人類的愛，希望有一天在某處的某個人會了解。即使只有少數人了解了真理，那個火就夠了。那個火可以一代傳給一代；它可以持續的成長。那是我的喜悅。

第十二章 頭腦是問題的來源

奧修，有一天早上你提到從不同的意識層面中上升，並將光帶到每個層面所對應的無意識。是否有需要特別的技巧，或者只是看著頭腦、身體和情緒就能帶我們穿越這些不同的層面？

看著身體、頭腦和心就很足夠了。不需要任何特別的技巧，雖然確實是有些技巧。但就我來看，它們不是必須的；相反的，它們會使事情複雜化。而且靈性的成長並不是技巧的問題，所以任何技巧都會變成阻礙。你會開始執著技巧。那已經發生在數百萬人的身上。

在尋求靈性的成長中，他們遇到一個給他們技巧的老師。那個技巧幫他們變得更沉默、更鎮定、更安靜、有一個安定的存在，但之後那個技巧變成不可或缺的。他們無法離開技巧。如果他們離開技巧，所有的經驗會開始消失。即使那個經驗已經練習了好幾年，只要三天，所有的經驗都會消失。那個技巧並沒有讓你有任何靈性的成長，而是創造一個看起來很有靈性的幻覺，因為你不知道什麼是靈性的成長。

曾經有一個蘇菲師父來找我。他有數千個門徒，每年他都會來這個城市一次。他有幾個門徒漸漸對我有興趣，想要有一個聚會。他們認為他們的師父可以到處看到神、可以在任何事物中看到神，而且他總是喜悅的：「我們已經跟著他二十年了，除了狂喜之外，我們從未見過他處於其他的狀態。」

我告訴他們：「如果他可以來我家裡作客會很好。你們讓他和我在一起三天。我會照顧你們的師父。」他是一個老人，非常老的人。

我問他：「你是否有任何技巧可以隨時處於狂喜的狀態，還是它是不透過任何技巧而自行來到的？」

他說：「我確實利用了一個技巧。那個技巧就是看著一切時，記住神在它們裡面。一開始似乎很荒謬，但是慢慢的，頭腦會習慣：現在我可以在任何事物中看到神。」

然後我說：「你做一件事…你練習多久了？」

「四十年」——他一定快七十歲了。

我說：「你能夠相信你狂喜的經驗嗎？」

他說：「當然。」

然後我說：「做一件事：你停止做這個技巧三天…不再記住神就在一切的事物中。三天內，看著它們，它們是什麼就是什麼；不要把神的概念強加上去。桌子就是桌子，椅子就是椅子，樹就是樹，人就是人。」

他說：「但目的是什麼？」

我說：「我三天後告訴你。」

但甚至不用三天；他只過了一天就對我感到憤怒，非常憤怒：「你摧毀我四十年的訓練。你是一個危險的人。人們對我說你是一個師父，但你沒幫助我，卻…現在我看到椅子就只是椅子，人就只是人；神消失了，隨著神的消失，圍繞著我的神性之海所造成的狂喜也消失了。」

我說：「這就是目的。我要你了解到你的技巧造成了幻覺；否則四十年的訓練不會在一天內就消失了。你必須繼續那個技巧才能創造那個幻覺。現在一切由你決定：如果你想要餘生都活在虛幻的狂喜中，那由你決定。但如果你想要醒來，技巧是不需要的。」

而且記住，觀照不是技巧，那是你的本性。觀照不是技巧，因為你沒有強加任何事，所以不可能會創造幻覺；你只是觀察。即使神來到你面前，你也不會跪在地上觸碰祂的腳：你只是觀察。觀察不是技巧。

技巧會創造某個東西；觀照則只是顯示出事物的本來面目。它不會創造任何東西；相反的，它會摧毀一些幻覺，因為你不夠警覺，所以你沒有發覺它們是虛幻的現象。

幻象是如此容易產生以致於頭腦一直很喜愛技巧。是誰在使用技巧？頭腦才是技巧的主人。觀照是超越頭腦的。頭腦無法觀照。那是頭腦在一切存在中唯一無法做的事。那就是為什麼頭腦無法汙染它，頭腦無法讓它迷失。

我曾經在其中一個姑姑家住了幾年。她有一個朋友偶爾會來看她；她們很要好。我常常看書看到凌晨三點才去睡覺。那個女人，我姑姑的朋友，有睡眠問題：她無法入睡。所以當屋子裡的人都睡著後，她會到我看書的房間坐著、和我說話或者只是坐在那兒。我至少在三點前都醒著，而那時候她也會感覺想睡；等到了早上她就睡著了。

我的姑丈睡覺時會在半夜磨牙二或三次。他的胃出了問題使他會磨牙，那聲音很大。

有一天我和那個女人聊天，她說：「你相信鬼魂嗎？」

我說：「妳為什麼問這個？」

她說：「我一個人住。」她是寡婦，非常有錢。「我自己住，常常會想到我是獨自一人。如果鬼魂存在的話，那我是有危險的；因為我房間沒其他人。」

我說：「鬼魂不但存在，而且祂們現在就在這間房子裡，就在這個房間。」

她說：「你是什麼意思？」

我說：「告訴妳吧。當這個房子蓋好後，一個洗衣工人和他非常美麗的獨眼妻子住在一起。她的長相非常美麗——唯一的問題是她只有一隻眼睛。在第一次世界大戰期間，洗衣工人被徵召到軍隊，死於戰場。對那個女人而言，打擊是如此大以致於她不相信。她不相信他死了；她日復一日的等著他。在這樣的情況下，不斷等著他，她吃得不太好，沒有好好照顧自己的身體。每個人都想說服她：他死了，他不會回來了。妳不用整天坐在門口。」

「但是她無法接受他會離開她。他們約定要一起生活，要一起死。他們非常愛對方。最後她死了，但由於她盼望丈夫回來找她，所以她變成鬼魂。仍然待在這兒。」

「在她死後，她居住的小屋被拆掉了，然後蓋了現在這棟大樓，但是她仍然待在這兒，仍然在等待。她每晚都會來，當她來到⋯⋯妳要注意會有一個現象：她會製造出聲音，就像有人在磨牙。我不知道她為什麼這麼做——沒人知道——但她晚上都會來二或三次。特別是房子有客人的時候，她一定會來——想念著、盼望著，也許她丈夫回來了，因為房子裡有客人。」

「她會把毯子掀開來看妳的臉。她是非常美的年輕女人，但是她只有一隻眼睛。」

她說：「沒人告訴我這件事。」

我說：「不要告訴任何人；否則沒人會住這兒，即使要賣這間房子也會變成不可能的。他們想要賣掉這間房子，所以一直隱瞞。一旦房子賣掉了，他們就可以買別的房子，然後那將是別人的問題；不是自己的問題了。所以他們完全沒提到這件事。但因為妳問了我，所以我告訴妳，我什麼都沒有，沒有對這間房子有任何投資或其他東西。我只會說出實情——情況就是這樣。」

「如果她到了妳的床旁，掀開妳的毯子，不要害怕，因為她是非常單純的女人；從未傷害任何人。她只會看看妳的臉，發現到不是她丈夫，她就會把毯子蓋回去，然後離去。當她來到前，妳會聽到磨牙的聲音。」

她說：「我的天！這是一間危險的房子——我在這兒住了很多次。也許她有在我睡著時來過。現在我無法入睡了。」

我說：「妳試試看；妳去睡覺。」大約一點時她進了房間，當她進了房間關上電燈時，很巧的：她聽到磨牙的聲音，大聲尖叫。我趕了過去。

每個人都醒了：「發生什麼事？」她倒在地上；甚至還沒上床！她躺在地上，失去了意識。

他們說：「我們一直叫你不要編一些沒根據的故事。現在這是你的責任，你有責任要處理這個問題。先讓她醒過來。」

我說：「我會試試，但我不認為她會這麼容易就醒過來；會花點時間。就算她醒過來，她也會再度昏倒。」

他們說：「但你對她做了什麼？」

我說：「明天早上等她沒事了，我會把整件事告訴你們。」我試著把冰水灑向她的眼睛。

她醒過來了，並指著角落：「她站在那兒！」然後她又尖叫並昏了過去。

全家人都問：「誰站在那兒？」

我說：「我不知道。一定有某個人站在那兒。我聽說有一個鬼魂。」

他們說：「我們從沒聽過有任何鬼魂。你在這兒只待了兩個月就聽說有鬼？誰告訴你的？」

我說：「明天早上……先讓這個女人恢復意識，讓她入睡。」然後發生了三到四次：她又失去意識，只是指著角落：「她站在那兒……一隻眼睛！」他們整晚只得醒著——只有我睡著了。

到了早上，那個女人把我說的故事告訴他們。他們說：「不要相信他。他常常對人們說故事，奇怪的是人們都會相信——甚至是老人。」

有個人曾經住在我家隔壁，他常常來拜訪。他非常受人尊敬——他六十五歲，比房子裡的每個人還要老——人們非常愛他。他擁有市裡最好的食品商店。你無法找到比那兒更好的食物；他賣的食品是最棒的。他一個人住——沒有妻兒——而且他把自己的工作當成在服務數以千計的人。所以那不只是一份工作，而是像宗教上的義務：一切都必須是最好的，而且賺的錢必須是最少的。

我對他提到這個鬼魂。他說：「我不相信鬼魂；我相信神。但我完全不相信鬼魂。」

我說：「那不是相不相信的問題，那是事實。你只要去一天，睡在那個房間。」

他說：「我為什麼要去睡那個房間？」

我說：「那表示你一定在害怕；只要一晚……你可以睡在隔壁房間。你原本都一個人住，所以不會有問題；你可以睡在那兒。我會證明給你看。」

他說：「我為什麼要試？」

我說：「你說你不相信有鬼，而我說祂們是存在的，而且有個女人會來，但只有房子裡有客人才會來，所以如果你願意的話，你可以試試。」

然後同樣的事發生在那個人身上。他上了床，但無法入睡，因為他在等那個女人來到——然後磨牙聲出現了。那是肯定的；可以保證他在夜裡至少會磨牙三次。

當他開始磨牙，那個老人扔了毯子，衝到我房間，把我搖醒：「她來了！」

我說：「誰？」

他說：「你說的那個女人。我相信有鬼；這樣就夠了。但不用再試了！我聽到聲音了，我不想要和另一個女人一樣」——因為這個故事傳遍了全市…那個女人沒有再來過這間房子，因為她變得很害怕。她有三到四天都在發燒；雖然後來她清醒後回了家，但感冒了，那個恐懼是如此深入。

那個老人說：「我不想要和她一樣。只要開門讓我回家！」

我說：「你是非常相信神的人。現在是時候測試你的神了。」

他說：「我不想聽你說的話；你是一個危險的傢伙。神？我不知道祂是否存在，但鬼魂確實存在！我剛剛才聽到…她在磨牙！」他是一個老人，非常虔誠的人，每天都會去廟裡念經等等。

他說：「我會說…你只要開門讓我回去！我永遠不會再說神存在；我會一直說鬼魂是存在的。但先讓我離開！我有證據。不用再試了…我是一個老人。我的心臟可能會出問題或者…」

全家人聚在一起：「發生了什麼事？」

我說：「沒事，但是他又聽到那個鬼魂，我一直告訴他：你是一個如此愛著神的人，鬼魂無法對你怎樣。」

家人們說：「你真是…你為什麼要說這些東西？」

我說：「我沒說……是他起的頭。那變成了神與鬼魂的問題。所以我說我不知道神是否存在，但我知道鬼魂存在。」

全家人原本都知道是我編的，但是他們也開始相信。他們說：「也許是有某個東西。第一次就算了……那女人是因為在深夜聽到他的故事才受到影響。但這個老人是一個虔誠的人，受人愛戴的，而他的行為卻像小孩！」

當這一切發生後，沒人想睡那個房間——甚至是住在那間房子裡的人。沒人想要；他們會說：「如果你想要，你可以睡那兒。」

我說：「但是我有房間了，那個房間沒有比我的房間好，所以我不想換。」但到了夜裡，如果他們想要從那個房間拿東西——它變成一個放東西的地方，因為沒人想住那兒——他們會對我說：「你先進去，我們會跟著你。」

我說：「你不了解：就算鬼魂在那兒，她也不怕我。」

他們說：「我們什麼都不想聽。如果我們看到你進去，那我們就能確定沒有危險，但你必須先進去；拿著這根手電筒進去。」當他們在半夜想要拿些那個房間裡的東西，甚至白天，他們無法自己去拿。沒人要去。甚至小孩想要走過那個房間也會裹足不前。那個房間變得如此有名以致於當他們想要賣掉房子，沒人想買，他們說：「現在你給我找到買家。你毀了這間房子。這是一間美麗的房子，而人們把它叫做鬼屋。」

我說：「你們知道並沒有鬼魂。」

他們說：「我們知道，但是在這件事裡面，知道並不夠；感覺才是重點。那兩個人如此恐懼……

他們再也沒來過。我們有時候會叫那個老人來，但他說：再也不去那間房子！我還記得那晚他不把門打開——因為鑰匙在他身上——後來我覺得很有罪惡感，由於恐懼，我只得承認神不存在，但鬼魂存在。現在我要做兩次祈禱——早晚——對神說我是相信祂的：祢是存在的。鬼魂之類的東西並不存在。」

頭腦可以投射出任何經驗。那個女人真的看到我描述的洗衣工妻子。到了早上她可以確切的描述：「一個美麗的長髮獨眼女人，披著有黑色飾邊的紅色莎麗。她說：如果我是畫家，我可以準確的畫出她。我閉上眼睛都還能看見她。」

用於靈性成長的技巧是不一樣的。那個蘇菲師父無法和我在一起住三天，但臨走前他對我說：「我很感激。我必須再次開始我的旅程。我可以了解發生了什麼：一開始我只是在投射。我知道桌子是桌子，椅子是椅子，但是我開始把神投射到它們，它們是發光的，神在它們裡面。我知道那只是我的想法。但是四十年！慢慢的，那變成了事實。但是你讓我知道那個技巧只是在創造幻覺。」

曾經有很多人——很多所謂的聖人、先知、救世主——活在幻象中，從不知道觀照。

最好不要涉入任何技巧。觀照是如此的純粹；不要用任何東西汙染它。它是如此的完整、如此的全然，不需要任何支持。但頭腦總是想要一些技巧，因為頭腦可以控制技巧。頭腦是技師；技巧是它的專門領域。但觀照是不受它控制的。它是超越頭腦的，它是在頭腦之上的，事實上，它是頭腦的死亡。

如果觀照持續在你裡面成長，頭腦將會死去。

而那些人，例如教導超覺靜坐的瑪赫西，給了讓頭腦相當喜愛的技巧。頭腦會利用它。但是將不會有任何成長。技巧並不是不好，但是它只會給你虛幻的安樂存在感——彷彿你在進化…而你卻一直站在原地；沒有任何進化和成長。這些人都在藉著給予技巧來剝削人類——而且這是最過分的剝削，因為它會使進化停止。

我反對所有的技巧。

我支持簡單自然的方式，那個你已經有的，那個你偶爾會用到的。當你在生氣，你怎麼知道你在生氣？如果只有生氣存在，沒有人在觀照，你就不會知道你在生氣。生氣本身並不會覺知。

所以當你生氣、當你沒有生氣、當你感覺很好、當你感覺不好，你可以覺知到。但是你沒有在頭腦的每個狀態中持續的、科學的、深入的、全然的利用這個觀照。對我而言，這個字包含了靜心的本質。

奧修，在某一夜的演講中，你說在一個人的死亡中，靈魂從一個身體移動到下一個身體會有二到三秒的間隔。師父，你也說過你上一世是在七百年前。那這段時間你在哪兒？

就在這兒，在烏拉圭！我還能在哪兒？因為有整個存在。當你不在身體中，你就只是整個存在的一部分，沒有任何東西是分開來的。

我為什麼必須持續七百年…有些人無法立刻進入下一世。即使是像希特勒這樣邪惡、禽獸般的、殘忍的人…他也還沒出生，因為他需要某個特定的子宮，可能好幾千年都遇不到：他必須等待。或者如果你在意識上達到了一定的進化程度也會有同樣的問題：你需要特定的子宮。除非滿足這個條件，否則你無法出生。

一般而言是二到三秒鐘，因為對於沉睡的人類而言，同樣的子宮到處都有。一天到晚都有數百萬人在做愛，他們會製造出進入子宮的機會。所以對大眾而言不會有問題；他們不用等。幾乎是一瞬間：當他們離開身體，立刻就有某個子宮準備好了。他們會進入最接近的子宮。

順便一提，如果你在德國出生，那你會有很多世都出生在德國，因為如果你仍然只是大眾的一部分，那就沒理由來到中國或日本並在那兒出生。在你附近就有子宮準備要接受你。

在我的實驗中，人們通常會持續待在同樣的環境下，除非他們裡面開始有某些東西成長，以致於無法在附近找到適合的子宮。那他們就會改變。移動到不同的國家、人種、民族。

但是在那些兩極化的例子裡——非常邪惡的或非常神聖的——那就得等待，因為偶爾才會有適合這些人的子宮。父親必須有某些特質，母親必須有某些特質，他們的特質必須和他的特質是對稱的，這樣靈魂才能進入。所以那不只是你攜帶著父母的血液、骨頭和細胞；還有一些比那更深入的東西。你有某些跟父母一樣的特質，但不是從他們身上得到——你原本就擁有它們，那就是為什麼你會被這樣的父母所吸引而投胎。

還沒有投胎時，你只是存在的一部分。很難對你解釋你在哪兒，因為「哪兒」的意思是在某個地方；「何時」則是指在某個時間。但當你離開身體，你超越了時間和空間，所以沒有辦法說你在哪兒。你存在：時間對你而言已經停止了，空間對你而言已經消失了。

你會一直喜樂的處於這個狀態中——如果喜樂使你找不到新子宮——或者相反的，你因為痛苦而困住，因為憤怒，因為一切你做過的壞事。

希特勒殺了數百萬人，至少六百萬人，然後自殺了——這一切沒有任何原因。整件事是完全無意義的。現在要找到類似特質的父母，類似的邪惡頭腦，他得等待。但這個等待會是一個強烈的痛苦。

我自己的了解是，因為這些狀況而有了天堂和地獄的想法。地獄和天堂並不存在，存在的是那些困住而無法找到子宮的靈魂。如果他們處於憤怒、痛苦、黑暗之中，他們對別人所造成的所有痛苦會開始發生在他們身上。他們會活在完全的自我折磨中。這就是為什麼會出現地獄的想法；否則地獄並不存在。但是它有其意義，一個象徵性的意義。

那七百年對我而言是完全喜樂的，我可以說任何經驗到這種超越時間和空間的喜樂的人，自然會以為他待在天堂。但是天堂並不存在；唯一有的是存在。你會待在身體：那你會有機會進化；你沒有身體就無法進化。身體是一種學校。它給了你進化所需的環境。我可以感覺到那七百年是喜樂的，但是我無法再成長；那是凍結的喜樂。在那個狀態下不可能成長：你會一直處於同樣的狀態，直到再次出生，然後你會開始成長。要成長，身體是需要的。

一旦你經歷了成長的所有可能性，所有階段，沒有需要再進化了；你就完成了一切。你就不用再回到身體裡。不需要再回學校了；你已經學到一切。現在你將永遠是存在的一部分，帶著永恆的喜樂。

身體是必須被尊重的、被愛的，因為那是讓你成長、向前走的工具。沒有它就無法成長。那就是為什麼我一直很驚訝宗教創造出身體是某種不潔之物的想法。身體是由你塑造的，它可以是不神聖的，也可以是神聖的。它是一個工具：無論你想要去哪，它都可以帶著你去；但它本身沒有程式。

身體是非常單純的，沒有任何程式的。

所有宗教譴責身體的結果已經傷害了人類，因為那些譴責身體的人已經放棄了利用身體帶你到達更高狀態的可能性。相反的，他們開始傷害身體。他們一直在摧毀身體，那將不會有任何幫助。他們是在摧毀自己的工具。

但似乎那些成道後沒有再進入身體的人給了教士和學者一個錯誤的想法——那些不知道卻以為自己知道的人。那個想法就是既然你成道後沒有再進入身體，那表示身體是不神聖的；它是反神聖的。你待在身體裡面是因為你沒有成道，所以要和身體抗爭、折磨身體、使你不受到身體的束縛。但是他們使用的方法不會使他們免於身體的束縛；他們會更糾纏著身體。但沒有人想要了解其中的含義。

成道者確實不會再進入身體，但反之並非如此——如果你沒進入身體，那你將會成道，或者如果你摧毀了身體，你將會成道。這些摧毀和折磨的想法才是不神聖的，而且可以摧毀自己的人也可以容易的摧毀任何人。如果他可以折磨自己，那對他而言，要折磨任何人會非常容易。

也許像希特勒這樣的人就是你們過去所謂的聖人。他們一直在摧毀自己的身體，現在這就是反作用；鐘擺來到另一邊：現在他們在折磨別人。否則人們沒有理由要折磨別人。折磨別人能有什麼樂趣？背後一定有些原因——他們折磨自己的部分已經夠了。所以現在這變成惡性循環：你折磨你自己，等你來世出生後，再折磨別人；因為你折磨別人，然後你來世出生後又折磨自己。

印度斯坦語中，世界叫做samsara。印度一直很注意語言：每個字都有其哲學上的意義。Samsara的意思是持續轉動的輪子。唯一跳出輪子的方法就是觀照，因為觀照一直待在輪子外面。如果你越來越習慣觀照，你會突然離開輪子。但如果你認同憤怒、嫉妒、愛、恨——認同任何東西——那你就陷在輪子裡了。

而輪子一直從一邊移動到另一邊。在下方的會來到上方，在上方的會來到下方——而且永無止盡，直到某個人跳了出去。唯一跳出去的方式就是覺知你的憤怒、愛、恨、痛苦、喜悅。保持觀照，你就已經離開了輪子——鵝已經出來了。

奧修，黑暗如此深沉，我的雙眼被一層薄霧所蒙蔽，我腦裡永無止盡的噪音——除了和你在一起的那些片刻——不斷盤繞著。光就在那兒，但在這樣的黑暗中，它似乎非常遙遠。有時候我懷疑我是否能做到。鍾愛的師父，我無法找到那扇門。

不用擔心。你不需要找到那扇門，因為你在門外！你從沒在門裡面，你只是以為自己在門裡面。就存在而言，你一直在門外。當你了解到你就在門外的那一刻——那只是你以為你在門裡面——遠方的光就不再是遙遠的；它就是你。然後你不會再看到任何黑暗圍繞著你。

但基本的是要了解到你已經在門外。沒有任何方式可以讓你在門裡面。那就是我說的：觀照不是頭腦的一部分，也無法是頭腦的一部分。

頭腦不是觀照。

頭腦就是黑暗。

頭腦是問題的來源，而答案就在門外，等著你去發現到你不在門裡面，你是在門外面。

觀照你腦中的一切，你會突然覺察到你的存在一直在門外面——即使在那些過去的黑夜，你也沒在門裡面過。一旦了解到就存在而言，你是不可能在裡面的，然後將會有一個巨大的喜悅籠罩著你。你沒有找到門是好的；否則你會進去！門並不存在。頭腦會一直在裡面；而你會一直在外面。頭腦無法出來，你也無法進去。但是對頭腦的依戀是有可能的，那不需要任何門。對頭腦的認同是有可能的，不需要任何門。

你只是忘了自己。

沒有失去任何東西、沒有任何東西不見了、沒有要找到任何東西。只是要記住。單純只是記住——最簡單的事情是非常困難的，確實如此——而這正是最簡單的事情。

沒有任何問題是「你」的。就你而言，沒有任何問題可以進入你裡面，但是你可以認同某些不是「你」的東西。

我記得一個故事。有個人的房子失火了。花了那個人一輩子的努力才建造出那棟美麗的房子。周圍聚集了數千人，但是什麼都無法做。火勢太大了。你可以理解那個人：雙眼流下了淚水。在他面前燒掉的是他的一輩子。然後他兒子突然跑過來說：「父親，你為什麼要擔心？我們昨天就把房子賣了。你不在家……但是我們已經賣掉房子了。現在要哭的是別人，不是你。而且我們從中獲利不少。」

那個人立刻擦掉淚水，變得像其中一個旁觀者。那個認同，無形的認同：「這是我的房子，」已經不存在了。不再有痛苦、不再有悲傷、不再有任何問題了。他很快樂：「現在我們可以建造一棟更好的房子。」他感到放鬆了；房子燃燒著，而他感到解脫了。

然後第二個兒子跑來說：「我們確實有在談房子銷售的事情，但是還沒簽約，錢也還沒付。所以是我們的房子在燃燒，而你卻事不關己的看著它！」那些淚水再次流下，心再次碎了。就有形的部分而言，沒有任何改變：房子在燃燒，人仍站在那兒。但帶來訊息的這些人改變了一切！當他是認同的，他跟著房子一起被燃燒。當他不認同，他放鬆了，他和房子無關；那是某個人的房子。

唯一要記住的是，你已經在門外面了，而且就本質而言，你不會待在裡面。你可以相信、想像……但你仍然在外面。坐在你屋裡的樓梯上，試著要找到門離開。你永遠不會找到它，它不存在；整個天空可以讓你取用。你只要站起來，往任何方向走去；不需要開任何門。

但是你對頭腦的依戀、你對頭腦的認同則是在裡面的，無法走出來的。它無法存在於光明中。現在情況就是這樣：觀照一直是在外面的，它無法進入；它只能存在於光明中，它無法存在於黑暗中。頭腦一直是在裡面的；它只能存在於黑暗中，無法存在於光明中。

在這兩個完全不同的東西之間，你的認同和依戀為你創造出麻煩。

所以只要記住：你是在外面的。如果你無法突然做到，那就慢慢的做，一步一步的。當憤怒在那兒，看著它，你會發現憤怒是在裡面的，而你是在外面的。

葛吉夫的父親臨死前，葛吉夫才九歲。他的父親是個窮人。他把葛吉夫叫到身邊說：「我沒有任何東西可以給你。我是窮人，我父親也是窮人，但是他給了我一樣東西使我成為世界上最富有的人，雖然外在上還是貧窮的。我只能給你那個東西。」

「那是某個忠告。也許你還太年輕，現在可能無法做到，但是記住它。當你懂事了，可以遵循那個忠告了，就根據它來行為。那個忠告很單純。我會複誦它，因為我快死了，仔細聽並在我面前複誦我說的，這樣我才能安心死去，因為我已經傳達了訊息，這訊息將可以由父親傳給兒子，可以持續好幾世紀。」

那個訊息很簡單。他父親說：「如果某人侮辱你、惹怒你、打擾你，只要告訴他：我收到你的訊息了，但是我已經向父親承諾我要在二十四小時後才能回覆。我知道你在生氣，我了解了。我會在二十四小時後回覆你。其他一切也是如此。需要二十四小時的間隔。」

那個九歲的男孩複誦了父親說的話，然後父親死了，因為是在這樣的情況下，所以男孩銘記在心。當他複誦訊息時，父親說：「很好。我的祝福會跟著你，現在我可以安心的死了。」他閉上雙眼死了。而葛吉夫，雖然只有九歲，已經開始練習父親給他的話。某人會侮辱他，他會說：「我會在二十四小時後回答你，因為那是我對臨死前的父親所做的承諾。我現在無法回覆你。」

如果某人打了他，他會說：「你現在可以打我，但是我無法回應。我會在二十四小時後回應你，因為那是我對臨死前的父親所做的承諾。」他後來常對他的門徒說：「那個簡單的訊息完全轉變了我。那個人打了我，但是我沒有立刻回應，什麼都無法做，所以我只能觀察。沒有什麼我必須要做的：現在這個人打了我，我只能成為一個旁觀者。二十四小時內什麼都不能做。」

「看著那個人使我裡面產生了一種新的結晶化。二十四小時後，我可以看得更清楚。當他打我的時候，我不可能可以清楚的看到一切。我的雙眼充滿了憤怒。如果我在當下立刻回應，我一定會和那個人爭鬥，我會打他，然後一切將會是無意識的行為。」

「但是在二十四小時後，我可以更冷靜的思考，更平靜的思考。可能他是對的——我做了某件錯事，所以我需要被打、我活該被打，被侮辱——或者他是完全錯誤的。如果他是對的，除了向他道謝，沒有什麼要說的。如果他是完全錯誤的…那和一個非常愚蠢的人爭鬥或繼續做這類的事是沒有必要的。這是沒有意義的，這是在浪費時間。他不值得給予回應。」

所以在二十四小時後，一切都解決了，有個清楚的了解。藉著那個清楚的了解和觀照，葛吉夫變成本世紀其中一個最獨一無二的人。這就是他結晶化的整個基礎。

你是一直在外面的。只是看。

頭腦是一直在裡面的。不要認同它。不認同，你會越來越清楚了解，而頭腦將會自行死去。

頭腦的死亡和觀照的誕生就是你進化的開始。然後光就不遠了——就是那個光。黑暗會消失，因為當你就是光，黑暗就無法包圍你。那就是為什麼我說觀照不是技巧，它是你的本性。只要記住它。

第十三章
痛苦只是你的選擇

奧修，當我愛上某人，我變得完全因為這樣的經驗所陶醉。在那些時刻中，我感到非常的滿足和狂喜。一個巨大的能量開始在我身體裡移動，而且我感覺我完全的融入它，在它裡面迷失了自己。然後——總會發生——鐘擺自然搖擺到另一個方向，我發現自己執著那些愛的時刻，我變得很不快樂。這感覺像是一個非常舊有的模式。如果你可以談談覺知與愛，或者如何放下而不是迷失，我會非常感謝。

一個人必須記住不要從互補的整體中選擇部分。你選擇了圓的一半，但是當另一半來到——一定會來到——它將會造成痛苦。

痛苦只是你的選擇。

你選擇了愛的經驗，狂喜的經驗，但是因為選擇，你一定會陷入自然的運作過程中。你會執著這些感覺，而它們並不是永恆的；它們是移動中的輪子的一部分。就像白天和夜晚——如果你選擇白天，你能做什麼來避開夜晚？夜晚將會來到。夜晚不會帶來痛苦。是你選擇了白天，反對夜晚，而造成了痛苦。每個選擇都一定會以痛苦告終。

無選擇就是喜樂。

無選擇就是放下。那表示當白天來到、夜晚來到、成功來到、失敗來到、光榮的日子來到；被譴責的日子來到——因為你沒有選擇，無論什麼來到，你都沒問題。你一直都會很好。慢慢的，你會發現你裡面開始有一個距離逐漸成長；輪子會繼續移動，但是你不會再陷入其中。白天或夜晚對你不再重要。你集中在自己身上。你不會執著某個東西；你不會把你的中心放在別的地方。

你一定看過某些兒童讀物提到怪物把自己的生命放到某個東西裡，例如一隻鸚鵡。現在怪物是無法被殺死的；無論你怎麼做都沒有用。怪物會完全受到保護，除非你知道關鍵：它的生命是在鸚鵡裡面。那你就不用殺死怪物，你只要殺死鸚鵡。當你傷害鸚鵡，怪物將會受到極大的痛苦。當鸚鵡被殺死，怪物就死了。

童年時我總是對這種故事感到好奇，我從不認為它是故事。我會一直打擾我的父母、老師，那裡面一定有某個意義。他們會說那只是故事，用來娛樂小男孩的。裡面沒有任何意義。

但是我從不會被說服，我只會認為他們從沒有仔細思考這件事。我是對的，因為後來我發現了這個現象——每個人都把自己的生命投入到某個東西。那些故事不是一般的故事。它們是非常有意義的，因為那不是某個人的問題，每個人都把生命投入到某個東西裡。

你的執著表示你把生命放在那兒。你的執著無法讓存在之輪停止移動——它會一直移動。你會掉到另一個極端。然後會有痛苦和煩惱，彷彿存在摧毀了你的愛、狂喜和喜悅的經驗。

存在從未對你做過任何事。無論你的生命中發生任何事，只有你要為它負責。如果你一直執著，輪子就會轉動。不執著，你會是快樂的，當執著消失了，你也會是快樂的。

這有點微妙。你在享受一個非常狂喜的片刻，但無論有多狂喜，仍會感到厭煩。你無法二十四小時都是狂喜的。你會完全筋疲力盡。即使愛也有它的極限。

我想到一個蘇菲故事。有個國王愛上一個非常美麗的女人，但那個女人已經愛上國王的僕人。就個人而言，那個僕人是比國王更真誠的。國王是個偽君子——一如往常的。但是被拒絕使國王感到被冒犯，而那個僕人，他自己的僕人，卻是贏家。

他問了首相：「怎麼辦？——因為我不能這麼容易就被自己的僕人打敗。」

首相提出了一個方法，國王採用了。女人和僕人被抓起來。他們被強迫赤裸的擁抱彼此，同時被綁在皇宮的一根柱子上。國王的一些大臣無法相信：「你在做什麼？你想要這個女人，卻把她給了你的僕人。」但是國王了解首相的方法。私底下單獨的擁抱你的愛人是一回事，和她相擁被綁在公開場合的一根柱子上，有數百人走來走去的地方，又是另一回事。

整個情況很快就變得令人噁心。天氣很熱，他們開始流汗。二十四小時都靠在一起，那個經驗如此可怕以致於當他們二十四小時後被放掉，他們同時逃離皇宮，逃離對方。他們沒有再遇過對方；一切都結束了。遇到愛人並和她相擁的整個愛情故事變成了惡夢。被二十四小時綁在一根柱子上……那變成一個醜惡的經驗。

國王獎賞了首相並說：「你真的很了解人的頭腦。」

有些事在某個片刻可能是有意義的——你親吻某個人，但如果你一直親著那個人，一小時，二小時，三小時，你認為親吻那個人的喜悅會隨著時間增加而增加嗎？喜悅會開始減少。隨著時間增加，喜悅會開始減少，然後到了某個時候，它會變成一個可怕的經驗。你會想要擺脫你愛的人。也許那個可怕的經驗給你留下的印象是如此深刻以致於要再親吻那個人，即使只有一個片刻，也不會給你帶來任何喜悅，反而只有惡夢般的記憶。

如果你享受那個狂喜，而不去想到它應該一直持續下去，那就不會有問題。當狂喜來了，享受它，當它離去，享受它的離去——因為如果它一直持續著，它將不再是狂喜。它會變成痛苦。

存在比你還要有智慧。它會在事情對你不再有意義之前就拿走它們。美麗事物的發生是好的，然後應該要有個間隔，一個休息。一個人在愛裡面也需要有個休息。一個人在狂喜裡面也需要有個休息。一個人在任何事裡面都需要有個休息。不要認為那個休息是在反對你的狂喜，它事實上是在支持狂喜。它創造了一個情況，當明天來到你將又能……

印度其中一個最偉大的詩人，泰戈爾，寫了一本書。書名是最後的詩，但是它不是詩集；它是小說。男女主角深愛對方，他們想結婚，但特別的是女主角同意嫁給男主角的條件：不住在同一間房子裡。

他們是非常富有的人，女主角建議：「你可以在湖的另一邊蓋一間房子。我們不邀請彼此過來；我們會偶然遇到。有時候我可能在划船，你也在划船；或者我在湖邊散步，你也在湖邊散步，但是我要這一切是偶然的——只是有時候，不是每天。我想要渴望它，我想要等待它，我不想要因為過度的擁有而摧毀了它。我愛你。」

男主角不了解。他說：「這是沒意義的。如果妳愛我……妳提出的，沒有任何愛人曾經提出過。愛人們不會想有任何片刻的分開。而且這是什麼樣的愛？——我要住在湖遙遠的另一邊。那有好幾哩遠，而且妳不能邀請我，我不能邀請妳。我們結婚了，但我們必須像陌生人一樣，偶爾才遇到，而不是透過安排。」

女主角說：「如果你不能了解，那我不適合你。」

女主角說的一切是完全正確的。如果每個愛人都能了解，生命將會是非常喜悅的經驗。但是愛人們會執著；他們想要一天二十四小時都在一起。他們摧毀了某個美麗的東西，因為他們不肯休息一下。那變成了負擔，而不是喜悅。他們不允許有任何渴望等待的間隙。

所以所有結了婚的愛人很快就發現他們唯一犯下的錯誤就是婚姻。所有婚姻都失敗了——沒有例外。唯一成功的愛情是那些因為環境、社會、父母而無法相遇、結婚、在一起的。他們是唯一成功的愛人。他們一直相愛，直到生命中的最後一刻；他們的渴望會一直成長。他們是不快樂的，他們是痛苦的，因為他們無法遇到他們想遇到的人。但是他們不知道存在和它運作的方式。

我聽說：有兩個人想要自殺。那是很少見的情況：兩個男人剛好要從同一顆石頭上跳河。他們看著對方說：「奇怪。你也是來自殺的？」

他們同時說：「對。」所以自殺前，有一個小小的對話，改變了整件事。雙方都不想自殺了。他們問對方：「你為什麼自殺？」

其中一個男人說：「我愛著某個女人，但我得不到她，因為她愛著別人，我不能沒有她而活。」他描述了那個女人，說了那個女人的名字，另一個男人很震驚。

他說：「你在說什麼？我自殺是因為這個女人！我和她結婚，但我無法和她一起生活。你是沒有她就活不下去；而我是不能和她一起生活。命運開了一個很大的玩笑，把我們同時帶到這塊石頭上。現在我們該怎麼做？現在自殺似乎是完全無意義的。」他錯過她，得不到她。另一個男人得到她，但很快，一切都失敗了。

我們要負責。一切美麗的事物變成醜陋的。某個看起來非常吸引人的東西變成非常酸苦的。

整個問題在於你是否可以無選擇的生活。無論發生什麼，享受它。當它離去了，某個東西來了，享受它。白天是美麗的，但晚上也有它的美——何不享受兩者？只有當你不依戀其中一者，你才能享受兩者。

所以只有做一個無選擇的人才能完全擠出生命的汁液。他從不會是痛苦的。無論發生什麼事，他都會找到享受它的方式。這就是生命的藝術，找到一個享受它的方式。但是必須記住基本的原則：無選擇。只有當你是警覺的、覺知的、觀察的，你才能無選擇；否則你一定會掉到選擇之中。

無選擇和覺知在字典中的意思並不一樣，但對存在而言則非如此。它們的意思是一樣的。無選擇或覺知——那是同一件事。然後你就可以享受每件事。當成功來了，你享受；當失敗來了，你也可以享受。當你是健康的，你可以享受；當你生病了，你也可以享受——因為你不依戀任何東西。你並未將生命投入到任何事物中——你的生命自由的移動著，隨著時間移動，隨著存在之輪移動，跟上步調的，從不落後的。

生命確實是一種藝術，最偉大的藝術。而最簡單的解決方案就是無選擇的覺知——適用於各種情況、各種問題。

奧修，自從我開始提醒自己在夢裡保持覺知，發生了三件事。第一，我的夢似乎越來越深入我的睡眠。第二，當我在夢中有了覺知，我立刻就醒了。這會在夜裡發生好幾次，然後我得試著再入睡。第三，當睡眠接管了我，似乎一部分的我很享受做夢，非常歡喜的支持著整個表演。你是否可以

在我地下室的陰暗角落點燃你的火炬？

你注意到這三件事，但事實上發生了四件事，而第四件事是最重要的。就是你裡面的某部分是覺知的、觀察的。是那部分注意到這三件事：夢越來越深入到無意識中；每次你覺知到那是夢，你就醒了；你裡面有某部分是享受做夢的。這三件事是正確的，但沒有第四件事來的重要——注意到這三件事的觀照。

你繼續做你現在在做的，然後同時覺知到第四件事。更加的注意，給第四件事更多的汁液，因為那是你裡面唯一真實的東西——觀察者。

這三件事將會慢慢消失。首先，夢會更深入無意識，但如果你繼續下去，它們會來到無意識的岩石下方。然後它們就再也逃不掉了，它們必須面對你。

如果你持續練習，你每次都會醒來，因為你會覺知到那是個夢。當你的練習效果越來越穩定，你醒來的次數會越來越少，因為夢也會越來越少。

第三，隨著時間過去，你會發現享受做夢的那部分實際上是你醒著時未完成的部分。是你不允許完成的。有那麼多事要享受——它們大多是幼稚的，你無法享受它們，因為人們會怎麼說？每個人都在他的浴室裡享受一些無法在公開場合享受的：對著鏡子作鬼臉⋯

如果你讓頭腦想要享受的那部分去享受⋯那只是表示它是你童年時期就壓抑的部分，強迫成為嚴肅的部分。沒有小孩生來是嚴肅的。每個小孩都是充滿喜悅的，準備迎接任何喜樂的。但是成人的社會要他盡快長大——如果無法在數年內長大，那至少在行為上像大人一樣。

這個壓抑的部分會享受做夢。如果你醒著時讓它做想做的——享受一些小事，不在乎世界怎麼想……別人的意見沒有意義。你必須依據自己的內在源頭來過你的生活，不是依據任何人的意見。如果你能允許這部分去做它想做的，它將會在夢中的世界消失。它必須進入夢裡面，因為沒有其他方式可以實現。

更加的注意在這整個場景背後並看著這一切發生的觀察者。很快，那天將會來到，只有觀察者留下來；當你可以觀察自己睡覺的那一天……而且記住那個觀察不會打擾到自己的睡眠。觀察不是一個行為。這個字的含義錯了；那不是一個行為，它只是像面鏡子。鏡子會反映，但反映不是一個行為。它只是鏡子的本質，來到它面前的都會被反映出來。

你的觀照就是這樣；它只是一面鏡子。它可以反映出你是清醒的或睡著的，它永遠不會干涉任何事。看著自己睡覺是其中一個最美麗的經驗，這將會變成看著自己醒來的基礎。

最後，這將會有助於看著你自己死去。觀察者是永恆的，它是不死的：它可以看著你在睡覺，看著你的死亡。

亞歷山大大帝脅迫一個印度的神秘家。他拔出劍說：「如果你不跟我到希臘，我會砍了你的頭！你的頭在一秒鐘內就會掉到地上。」

神秘家說：「不用等了，砍吧。你會看到頭掉到地上，我也會看到頭掉到地上。」

亞歷山大有點震驚。他說：「你是什麼意思？你會看到頭掉到地上？是你的頭會掉到地上！」

他說：「沒錯，我的頭會掉到地上，但是我的實相遠大於我的頭或我的身體。你可以把我全身上下剁成碎片，但是就如同你會看到這個過程，我也會看到。唯一的差別是你將無法看到我，但是我會看到你把我的身體剁成碎片。這就是神祕學的奧祕之處。」

「所以不用等了，把頭砍了！反正它已經沒有用了。我使用過它了，我現在已經不需要它了。你也可以砍掉我身體的任一部分。如果你喜歡砍東西，那就盡情的砍——砍成數百片。但是記住，你無法威脅我，因為死亡對我沒有任何意義。」

即使像亞歷山大這樣的人也很難去傷害這樣的人。他扔了劍說：「請原諒我。我不了解東方的神秘家。但我的老師，」——他的老師是亞里斯多德——「要我回去時把一個印度的桑雅士帶回去。我無法忽視他的要求。我和很多桑雅士說過話，但他們看起來似乎不值得我帶回去。而你會是亞里斯多德想要看到的，但你不願意跟我去。我已經準備要給你任何你想要的東西。你將會是王室禮待的貴賓。你會住在皇宮，提供一切讓你感到舒適。」

但神秘家說：「不可能。我從不遵從任何人的命令。你在一開始就犯了錯。你命令我。如果你請求我，那我可能會去，但現在太晚了。而且你威脅我。我無法和一個看不出自己在和誰講話的人在一起。你是盲目的！」

「在東方，沒有人會去威脅這樣的人。你告訴你的老師，如果他想要見到真正的桑雅士，他就得來這兒。那是唯一的方式。沒有任何真正的桑雅士會和你回去，因為這些人生活在自由中；他們無法變成囚犯，即使是黃金製的籠子。把這訊息傳達給你的老師。同時告訴他，他沒有教給你任何有意義的事情；他只是一個老師，不是師父。」

只要看著亞歷山大和他的行為，神秘家就可以推論出亞里斯多德——他是一個老師，不是師父。他只是一個邏輯學家。他不是一個知道的人。

見到這個神秘家後，亞歷山大甚至不再對亞里斯多德有興趣。一定會這樣，因為他知道亞里斯多德是貪婪的、膽小的。當他還是小孩的時候，亞里斯多德常來教他，但是亞歷山大會說：「先當一隻馬。我今天不想要被教。我要騎你。」然後亞里斯多德就會把自己當成一隻馬讓亞歷山大騎他。

現在亞歷山大看到一個不同的人。你甚至無法用劍威脅他。而且他要亞歷山大砍了他的頭。而且他說：「我也會看到。」這個看、這個觀照，是和身體、和頭腦完全分開的。

最重要的是你要繼續練習，慢慢的，夢會消失，你醒來的次數也會越來越少。同時等待，享受各種無論看起來有多幼稚的行為——至少在這兒和我在一起，沒有人會評斷你。

這會是神祕學校裡其中一件最基本的事——不評斷任何人。每個人必須去做任何他想做的事、喜歡做的事。然後只剩下觀照。那就是我要你從各方面去觸碰到的源頭。

奧修，聽到你對我們的問題所給予的美麗回答，我感覺我的身體和你的旋律越來越和諧一致。有時候那讓我想到我在亢達里尼靜心的第三個階段所經驗到的。你是否可以對此評論？

那是很好的。必須讓聽我說話成為一種靜心，至少我的人要這樣。那不只是演講，不是你在大學裡聽講或在教堂聽到的佈道。目的是完全不同的。

我的目的是要在你裡面創造出一種寧靜，一種和我的節奏協調一致的節奏。然後慢慢的，它會開始自行發生。你什麼事都沒做。你必須是隨時可供使用的，然後它會幾乎像在靜心。可能是亢達里尼、動態靜心、味帕莎那或任何靜心，但它會是精華的部分。

只有一個人，馬哈維亞，在這方面是獨一無二的。在歷史上，只有他說過如果弟子可以全然的聽，那他就沒有什麼事要做的——不用靜心、不用戒律、不用做瑜珈、什麼都不用。所以他說過有兩種方式：一個是僧侶的方式，另一個是 shravaka 的方式。

Shravaka 的意思是聽者。據他所說，聽者的方式是更高層次的。如果你可以全然的去聽，熱切的去聽，以致於那變成了一種靜心，以致於你什麼都不用做。僧侶的方式需要做很多事。但是多麼奇怪的命運：即使在耆那教裡，僧侶的層次仍被認為是高於 shravaka 的。

沒有人會認為 shravaka 是更高層次的、更高深的，因為他什麼都不用做。他只是全心全意的聽就轉變了。但是在俗世裡，練習禁慾、禁食、折磨自己的人…即使在耆那教，也會被認為是較高層次的。

還有第二個原因：隨著馬哈維亞離去，聽者也消失了。所以後來沒有人可以只是藉著聽就可以達成。現在每個馬哈維亞的跟隨者都被稱為 shravaka，而僧侶仍然是有聲望的，因為他非常努力。也許耆那教的僧侶是所有宗教中做最多苦行的人、最折磨自己的人。所以他自然會變成較高層次的。

而 shravaka 這個字完全失去它的意義——首先，不再有人可以讓人們只是聽，沒有像馬哈維亞的人。其次，即使去聆聽這些僧侶說的話也不會有任何事發生。所以這些僧侶的層次自然比較高，而聽者則是比較低層次的。當我第一次在耆那教的聚會中提到 shravaka 的層次是高於僧侶的，造成很大的震撼，因為二十五世紀來沒有人這樣說過。

Shravaka 已經失去它的意義；它變成了跟隨者、信徒。它的意思是聽者。Shravan 的意思是聽，而 shravaka 的意思是聽者，正確聆聽的人。但一個師父是需要的。或者，如果一個人很有智慧，他可以聽著風吹過松樹的聲音——效果是一樣的。或者水的聲音，海浪不斷來到，在岸邊激起水花…

如果一個人靜靜的坐著，聽著它們的永恆，或者只是坐在外面聽著鳥叫聲，或者任何在發生的……甚至在人群中。如果他只是聽著人群喧嘩，沒有任何評斷，彷彿在聽師父說話……問題不在於你在聽什麼，問題在於你是否單純用你所有的存在去聽。然後它就會形成一個靜心的狀態。

奧修，狂喜狀態的層次是高於或低於意識呢？

狂喜狀態一直是低於意識的。它一直是無意識的。這是非常有意義的問題，因為好幾世紀以來，這個問題一直被避開，不去討論。

有些人像拉瑪克理虛納一樣，常常很容易就進入狂喜狀態。拉瑪克理虛納最後成道了，但他成道是因為遇到一個教他觀照的師父。在那之前，他不是成道者。但他是一個非常單純、自發性的、令人喜愛的人，他會因為看到某些東西而進入狂喜的狀態。

例如，他經過湖邊。那時候是傍晚，太陽西沉，有一朵黑色的雲——快要下雨了。當他經過時，驚動到原本在湖邊的數十隻鶴。因為拉瑪克理虛納經過，牠們突然飛起來——在黑雲、數十隻接連飛起的鶴和美麗日落的映襯下。他突然進入狂喜的狀態。他必須被人送回家。花了三小時才把他送回家。只是那個美就夠了。但那不是超意識狀態。那是極度的放鬆，但它是低於意識的。

有些印度的回教徒：你會驚訝的知道印度不是回教國家，但卻擁有全世界最多的回教徒；沒有任何國家比它多。他們每年會有一個節日，在那個節日裡，他們相信聖人可以被處於狂喜狀態的人召喚。所以在每個埋有聖人的地方，會有很多人進入狂喜狀態。有時候會有些人在狂喜狀態中開始說話。你可以問問題，他們會回答，那些答案會被認為來自於聖人的靈魂。

我從不相信，因為…首先我所聽到的那些聖人無法讓我相信他們是聖人。身為人類的一些特質是需要的，他們連那些也沒有。例如，回教徒都是吃肉的人。如果他們可以讓很多印度教徒變成回教徒，他們就能變成聖人——即使是透過劍或殺戮。他們有很多妻子，大多是被強迫帶到他們家裡的印度教女人——然而印度教是完全不同的世界。如果女人在回教徒家裡過夜，她就無法回家了；她已經墮落了。所以對她而言，除了變成回教徒或自殺，沒有別的方式了。她家的門不再為她而開。

所以在出生的地方，無論我聽到誰是聖人，我都不會感覺到他有任何神聖的地方。此外，回教徒，就像基督教徒和猶太教徒，相信人只有一世，我無法接受，因為我自己的經驗是生命是一世接著一世的。你不只有一世；你有過很多世、數百世、數千世。所以當人死了，無論他是否相信只有一世都無所謂，他會一世接一世的出生。

當我對這種狂喜的現象，對這種會進入狂喜狀態並回答問題的人開始有興趣的時候，那時我還很年輕，大概是十歲。人們膜拜他們，帶來水果和甜食、盧比和衣服。我會拿著針坐在他們旁邊，不斷用針刺他們，他們會不斷努力阻止我這樣做——但是他們還處於狂喜狀態！他們會回答，但回答到一半的時候會…因為我拿著針！

他們有某個…他們會從墳墓把聖人的棺材挖出來並帶來，然後最狂喜的那個人，他抱著死人，在腰的位置——他們會做些安排——他會抱著它。還有繩子，四根繩子；會有四個人抓著那四根繩子，然後他會跳舞。當然我會繼續做我的事，因為那是要一群人來進行的。然後他會跳得更賣力；他會跳得比任何人還要高。他會生我的氣，但他會得到很多甜食、盧比和衣服，而且會有更多人膜拜他。

事實上，他會成為最重要的人，最狂喜的人。

然後他會遇到我，他會說：「那很痛，但不會受傷。你可以繼續⋯」

我說：「事實上你應該要分些給我。那些東西是因為我的針才給了你，不是因為你的狂喜。如果你不分給我，我可以換一個人；我可以去找別人。那裡有十五個人在跳舞。」

「不，不，」他會說。「不要換人。你可以拿走你的那一份。我沒有你就無法進行。」

它變成⋯其他人也知道了，原因是什麼？無論這男孩在哪兒，只有那兒才會有聖靈。所以其他人問我：「為什麼只有你在的地方，聖靈才會來？」

我說：「因為我是一個聖潔的人。如果你想要體驗看看，我可以讓你感受到。人們將會來到。但不能生我的氣。」

他們都沒有處於狂喜的狀態。我全都試過。他們都在假裝。但是有數以千計的人相信人只有透過深入的催眠才能進入狂喜的狀態。那不會對你造成任何傷害，但是它沒有什麼神聖的地方。它也永遠不會是一種超意識的狀態。

我在那些人裡面變得非常知名，有一次，在那個節日的前一天，他們開始來找我：「請幫助我。不要去找其他人。我答應你，我們各拿一半。但你得答應來找我。」

我說：「不用擔心。我會考慮，因為我還有很多客戶。誰給我最多，還有誰最強壯，因為這根針⋯我必須不斷的刺一到兩個小時。一般人可能會崩潰然後大叫：我不想要了。停止！這根針太過分了。」

他們裡面有些人會來找我：「你不能拿一根比較小的針嗎？」

我說：「不，這是一根特別的針。沒有它就無法進行。」

我父親說：「這些回教徒為什麼會來找你？——而且就在他們的節日前？」那天他也在旁觀察。

他說：「我已經看到幾乎有十個人來找你，但我不了解。為什麼？」

我說：「你不知道。」我把針給他看。

他說：「我還是不懂。」

我說：「這就是他們狂喜的原因。」

他說：「我的天，你一直在做這樣的工作！」

我說：「這是他們的工作。我只是一個夥伴。而且我要做的很簡單。我只要讓某個人跳得比其他人高，用這根針給予他越來越多的能量。自然會有更多人被吸引來看他。其他人會漸漸慢了下來，了解到不會有人來看他們。而他會成為整個節日的核心。而且如果他們把拿到的東西分一半給我……」

他說：「你真奇怪。我一直叫你去寺廟。你不去，卻開始去清真寺做這種事。而且這件事……如果有人知道了，將會在市區裡造成暴動——因為你在打擾那些進入狂喜狀態的人。」

我說：「你不用擔心。沒有人會說，因為我認識所有狂喜的人，他們都得依賴我。是我的針造成他們的狂喜。在我做這件事前，他們跳的很慢，因為死人很重。他們需要一些能量。」

我父親說：「我不了解你。你說這根針是能量？」

我說：「你應該來看看」——然後他來了。他看到我，他也看到和我在一起的那個人擁有最多觀眾，而且他跳得越來越高。可以看到他的表情……每次我都得用這根針，然後他的表情會——因為那是一根很大的針。但那也是一個彼此競爭的問題。那十五個人……他們都沒有告訴彼此，因為那樣他們就揭穿了自己——他們都是假裝的，沒有人是真的狂喜。

在所有的回教國家中，這種情況每年都在發生，然後有數百萬人被愚弄——並沒有人進入狂喜的狀態。

你需要經過某種自我催眠的訓練才有可能進入狂喜的狀態。或者，你有一種會落入到無意識的自然傾向。你可能有非常薄的一層意識，一旦任何事深深的影響了你——就像拉瑪克理虛納——就會使你變成無意識的；否則你會需要一些訓練。但是那個訓練會使你無意識——那不是一種靈性的成長。

你必須保持有意識的，越來越有意識。那就是為什麼我的方法首先就是達到意識的最高點，然後再往後走。現在用這個你擁有的光往下走，用這個你擁有的洞見，更深入到你存在裡的黑暗部分。現在你將帶著光前進，無論你在哪兒，光就會在那兒。

你的意識裡面藏著寶藏，你的集體無意識裡面藏著寶藏，你的宇宙無意識裡面藏著寶藏，但是你需要光和警覺才能找到它們。如果你是無意識的，你要如何在你無意識頭腦中的這三層裡面找到寶藏？

第十四章
只是透過慶祝

奧修，你說過有很多成道者沒有成為師父。我似乎可以理解為什麼。當我看到你被對待的方式，我感到納悶。政府打擊你，不讓你入境，把你關到監牢裡。大部分的人甚至不會去了解你是誰或你在談論什麼。至於少數愛你並聆聽你說話的人則仍然徘徊在睡眠中。

奧修，你是否選擇要成為師父並試著喚醒我們，或者那是存在的決定？誰來決定成道者是否可以成為一個師父？

成道者是超越任何決定的，所以首先要知道的是他不做決定。決定是自我的一部分。本質上而言，它是一種爭鬥：做這個或做那個。自我會認為它比存在還聰明。一旦自我消失了，做決定的可能也消失了。

成道者只是過著沒有任何決定、目標和渴望的生活。他已經來到做任何決定都是在反對存在的狀態。只有一個無決定的放下才是存在性的人的方式。所以那不是做決定的問題。數以千計的人成道了，但只有很少人成為師父。所以頭腦自然會思考是誰來決定該成為師父的人，而剩下的就只是消失，成了宇宙的一部分？並沒有誰在決定。

實際的運作方式和做決定完全無關。曾經有過師父，有過成道者，還有其他成道的面向：有詩人、畫家、雕刻家、歌手、舞者。會有這些差異是因為獨特的個體性。

你在沒有自我、沒有人格的情況下成道了，但你的個體性還在。事實上，一旦人格和自我消失了，留下來的只有純粹、獨特的個體性。你的獨特性留下來了。所以每個成道者會攜帶著他獨特的個體性。

如果他獨特的個體性逐漸形成畫家的能力，如果他發現他的潛力是當一個畫家，他的成道會攜帶著那部分。在成道後，他會繪畫；當然他的畫會是不一樣的。成道前和成道後的畫會是完全不一樣的。

我已經說過很多次關於五個瞎子看到大象的故事。那是其中一個最古老的故事。每個人都從不同的地方看著大象，觸摸大象：有的人是腳、有的人是耳朵，諸如此類。他們互相爭論。摸到象腳的人說大象像寺廟裡的柱子，他並非故意說謊。他只是說出他感覺到的。但是對於看過整隻大象的人一定無法同意。

有些基本的事情要了解：每當你把部分當成整體，你也是處於同樣盲目的狀態。瞎子只是摸到大象的一部分，把那部分當成了整隻大象。他自然會陷入爭論。

摸到耳朵的人說：「你說的話全是胡扯。」在印度，還沒有電之前，富人家裡都會有大扇子，然後有兩個僕人會站在他們旁邊不斷搧風。那個扇子就像大象的耳朵，所以第一個人說：「那不可能。大象像扇子！你說的話太離譜了，太牽強了，甚至不用考慮這個可能性。」

但第三個人摸到了其他部分，然後這五個人都處於深入的哲學討論中。這是五千年前的故事——關於哲學家的故事。和瞎子、大象無關；那是關於哲學家的故事。他們也是盲目的，任何他們在盲目中得到的，就把它放到一個整體的系統，那些實際上和真正的整體完全無關的。對他們而言似乎很正確，他們無法相信會有人爭論哪個才是正確的。

好幾世紀來，哲學家一直在爭論，但沒有得到任何結論。因為他們的前提並不一樣，而他們的整個架構都依靠他們的前提。那五個瞎子仍未得到任何結論；他們還在爭辯。而且他們也永遠不會得到任何結論。那五個瞎子會去摸大象，然後再爭辯，但要得到結論是不可能的。

成道者看的是整體。在他成道前，他只知道部分，他畫出來的是部分。現在他畫出來的是整體的表示。沒有誰來決定——不是存在也不是人類。是他在成道前發展出來的個體性變成了可供存在繪畫用的工具。

有的人發展出作曲的能力；過去他所作的曲將無法和現在相比，因為那是瞎子作的曲。現在他看到整個實相，他了解到在某種程度下，整個實相可以藉由他作的曲反映出來。聽著他做的曲子，你將從不斷思考的頭腦來到沒有頭腦的狀態。

詩人也不是自己決定成為詩人；也不是存在選擇他成為詩人。那是他與生俱來的潛力。師父也是如此。

你可以去大學看看：有很多老師，但有的老師只是待在那兒，因為無法得到任何東西——大學的老師不會得到很多東西。他們不是生來就是老師的料。是環境迫使他們當老師；否則他們會想要當稅務員、警察、軍人、政客。但是他們無法控制他們想要的東西，但老師是可能的。

我曾經待過大學，幾乎百分之九十九的老師都不是自願當老師的，所以教書變成一種負擔。我看過有的老師三十年來一直使用同樣的筆記。他們在學校待了三十年，那些筆記是他們讀書時作的筆記！他們一直用同樣的筆記教學生：教書時沒有任何喜悅，不在乎三十年來發生了什麼事，沒有任何興趣。那不是他們的潛力；他們只是偶然當了老師。

也許只有百分之一生來就是老師的料。他們很享受當老師，他們喜歡教書。他們試著盡可能的研究。他們可以接受各種問題，如果他們不知道，他們會有勇氣說：「我不知道，但是我會找到答案。你也去找找看。」你可以從他們的態度了解到教書就像呼吸；自發性的，他們不會帶筆記。那是他們喜愛的東西。

如果這百分之一的人成道了，他們會成為師父。沒有誰在做決定——不是存在或師父自己。他有某種個體性，他提供給存在使用的。如果他的個體性有成為師父的潛力和能力，存在會使用他，他會扮演師父的角色。

你不認識那些曾經活著的成道者，因為他們沒有任何特別的天賦而使得一般人發現到他們的存在。他們可能有某些特別的地方；例如他們可能擁有很沉默的特質，但是那不會很引人注意。

我在孟買曾經認識一個成道者，他唯一的天賦是用沙子做出美麗的雕像。我從未看過這麼美的雕像。他會一整天都待在沙灘上做沙雕，數以千計的人會去觀看並為之驚嘆。他們會看到佛陀、克理虛納、馬哈維亞的雕像，但無法比較它們。他不是使用大理石，而是用海沙。人們會丟些紙幣；但他完全不關心。我看過別人把那些錢拿走；他也毫不在意。他非常投入在沙雕中。但是那些雕像不會保留太久。只是來了一個波浪，然後佛陀就消失了。

在他成道前，他用這樣的方式謀生，從一個城市到另一個城市，做著沙雕。那些雕像是如此美麗以致於不可能不給他任何東西。他賺得很多，夠一個人生活了。

現在他成道了，但是他只有一個天賦：沙雕。當然他做的雕像將會表現出成道的狀態——但那是他唯一能給予的。存在會利用那點。他的雕像會是更令人容易靜心的。只是坐在他的沙雕旁，你就會感覺到他給了那個雕像某些東西，特定外形和表情，可以在你裡面創造出某些東西。

我問他：「你為什麼一直做佛陀和馬哈維亞的雕像？你可以賺更多的——因為這個國家不是佛教國家，而且耆那教徒非常少。你可以做羅摩的雕像、克理虛納的雕像。」

但是他說：「做它們就沒有那個效果；它們沒有指向月亮。它們會是美麗的雕像——我以前做過各種雕像——但現在我只能做出有那個效果的雕像，即使數百萬人、幾乎所有的人，都看不出來。」

每當我去孟買⋯當我要永久的住在那兒時，他已經死了，但之前每當我去孟買，那是我一定會去的地方，我會去看他。他那時是在約胡海灘工作著。那兒整天都很安靜。人們只有傍晚會來，那時候他的雕像也做好了。白天一整天都不會有任何干擾。

我對他說：「你會雕刻。你怎麼不用大理石？它們可以一直保留下去。」

他說：「沒有任何東西是永恆的」——那是佛陀說過的話——「用這些雕像代表佛陀遠勝過用任何大理石。大理石有一定的持久性，而這些雕像是短暫的：只要一道強風、一個海浪，它們就消失了。某個小孩奔跑撞到，它就消失了。」

我說：「你工作一整天，完成了整個雕像，然後發生了某件事，一整天的心血就沒了，你不覺得可惜嗎？」

他說：「不會。存在的一切都是短暫的；不會有感到挫折的問題。我很享受做沙雕，如果海浪很享受弄壞它，那麼有二方可以享受到！我喜歡做沙雕，海浪喜歡弄壞它。所以在存在裡會有雙重的喜悅——我為什麼要有挫折感？海浪和我都對沙子有相同的使用權；也許它擁有的使用權更多。」

當我跟他說話時，他說：「你有點奇怪，因為沒人會和我說話。人們會丟些盧比。他們喜歡這些雕像，但是沒人喜歡我。但當你出現，我感覺非常喜樂，有某個人喜愛我，不只在意雕像，也關心它內在的含義，關心我為什麼要做沙雕。我無法做別的工作。我一輩子都在做沙雕；那是我唯一懂的東西。現在我已經臣服於存在了；現在存在可以使用我。」

這些人不會被認出來。某個舞者是一個佛，某個歌手是一個佛，但這些人不會被認出來，因為他們的方式無法變成一種教導。無法真的幫人們離開他們的睡眠。但是他們都盡力而為；做他們能做的。

非常少的人會變成師父，他們在過去的許多世中累積了某個能力，某個洞見，透過文字、語言、文字的聲音、語言的對稱性和詩意表現出來。那是完全不同的。那不是語言學或文法的問題，而是在一般的語言中找出某種非凡的音樂、在一般的散文中創造出偉大的詩意品質。他們知道如何使用文字來幫你超越文字。

並不是他們自己選擇成為師父，也不是存在選擇他們成為師父。那只是個巧合：他們在成道前是偉大的老師，然後因為成道而成為師父。現在他們過去的教導變成他們的優勢——確實，那是最困難的部分。

那些保持沉默、寧靜的消失、無人知曉的人，他們教導的方式是簡單的，但是像我這樣的人的方式不會是簡單的。當我是老師的時候就已經不是簡單的——那當我是師父時怎麼會是簡單的？那一定會是困難的。

而且你的洞見越偉大，危險就越大，因為敵人會更害怕⋯我說的敵人是指既得利益者。他們會做一切努力來阻止我、妨礙我、摧毀我。但我不擔心，因為死亡對我而言並不存在。

他們無法傷害我。他們可能以為他們在傷害我；那是他們的想像。他們創造的所有困難反而凸顯出我說的每句話。他們的妄想症就是有力的證明：他們的人數佔大多數，但是他們沒有真理。我的人數不多，但是我擁有真理。而真理遠比人數還重要。

他們可以殺了我，但是他們無法殺死真理。

事實上殺了我會使我的真理更顯得重要。會有越來越多人贊同它。越來越多人會開始去了解⋯裡面一定有些東西。否則為什麼這麼多彼此意見不合的國家——共產主義的俄羅斯、資本主義的美國、某個社會主義的政府、不同的宗教，在每件事上都是意見不合的——卻都同意我是危險的？

似乎我說的一切會砍掉他們的根。所以我不擔心。如果他們忽略我，那我才要擔心，但是他們無法忽略我。由於他們無法忽略我，表示他們的內心裡已經接受了我所說的真理。他們將會慢慢跟隨它；他們是否有提到我的名字並不重要。

你可以看到這種情況已經發生了：我們在美國的社區對於愛滋病所做的預防措施⋯之所以沒人能夠察覺到、了解到，那是因為我們是先驅。現在世界各地都在採用那些預防措施。

現在他們摧毀了整個社區。而美國各州現在都漸漸通過了法令——也就是我們試著在我們的小社區所做的。現在各地都提到我的名字，但那不是重點。其他國家也開始擔心，他們也將得採取同樣的措施。在法國，他們在國會上制定法律同意採取同樣的措施，但是當我們這樣做時，世界上沒有任何人說：「我們贊成你說的。」但我要對你們說，全世界都會採取同樣的措施——他們必須。

其他的事情也一樣。

無論我說了什麼——避孕、節育——每個國家都將會跟著做。他們不會承認。他們會譴責我。他們的國家領導和他們的宗教領袖會譴責我，但是他們知道那是唯一的方式：必須降低人口。他們有沒有說出來並不重要。

我們已經率先使用了一些方法。如果這些方法被遵循，那就夠了。其他的事情會花點時間。我對於心理分析所談的一切…全世界的心理分析師都感覺少了某個東西，但是他們不知道少了什麼。我是唯一說出少了什麼東西的人。他們遲早會發現；不可能避免。

真理有它戰勝一切的方式。

表面上來看，師父的工作看起來很困難，因為他是在對抗無邊無際的黑暗；似乎是不可能的工作。但從師父的存在裡來看，沒有不可能的事。黑暗並不存在。我們只需要帶給人們越來越多的光，黑暗會自行消失。它甚至無法抵抗。

關於真理，有一點非常美，它不需要爭論。

謊言需要很多爭論來證明自己，但不管怎樣都會有漏洞。任何了解邏輯的人都能找到漏洞，然後整個體制將會倒塌。

所以無論任何人，建立了一個體制、一個系統、一個宗教、一個宗教體系——任何以謊言為基礎的東西——都一定會不斷認為某個真理會摧毀他們好幾世紀以來建立的一切。所以自然的，他們會盡一切可能來保護自己。但是他們不了解存在的核心邏輯：你越保護自己，就越表示你認為有某個東西需要被保護；否則你會被揭穿。

你越阻止我接近人們，你就給了我越多的力量——不知不覺的。你證明自己是虛弱的。你證明自己無法面對我；否則事情很單純：如果我說了反對教皇的話，那教皇可以邀請我。我想去義大利，但是他阻止我進入義大利，由於他的阻撓，他在義大利創造了敵人。

現在來自不同領域的六十五位世界知名的卓越人士，向政府聲明應該允許我入境；沒有理由不讓我入境。他們都知道是教皇在阻撓我，因為在義大利，沒人要阻撓我，所以教皇阻撓我不是在創造朋友，他是在失去朋友或重要的身分。而且他能持續多久？

如果他確信他的真理，那最簡單的就是邀請我到梵蒂岡，這樣他才能得到所有支持，而我則獨自一人。只要一個簡單的討論，然後讓人們決定是否讓教皇繼續住在梵蒂岡或者他離開，讓我住在那兒！那不是很複雜的問題：人們可以舉手決定。我們可以給他時間打包行李，讓他回去波蘭！我們會恭敬的向他道別。

但他們是如此恐懼，以致於像傳染病一樣的傳了開來。即使那些我沒聽過的國家，他們的國會也決定不讓我入境。但是誰問你們了？即使你們決議要邀請我，我也沒有要過去。但是他們很恐懼。看到像美國、德國、希臘、西班牙、荷蘭、義大利和英國這些大國如此害怕——這個人一定很危險——這些小國已經準備阻止我入境。

這將會比哥倫布的世界旅行更棒、更刺激，因為他只有遇到大自然的阻撓——就這樣。他只是在和海洋對抗；而我得和全人類對抗。但是這不會有問題。從沒有任何片刻讓我感到有任何困難；事情就應該是這樣。自然、存在，在使用我。對立者的部分，存在也準備了這些笨蛋。這都是同一個存在。

他們也會陷在人們一直陷入的謬論中。對無意識的人而言，歷史只是不斷重演。他們知道得很清楚，他們無法阻止我。即使藉由謀殺也無法阻止我，因為他們沒有用真理作為他們宗教和思想體系的基礎。我只要讓人們發現他們沒有任何支撐的基礎，然後他們就會開始四分五裂，不費吹灰之力。

我在看世界各地的報導。有個記者寫了篇社論，認為這非常奇怪：全世界正面對第三次世界大戰，而所有國會卻都在討論我——彷彿我比第三次世界大戰還危險！他是對的，但是討論我的國會也是對的。他們知道第三次世界大戰可能會延後；但是我不會！第三次世界大戰可能會發生，可能不會發生——但是我已經在這兒了！

我收到很多報導。曾經寫文章反對我的人們，現在都在他們的文章中向我道歉，說他們錯了。他們的政府的行為是如此嚴重的違反言論自由，以致於那些曾經寫文章反對我的人都向他們的政府提出抗議：「我們可能會認同，可能不會認同，但有一件事是確定的：必須讓那個人入境；不能阻止他入境。而且有什麼好怕的？為什麼如此害怕？」恐懼總是顯示出你的不實在、空虛、虛偽。

所以很少會出現師父，但他常會面對這種情況。也許我遇到的更多，因為世界越來越小了，我把全世界當成我的舞台。但是我非常享受這一切。而且必須看看對抗單一個人的全世界是如何失去尊嚴的——只需要花點時間。即使情況極為不利，我們也將會勝利，因為是存在在運作這一切。

所以我的睡眠沒有感覺受過任何片刻的打擾。你們一直帶著我從一個國家到另一個國家，而我只是一直在睡覺！當你們在這個國家工作時，我則一直希望很快就可以離開——必須完成整個世界之旅！只有完成世界之旅後，我們才能在某處定居下來。或者如果，在中途時，我們可以找到某個地方定居，我們就定居——但是我們仍然得完成世界之旅。不能漏掉任何地方！

而且這真的是一個令人喜悅的旅程！看到這些無法令人驕傲的人類，那令人感到羞恥。無論付出多少，人類都必須文明化⋯如果這需要我們犧牲，我們準備好了——如果那可以讓人類文明化，這樣未來的其他師父就不用面對這種愚蠢的行為。這將會是我們的喜悅——我們終止了這種不文明、野蠻和原始的行為。

奧修，有一天你提到：「我們將戰鬥到最後一口氣。」這使我一時停止了呼吸。奧修，我是否有勇氣，或者那和勇氣無關，我們共同的能量將會提供所需的一切？

那不是勇氣的問題。勇氣已經和我在一起，你們證明了那一點。現在只是一個享受餘興節目的問題——看看躲在人類面容背後的各種愚蠢行為的動物，你會無法相信！

在荷蘭，有一個知識份子發起了大遊行，質疑為什麼禁止我入境，他們的回答非常愚蠢：「我會使整個政府瓦解——只是坐在這兒！」他們說：「因為我的言論是反荷蘭的。」問他們我說了什麼反荷蘭的話，他們說我說了反對教皇的話。我不了解為什麼反對教皇就是反對荷蘭。教皇不是荷蘭的財產。他們說我的言論反對德瑞莎修女，反對天主教，而且最重要的是反對同性戀。

現在這表示荷蘭是一個同性戀國家！如果荷蘭人有任何智慧，就應該立刻讓這個政府下台。這侮辱了所有的荷蘭人⋯彷彿同性戀是他們的宗教！反對同性戀的言論就是反對荷蘭，表示荷蘭支持同性戀，或者它是同性戀國家。所以非同性戀者應該發聲，需要馬上舉行一個緊急投票，釐清荷蘭是否為同性戀國家。如果大多數的荷蘭人認為不是同性戀國家，那這個政府應該立刻總辭——它沒有繼續待在那兒的權利。

似乎所有內閣成員都是同性戀者。不該讓這些同性戀者統治一個國家。現在他們暴露了自己的問題——沒人問他們同性戀的事。但是這裡面有一個關聯性。

同性戀是在天主教的修道院中產生的，所以它是天主教的一部分——當然，秘密的一部分。會有一個內部的連結。教皇是天主教的領袖。所以如果同性戀是在天主教的修道院中產生的，而大部分的修士和教皇都是同性戀，那也許會有一個內部的秘密等級——以教皇為首的男同性戀等級和以德瑞莎修女為首的女同性戀等級！似乎他們是相關的。

他們回答說同性戀是最後一個原因，但它是最重要的。而且有件事可以確定：在這個內閣中，總理或首相——無論以誰為首，一定是個同性戀者。這些人需要治療。讓這些人繼續待在政府將會貶低荷蘭人的自尊。他們應該待在心理分析機構；他們應該被矯正。除非他們是異性戀，否則他們的投票權應該被取消，因為同性戀是一種性變態，沒有任何同性戀者有權利投票！

他們應該讓我入境。我可以去荷蘭。他們有整個政府和所有的權力，只要讓我對荷蘭人說話，我將會推翻這個政府；沒有問題。這整個內閣——總理、首相——所有人都必須經過醫學檢查，確認他們是否為同性戀。他們已經露出了馬腳。

但你不能期待無意識的人所說的話。所以進行中的一切沒有問題。作為一個師父，我可能會是對抗這個醜陋世界的最後一個。我也可能會是第一個擁有一個全新世界的師父，在那兒的人會聆聽師父所講的話。

如果你對師父感同身受，如果在你的心裡有某個東西被觸發了，很好；否則，他們不會強加任何事到你身上。為什麼要對他們處以十字架刑、下毒和謀殺？那似乎沒有必要。

如果你認同我，很好；如果你不認同我，那也很好。我憑什麼強加任何事到你身上。

但這些人很害怕，因為他們知道他們沒有任何可以用來和我競爭的東西。他們的教皇是個遲鈍的人；他們的主教是率先有奇怪想法的人……有些主教說當一個基督教徒並不需要相信處女生子；之前都還是必須的。另一個主教說當一個基督教徒並不需要相信神。第三個主教說當一個基督教徒並不需要相信造物主的概念——那只是一個故事。

那為什麼要當一個基督教徒？只是為了「基督教徒」的稱號？裡面什麼都沒有的稱號？他們正面臨一個大地震；他們不知道要做什麼。他們準備要放棄一切——但仍然是基督教徒。

我對你們講過一個故事，四個猶太教的拉比在談論和吹噓他們的會堂是最現代化的、最時髦的。第一個說：「在我的會堂裡，人們可以抽菸；甚至抽大麻。」

第二個說：「那不算什麼！你過時了。在我的會堂中，人們可以在我講道的時候做愛……那是個人自由，不加禁止。」

第三個說：「這些都不算什麼；幾乎每個會堂都允許這些事。我的會堂是最現代化的，因為它在猶太教的假日總是不開放的。」

第四個說：「我只想問件事：會堂是什麼？我可以了解會堂可以允許任何事，但會堂是什麼？以前從沒聽過！」

所以他們在害怕，因為他們無法證明處女生子。那看起來很蠢，違反科學的，所以扔了它。他們無法證明耶穌復活；那看起來是違反科學的：扔了它。他們無法透過科學證明神的存在：扔了它。他們無法證明天堂和地獄：扔了它。這些都不需要。那為什麼要當一個基督教徒？

老舊的過去正在自行凋零。我們的工作是非常簡單的。看起來困難是因為老舊的過去在臨死前將會做最後一搏。但是你們不用擔心。你們不需要有任何勇氣。你們擁有的勇氣已經被你們用來加入我；現在不需要勇氣了！我們將不需要任何爭鬥，而是透過歡笑、跳舞和唱歌來摧毀這些無意義的思想體系。

所以當我說「最後一口氣」，不要用過去的思維…以為你們必須戰鬥到剩下最後一滴血——不是那樣。不會有任何爭鬥。不需要任何爭鬥：我們只是透過慶祝就能驅除全部的黑暗。我們只要成為自己的光就能摧毀全部的黑暗。它可能是巨大的，但只要一根小蠟燭就能摧毀這麼多的黑暗…因為黑暗裡面並沒有任何東西。它是空洞的，就像基督教一樣。

基督教支持的一切、基督教為之戰鬥的一切、基督教為之殺了數百萬人的一切，都將被它自己的人拋棄掉…而他們把它稱為「解脫的神學」！奇怪的笨蛋。如果你解脫了，那為什麼還需要神學？那就只是解脫！解脫的神學看起來像是解脫的囚禁…只是用更多的彩色旗子去粉飾。但它仍是同一個監獄；現在應該稱為解脫的囚禁。

如果已經解脫，為什麼還需要神學？解脫將會摧毀神學（theology）所支持的一切。Theo 在希臘文裡是「神」的意思，而 logy 的意思是「邏輯」。現在什麼樣的解脫邏輯會和神同時存在？情況會是神存在而你不會解脫——你將只會是神的奴隸——或者沒有神，而你解脫了。但是不需要任何神學——這只是文字遊戲…

那就是他們如此害怕我的原因。他們無法用他們的文字遊戲和邏輯欺騙我，那是虛假的。只會吸引那些已經相信的人；不會吸引其他人。你們可以看到這個情況。

你可能沒想過。印度教徒認為他們擁有最優秀的宗教，但除了印度教徒，沒有人受其影響。真奇怪。基督教徒認為他們擁有最優秀的宗教，但除了基督教徒，沒人有興趣。猶太教也這樣認為。還有耆那教徒、佛教徒——每個人都認為他的邏輯是最正確的，但事實上只會吸引到那些已經相信的人。

最正確的邏輯會改變那些不相信的人。那就是它的定義：改變不相信它但必須相信的人，因為你的邏輯是更高層次的，遠遠超出他能控制的範圍。但如果你的邏輯只能說服那些已經被說服的人，那你是在不必要的浪費時間。

所有的宗教都認為它們擁有世界上最好的東西，但是只有它們的信徒會相信。事實上它們什麼都沒有。

而且很快，其他宗教的神學家也會跟著做基督教神學家做過的事。他們必須如此；否則你必須證明。最好還是拋棄復活的概念而不是證明它，因為很難證明它，幾乎不可能。

有一個證明它的方式就是讓教皇接受十字架刑，然後讓他復活——一個單純的科學實驗。我很肯定波蘭教皇無法復活。但是他甚至無法走到十字架前，因為他知道沒人復活過。他會哭哭啼啼，做一切努力——「不要這樣對我！你不能找別人做實驗嗎？」

他們認為最好還是拋棄這個概念；否則遲早你得證明它。有些神學家拋棄了所有關於耶穌的奇蹟，說它們從未發生過，但仍說：「我們會繼續相信耶穌。」那你為什麼還要相信耶穌？——你可以相信其他人。直到現在，那是他們整個信仰的意義所在——祂施展的奇蹟。但是很難證明，你得施展奇蹟。

二千年來，沒有基督教徒能夠施展耶穌施展過的任何奇蹟。但至少教皇應該要能施展：他是代理人。代理的意思是你會呈現出那個人的某些特質。

最好還是拋棄它。他們是因為恐懼而拋棄這一切。但他們仍然繼續說他們是基督教徒！現在這會是我們要幫助他們拋棄的最後一樣東西。我們只需要讓他們知道：「這個盒子是空的；不要拿著它。盒子上寫了基督教三個字並不表示裡面有任何東西。只要打開盒子看看：沒有耶穌復活、處女生子、奇蹟、神、天堂、地獄——解脫的神學。所以只要把盒子扔掉然後回家！」

其他宗教的情況也是一樣。你不需要勇氣。是他們需要勇氣面對你。你只要保持沉默、寧靜、靜心——只要這些，將會使你是真實的、真誠的。你必須成為真理的一部分。

是他們需要面對你的勇氣。他們在發抖，他們已經神經衰弱——你則是完全不用擔心的——否則沒有必要阻止我進入任何國家。

這是一個自由的世界。直到現在，他們一直說共產主義的世界不是自由的世界。但現在他們要怎麼說？他們的世界是自由的世界嗎？甚至不讓我在機場過夜？

沒有人是自由的——有的只是不同形式的奴役貼著不同的標籤。那使我們的對抗非常輕鬆，因為我們只需要暴露出他們的虛偽。他們試著藉由拋棄這些東西來保護自己，但是拋棄這些東西不會有幫助。他們的虛偽很快就會被揭穿。現在我們遇到的這一切會需要花點時間爭論。很快就沒有什麼要爭論的——只要打開盒子看看：什麼都沒有。

我看過全世界所有的宗教經典：什麼都沒有。那是我們的優勢——它們什麼都沒有，它們是空洞的。而你們充滿著光。

第十五章
真正的富有

奧修，當我放鬆並向內看，會有一個片刻突然變得覺知，同時全然的放鬆，彷彿我不在那兒，或者我會睡著。我不知道如何造成第一種狀態而非第二種。可否請你解釋？

當你放鬆並突然變得覺醒的狀態會帶著你更接近超意識。而當你放鬆卻進入寧靜睡眠的狀態則會帶著你邁向無意識頭腦。第一個狀態的層次確實遠比第二個狀態高，但你也會需要第二種狀態；否則這些都不會發生。

記住一個原則：不管發生了什麼事，那都是需要的，無論我們是否了解。它們看起來是完全不同的——不只不同，而且是完全相反的——但是它們可以幫助彼此。當你累了，放鬆會使你進入平靜且安定的睡眠，使你恢復精神、恢復生氣、找回你的能量。它是健康的；沒有任何錯。它會帶給你一種安樂感，用來做為第一種狀態的基礎。你完全恢復生氣了、恢復精神了、充滿能量的、你放鬆了——但能量是如此充滿以致於你無法睡著。

睡著表示你是疲倦的、精疲力盡的，但如果能量如此充滿以致於不可能睡著——那就是第一種狀態發生的時機，一個突然的覺知。

所以它們看起來是相反的，但僅限於理智上——事實上它們是支撐彼此的。當你突然覺醒，你會消耗掉巨大的能量，超過你平時所謂清醒的狀態所消耗的。你自然會需要一個比平時的睡眠還要深入、安定、平靜的睡眠，平時的睡眠是一場混亂，這樣你才能再得到用在突然警覺所消耗掉的能量。

所以它們就像兩隻手；都是你的手。無論發生什麼事，享受它。在那個片刻中發生的是你的需要；不要試著改變它。那就是發生問題的地方：你開始認為突然覺知是更高層次的，那何不一直保持這樣的狀態？你做不到。你會需要一個深入的休息。

所以你不要干預。你只是放鬆。做你在做的練習，無論發生什麼，享受它，因為那一定是你需要的。

奧修，我第一次生我父母的氣。他們是單純的人，我告訴自己那不是他們的錯，那是他們不了解奧修。但我是如此憤怒以致於和我的愛發生衝突，這使我很痛苦。我是如此憤怒以致於我甚至無法寫好這個問題。你是否能幫助我？

每個小孩都會生氣，如果他知道可憐的父母一直以來是如何無意識的、沒察覺到怎麼對待他的。他們的努力都是為了小孩好。他們的意圖是好的，但他們是無意識的。而好的意圖在無意識之人的手上是危險的；他們無法得到想要的結果。他們可能會造成剛好相反的結果。

每個父母都試著將美麗的小孩帶到這個世界，但是看看這個世界，似乎像孤兒院。父母根本不存在。事實上，如果它是孤兒院會好多了，因為你至少能做你自己——不會有父母干涉你。

所以憤怒是自然的，但不會有幫助。憤怒無法幫助你的父母，而且會傷害你。

據說佛陀曾經說過一段很奇怪的話：當你憤怒，你是在為別人的錯懲罰自己。當你第一次聽到這段話，你會覺得很奇怪，在憤怒中，你是在為別人的錯懲罰自己。

你的父母在二十年前或三十年前做了某件事，而你現在很生氣。你的憤怒將無法幫助任何人；那只會在你裡面創造更多的傷口。但是和我在一起，接近我……我試著向你解釋每個小孩是如何被帶大的，你應該更了解到無論發生什麼事，都是一定會發生的。你的父母被他們的父母所制約。你無法真的知道誰要為這負責。那已經是代代相傳的事了。

你的父母做的一切正是他們如何被對待的。他們是犧牲者。你會同情他們，你會感到喜悅，因為你不會在你的生命中重複同樣的事。如果你決定生小孩，你會很喜悅，因為你將會打破這個惡性循環，你將會跳出從一開始一直延續到你這一代的傳承，你會成為終點。你不會對你或其他人的小孩這麼做。

你應該慶幸有個師父和你在一起，向你解釋父母和小孩之間一直在發生的事——錯綜複雜的養育過程、好的意圖、不好的結果，每個人都試著做到最好，而世界卻變得越來越糟。

你的父母不夠幸運，沒有師父和他們在一起——而你對他們生氣。你應該體貼他們、同情他們、愛他們。無論他們做了什麼，都是無意識的。這是他們能做的。他們把他們知道的用在你身上。他們是痛苦的，他們創造了另一個痛苦的人。

他們不知道為什麼他們是痛苦的。而你有那樣的智慧，了解到為什麼一個人會變成痛苦的。一旦你了解到痛苦是如何產生的，你就能避免再對某個人做一樣的事。

但是要同情你的父母。他們努力工作；他們做了一切他們能做的，但是他們不知道心理學如何運作的。沒有教他們如何當一個母親或一個父親，反而教他們如何當一個基督教徒，如何當一個馬克斯主義者，如何當一個裁縫，如何當一個水管工，如何當一個哲學家——這一切都是好的、必須的，但基本的部分失去了。如果他們要生小孩，那對他們而言，最重要的教導會是如何當一個母親、如何當一個父親。

人已經理所當然的認為一旦生小孩，你就知道如何當一個母親或父親。是的，就生小孩而言⋯那是一個生理的行為，你不需要經過訓練。動物就做得很好，鳥兒也做得很好，樹木也做得很好。但是生小孩是一回事，當一個母親或父親則是完全不同的。那需要很正確的教育，因為你是在創造一個人類。

動物沒有創造任何東西，牠們只是在複製一模一樣的東西。現在科學已經發現生物是可以複製的！這是非常危險的想法。如果我們設立銀行——我們遲早會這樣做；一旦有個想法出現，它就會成為事實。而且科學已經證明那是百分之百可行的⋯沒有問題。

我們可以在醫院設立銀行，用來儲存男性的精子和女性的卵子。然後我們可以複製出同樣的精子和卵子，這樣就會生出兩個一模一樣的小孩。其中一個會來到世界；另一個則會在冰箱裡面成長，無意識的，但是他的身體會和另一個人一模一樣。如果第一個人發生意外，失去腳或腎，或者必須動手術，他將不用擔心：他的複製人會在醫院等待。可以從那個複製人身上取出腎——他們的生長速度是一樣的，差別在於他是無意識的——而且他們彼此的腎會一模一樣。是可以替換的。

複製人隨時可用來替換身體的任何部分——甚至是頭腦。因為你可能會昏迷或發生心臟病⋯你的頭腦在發生心臟病後還可以存活四分鐘——但最多就這樣。如果在這四分鐘內植入一個相同的腦部或心臟，你永遠都不會感覺到有任何改變或發生了什麼事。也許你原本睡著了，但現在你醒了。你永遠不會知道你的腦部被替換了、你的心臟被替換了。

就某方面而言，複製生物的想法似乎是醫學上的一大進展，但它是危險的——危險的地方在於人變成可替換零件的機器，就如同其他機器。當某個零件壞了，你就替換它。如果身體的每個部分都可以被替換，那麼人將越來越不可能有靈性上的成長，因為他會開始認為他只是一部機器。那就是一半的世界，共產主義的世界，這麼認為——人是一部機器。

你是幸運的，可以了解你父母的狀況。他們並沒有特別對你做任何事；他們也會同樣對待其他的小孩。這是他們受到的制約。他們是無助的。對無助的人生氣是不對的。那是不公平的、不恰當的，而且還會對你有害。

如果你的父母不能了解我，你不該因此而憂慮。全世界都不能了解我。你的父母是一般人；他們只是跟隨群眾，那是比較安全的。而你已經離開群眾了。你已經選了危險的路。如果他們不想要危險的生活方式，那是他們的選擇；那不該是你生氣的原因。

事實上你可以幫助他們，就是讓自己變成我所說的個體：更有意識，更警覺，更有愛心。看到你有了如此重大的改變只會讓他們再深思，也許他們錯了。不會有其他方式。你不能用理智說服他們。透過理智，他們會爭辯，而爭辯永遠無法改變任何人。唯一能改變人的是來自於你個體性的非凡吸引力、魅力和魔力。你所碰觸的一切都會變成黃金。

所以不要把你的能量和時間浪費在生氣、和不再存在的過去對抗，而是投入你全部的能量，讓它變成你個體性的魔力。然後當你的父母看到你，他們就無法不被你形成的新特質觸碰到，無法不被你必然令人刮目相看的新特質觸碰到：你的新鮮、你的了解、你無條件的愛、你的仁慈，即使在一個一定會憤怒的情況下。

只有這些東西會是真正的爭辯。你什麼都不用說。你的雙眼、你的臉、你的行為、你的舉動、你的回應，將會改變他們。他們會開始詢問你發生什麼事了，那是怎麼發生在你身上的——因為每個人都想要這些特質。這些才是真正的財富。沒有人是非常富有以致於不會想再擁有我說的這些東西。

所以把你的能量用來轉變你自己。那會幫助你和你的父母。也許會創造出一個連鎖反應。你的父母可能有別的小孩，他們也有朋友，然後不斷影響下去。

就像你坐在寧靜的湖岸邊，你丟了一顆小石頭到湖裡。那顆石頭是如此小以致於一開始它先產生一個小漣漪，但之後又有漣漪…然後它們會一直散播出去，端看湖水能帶它們到多遠的地方。而那還只是顆小石頭。

我們生活在一個新的氛圍下，一個新的心理之湖，在那兒，無論你做了什麼，都會創造出圍繞著你的某種振動。它會觸碰到人們，抵達未知的源頭。

只要創造出正確的個體性所產生的小漣漪，它會觸碰到很多人——當然會包括那些和你關係最密切的人。他們會先看到，然後他們會帶著極大的敬畏來了解。他們不會相信他們看到的，因為他們知道的宗教是星期日要作禮拜的教會，在那兒什麼事都沒發生。他們每個星期日都會去，但回家後仍是一樣的人。

在宗教的名義下，他們只知道聖經、可蘭經、薄迦梵歌，他們一直在閱讀那些經典，但什麼事都沒發生，因為他們不了解——你是一個活生生的人，而書是死的。在教堂裡講道的人只是一個技術員。他從書中挑選講道的內容，然後不斷重複同樣的講道。沒人在聽，所以沒人發現。他是在重複二個月前同樣的講道。那次沒有人在聽，這次也不會有人在聽。你知道那些講道無法改變你，因為那些講道並沒有改變牧師。他只是跟你一樣的普通人——也許更普通。

我認識一個耆那教僧侶，一個非常單純的人，幾乎像笨蛋。他問我：「你講道的內容有幾種？」

我說：「這是很難的問題。除非生命結束前我才會知道。」

他說：「我只有三種：一個是十分鐘的，一個是二十分鐘的，還有一個是三十分鐘的，視場合而定。有時候在會議中，你只有十分鐘。我就用那個十分鐘的講道。如果他們給我二十分鐘，我就用那個二十分鐘的講道。如果他們給我三十分鐘，我就用那個三十分鐘的講道。時間更長就不行了，因為沒人會想聽太久。人們想要簡短的講道。」

我說：「那太好了。你的作法真的很棒。」

他說：「確實有用。」

然後我說：「沒人發現嗎？」

他說：「沒人對我說過，我這輩子一直在用這三種講道。無論我去哪兒——寺廟、學校、大學——我問：要講多久？十分鐘、二十分鐘、三十分鐘？無論他們要哪個，我的講道都準備好了。而且同樣的講道我已經重複很多次以致於我現在完全不會緊張了。我可以重複那些講道，完全不用思考！」

你認為聽這樣的人講話能轉變你嗎？——或者轉變任何人？但是每個基督教的傳教士都在這樣做。

史丹利瓊斯是其中一個最著名的、聞名世界的基督教傳教士。他對我很友善，但是他後來很生氣，不再有任何友情。他是一個老人，甘地的朋友，而甘地很尊敬他。他常來到我所居住的城市，住在我的一個朋友家裡。他有些印刷好的卡片——十到二十張的卡片，包含了他全部的講道內容——他會把卡片放在桌上。他會開始講道，然後持續抽換卡片。

他對我很生氣是因為我弄亂了他的卡片！所以他不得不說些沒有出現在卡片上的話。他幾乎快要精神分裂。他看了所有的卡片，但是找不到。因為我把那張卡片拿走了。他說：「我今天不太舒服。我覺得生病了，所以我不打算講話。」

他問主人：「這是誰做的？」

主人說：「你的朋友。」

史丹利瓊斯很生氣。他說：「你是我的朋友還是敵人？你毀了我的講道！」

我說：「你偶爾應該聽從自己的心來說話，不是這些卡片。我看過你的手提箱，你有幾乎五十組的卡片，這樣你就能重複這些講道。你認為這會對任何人有幫助嗎？——你這輩子不斷重複念誦的卡片？今天只是因為一張卡片不見，順序弄混了，你就生氣了，你就失去你的完整性。你幾乎發瘋了。你認為那些來聽你講道的人會怎麼想？」

他寫了很多書。我看過那些書：他寫得很好，很美，但內容都是偷來的。沒有屬於他自己的東西。沒有他自己的經驗。除非某個東西是你自己的經驗，否則它不會影響到任何人。

所以要感覺喜樂。你在這兒有機會被完全的轉變。然後去幫助你可憐的父母，因為他們沒有這樣的機會；要為他們感到遺憾。

奧修，當我和你坐在一起，或者早上第一個醒來，我感覺處於非常寧靜的空間。就好像有個秘密在內心裡面一閃一閃的微笑著。是覺知使問題不再存在，讓我一直處於這樣的空間。我看著頭腦藉由思想而浮現，在某些美麗的片刻裡，很容易不再被它佔據著。但是當講道結束，或者開始日常的活動，我似乎又變成完全無意識的，無法停止驅動我頭腦的力量和我的作為。只有一個不斷嘮叨的記憶和沒有處於中心的感覺。請評論。

不需要擔心——也不要渴望！發生的一切是如此的豐富。如果聽我講話，寧靜籠罩了你，思想消失了，你有一個處於中心的感覺，一個新的空間，你也感覺一直處於這樣的空間：確實沒錯。當你感覺到你的中心，一直處於這個中心的感覺是它的一部分。那是經驗的一部分，主要的部分；因此它有一種真實性。

或者，早上你醒來，頭腦還是安靜的：你可以覺知到安靜，你可以認出它。每個人在早上醒來時，頭腦都是安靜的，但是那只能持續幾秒鐘。然而即使在那幾秒鐘裡，他也沒有發現他是沒有思想的，因為他沒有經驗過，沒有任何先前的經驗。所以那兩、三秒鐘就只是過去了——而它們是你那一天最重要的時候。

但因為你在早上的講道和傍晚的講道經驗了它，有二次——在這幾小時中，那個空間在那兒，那個寂靜在那兒——現在你有了某個經驗。醒來時你會感覺到它；當你睡著時，你很快就會感覺到寧靜——但是那會有點困難。那就是為什麼你醒來之後會先感覺到寧靜，因為醒來的意思是你的睡眠已經在夢中清除了很多垃圾並讓你休息。現在當你離開了那個休息，就很容易發覺到那個寧靜。而且那些片刻會越來越多。然後是講道；你再度…所以會有一個持續性。

很快的，它也會變成夜晚的起點。它也會在你入睡前發生。在你入睡前，頭腦會停留兩、三秒鐘，以便能進入睡眠。如果頭腦持續運作，就無法進入睡眠。但因為你一直處於頭腦的世界中——頭腦一整天都在製造噪音——所以你可能無法察覺到這個現象。但你很快就會察覺到。

你的問題是當你在講道結束後開始工作，你就突然落入了無意識。這是自然的。你不可能在一開始就如此有意識，如此寧靜。事實上，因為你早上安靜了兩個小時，在傍晚安靜了兩個小時，頭腦等了四個小時，它會掐住你的脖子來報復你，因為它必須找到抒發的出口。

所以不用擔心。那是自然的、保持平衡的。接受它。慢慢的，當你蒐集的垃圾越來越少，然後即使在工作中，你也會開始發現到片段的寧靜。然後當時機到了，寧靜會成為你一整天的經驗。當你要用頭腦，你才用它。如果你不想用它，那它會保持安靜。它並不是獨立運作的，

但是有四小時的時間感受到你裡面寧靜、美麗的空間，那已經比一個人所能要求的還要多——而且它也會在其他片刻來到。醒來時，你會發現它；很快，你在入睡前也會發現它。然後在其他的片刻中，當你在工作時，它會自行來到，不會讓你注意到它。你會突然覺醒：有一種寧靜，而頭腦是沒有在運作的。不用擔心。那時候，一個人也會害怕：如果頭腦完全停止了，然後呢？

在我的學校裡有一個教授想學靜心。我在那兒有一個小型的靜心團體。他參加了，當他第一天經驗到寧靜，在我們靜坐的寺廟中，他突然整個人跳起來並跑掉！我不知道發生什麼事。我只好跟著他。他會回頭察看，當他看到我在跟著他，他跑得更快。我心想：「這個人怎麼回事？」

我大喊：「你等一下，尼提阿南達！」——「停留一下就好！」他揮著手，意思是「結束了」，然後他說：「我不要靜心了。你是一個危險的人！」

我終於在他進家門前抓住他。他無法去別的地方。我說：「你最好告訴我發生什麼事。」

他說：「我不知道你做了什麼，但是我變得如此安靜——你了解我的，我是一個話匣子」——他是一個孟加拉人。「我會在早上開始講話，然後一直到入睡前…那使我保持是被佔據的、無憂慮的、沒有問題的。我知道問題是存在的，但是和任何人說話…如果沒有人在場，我會自己說話。」

「但是剛剛和你坐在一起，我突然停止說話了。我是一片空白的。然後我心想：我的天，我要瘋了！如果一天二十四小時都這樣——那我會死掉。」我說：「你認為你的生命會結束。如果頭腦不再回來…所以在寧靜進一步佔據你之前，逃離這兒。那這三、四十人為什麼閉著眼睛坐在這兒？——但那是他們的問題。每個人得照顧自己。所以你逃走了。」

我說：「不用擔心。寧靜並不會摧毀你的頭腦，它只是幫助頭腦休息。你會如此容易經驗到是因為你是話匣子；頭腦累了。通常不會這麼容易就發生。那些人還坐著。通常第一次坐著靜心，並不會這麼容易就發生，頭腦不會這麼容易就安靜下來。」

「你這輩子一直打擾你的頭腦，人們很怕你。你的妻子怕你，你的小孩怕你。學校裡的教授也怕你。如果你坐在休息室，那兒會變得一個人都沒有；每個人都會逃離那兒。這都是因為過度使用頭腦。那是一個機械裝置，需要一點休息。」

「科學家說即使是金屬也會疲勞；它也需要休息。頭腦是非常精密的機制，全宇宙中最精密的東西，而你如此過度的使用它以致於一旦有機會可以寧靜，它會立刻安靜下來。你應該要感到快樂。」

他說：「但是它還會運作嗎？」

我說：「會的，每當你想要使用它時。」

他說：「我害怕它不會再運作⋯那我的生命就結束了。我會待在瘋人院。你為什麼要我靜心？」

我說：「我也問自己為什麼你會想靜心？」

他說：「我只是在聊天，就像我會聊別的東西──然後你抓住我。你說：「那很好。你和我坐車過去。」我從未遇過這種事⋯我會聊任何東西──無論我懂不懂，那不重要。我可以聊好幾個小時。因為你坐在休息室，那邊都沒人，我心想：「要聊什麼才適合？」看到你使我想到：「靜心是唯一你有興趣的，」所以我聊了靜心。而你抓住了我；把我帶到車上。」

「然後我心想：「能發生什麼事？我房子離你房子只有幾分鐘之遠，所以坐車很好。」然後我一路上都在聊靜心。那就是我如何落入你的陷阱，因為這樣我就無法回頭了。你把我推進廟裡，裡面坐著四十個人，所以我只好坐下。我一開始就想逃走，我從未想要靜心，因為我不想投入到任何我不知道會引導我到什麼地方的事。」

「當我坐在這兒，一切變得很安靜。我張開眼睛，看看四周，每個人都閉著眼睛，靜靜的。我心想：「這是我該逃走的時候了。」而你甚至不讓我逃走。整條街都看到我在逃跑而你在追我。而且我說：「我不會停下來的。」因為我變得很害怕。我害怕安靜。聊天則是完全沒問題的。」

我說：「你是幸運的，因為你是這麼愛聊天以致於你的頭腦隨時都準備要放鬆。不要錯過這個機會。不要害怕。你沒看到我嗎？──我可以聊天。只要你想的話，你隨時都能夠聊天。現在聊天並不受你的控制；它只是自行持續著。你只是留聲機唱片，而寧靜會讓你變成主人。」

他說：「好吧，如果你這樣承諾，那我會信任你，我會每天來。但記住，我不想失去我的頭腦。我還有小孩、妻子、父母。」

我說：「不用擔心。你不會失去你的頭腦。」

你會驚訝，那個人在靜心上的進展勝過其他人。那使我想到一種特別的靜心方式，於是我開始了新的技巧，亂語。那不是全新的，但是沒有人把它用來讓很多人靜心。

在印度，我們曾經有些靜心營，下午的時候，會有一小時用來亂語，每個人都可以說任何他想說的——同時一千個人。那不是對話，因為你沒有對任何人說話，你只是自己在說話。

那是一個罕見的經驗——因為我是唯一的聆聽者，而且你沒想過人們會說什麼！有一天，有個人在我面前做了撥電話的動作，講起了電話。我聽到：「哈囉，哈囉。」每個人都在看：「你在做什麼？」他在講長途電話，但沒有使用電話，什麼都沒有使用。他是個生意人，習慣使然…但是那對人們而言是一個非常放鬆的經驗。在胡言亂語一個小時後…

一個和我很親近的桑雅士…他的情況則是講話和大叫，他開始去推那輛我搭乘來這兒的車子。它停在斜坡上。他是一個非常理性的人，但是他在推那輛車，不斷說著反對迦言提貝的話，也就是將要被他推落到山溝的那輛車的車主。而且他們還是朋友——但他的腦海中一定有某件未完成的事。然後有幾個人站起來阻止他。因為他被阻止了，所以他爬上一棵樹…他並沒有發瘋！他開始用力推壓樹枝，樹枝似乎隨時會斷掉而使他掉下來壓到樹下的人們。而他仍一直說著反對迦言提貝的話。

費盡努力才把他弄下來。沒人想過這個人會做出這種事。

一小時後，他非常的安靜——比任何人還要安靜。

我問他：「你感覺如何？」

他說：「我這輩子從未感到如此放鬆。雖然我一直在做愚蠢的事…但是你允許我們做任何想做的事，我感覺非常舒暢。很多負擔被扔掉了，我感覺對迦言提貝有很多的愛。所有憤怒都消失了。」

靜心營會持續五天或七天，那個人會在那七天一直講電話：「哈囉，」而且他會很嚴肅。當靜心開始，他會開始講電話，聽電話，然後回答，然後做出生意上的決定。「把錢放到那兒，然後做這個，買那個。是時候購買了。價格上揚了。」他非常嚴肅，到了最後一天我問他：「你感覺如何？」

他說：「我也好奇…這個靜心很奇怪。我沒有發瘋，我知道沒有電話，但那是我唯一興起的念頭。而你說過：『必須放開來。』之後我有好幾小時感覺完全安靜的、喜悅的。一個很大的重擔…」那一定是他日常的行程，而他在想著它們。

從未有團體使用過，但是「亂語(gibberish)」這個字來自於一個蘇菲神秘家，賈巴(Jabbar)。他常說些無意義的話。你向他詢問關於月亮的事，而他卻談論太陽；他從未回答被詢問的問題。他會創造他自己的詞語。

由於他的名字，賈巴，使得亂語這個字誕生了；那是賈巴的語言。他是其中一個成道的蘇菲師父。他會對別人使用亂語；他自己一人則是沉默的。如果沒人來，他會有好幾天都是沉默的。如果有任何人來並對他說話，那個人就會觸發他這麼做。然後他就會說任何話——沒有意義的句子和文字。你無法了解他說的任何話。

賈巴的門徒不斷的問他：「你為什麼要這樣做？——否則你平常都是沉默的。人們不只會嘲笑你，我們也因為是你的門徒而感到尷尬。而人們會認為我們是笨蛋：我們能從這個人身上學到什麼？」

只有面對門徒時，他才會說：「你們知道這些人都不必要的帶著問題來到。他們並未打算了解或改變，而我的亂語會讓他們不再來，這樣我就能和你們在寧靜中下工夫。而且那也有益於我的頭腦，因為我大多時候是沉默的。這很好，當成一個頭腦的練習：如果需要，我就能使用它。所以只是為了確認它仍能運作，我使用了這個亂語。」

所以我才對尼提阿南達說：「你不用擔心。你一直在過度的亂語以致於你會達到一個深深的寧靜。」

後來他變得很安靜。全校都很震驚。他們無法相信我對他做了什麼。現在人們會去接近他，要他說話，而他會說：「不，夠了。當我想聊天，你們全都跑掉。我已經講夠了。讓我一個人。」

他被提名晉升，但是他拒絕了，並領了退休金，讓他的妻子和小孩可以生活，而他可以繼續沉默下去。我在十年後去看他。他已經變成全新的人，如此精力充沛、年輕，彷彿花蕾剛綻放而變成玫瑰——帶著那樣的新鮮。他不會講話；他會來這兒坐好幾小時，都不講話。

所以無論發生什麼，讓它發生。頭腦習慣進行一定數量的內在談話。因為這四小時的講道使它無法運作，一旦機會來了，它會立刻介入，那就不會只是走路了，而是快速奔跑。讓它那樣做。那不是有害的，它很快就會習慣。

頭腦只是一個機制——它可以講話、可以保持沉默。唯一的問題是，它不該是主人，而是僕人。身為僕人，它是很棒的；身為主人，它是危險的。你應該成為它的主人。

第十六章
寶藏或毒蛇

奧修，我常聽你說無意識是頭腦的地下室，我們把累世以來所有不愉快和壓抑的經驗丟到那裡面，因為我們的制約不讓它成為有意識的一部分。我們在某幾世中的那些美麗的靈性經驗怎麼了？透過自我催眠可以讓我想起很多這樣的經驗。我們是否可以再取回那個非常有幫助的正向經驗的寶藏？

任何靈性的經驗不會是無意識的；就其本質而言，它一定會是超意識的一部分。就如同無意識會收集所有醜陋的、噩夢般的、所有我們不想知道也不想讓別人知道的一切，超意識也會收集所有美麗的、高貴的、靈性的一切。

當某個人從某一世來到下一世，他不會記得無意識的部分，也不會記得超意識的部分。他只會帶著頭腦有意識的部分出生，然後旅程再次開始——雖然以前經歷過的一切會保留下來，那會是有幫助的。如果你的無意識負擔太多了，它會影響你的意識，使你重複想要避免的、同樣醜陋的經驗，但如果你的超意識擁有一個美麗經驗的寶藏，它將會吸引意識。以便它能非常容易的朝著超意識前進。

所以它可以在催眠中發生：如果你的無意識沒有你的超意識強大，那在催眠中，你將會朝著超意識前進，你將會進入那些寶藏。但是它們不屬於無意識。當你第一次看到它們，你會以為你沒有察覺到它們。確實如此：你沒有意識到它們的存在，但它們不是無意識頭腦的一部分；它們是超意識的一部分，但是你不會意識到它。

頭腦的這六個部分——將意識頭腦放到一邊，也就是你每天用來工作的頭腦——有它們自己的記憶系統。在每一世裡，無論你得到或失去什麼，都會變成記憶系統的一部分。如果它是黑暗面的，那它就會朝向無意識移動。如果它是如此黑暗以致於無意識感覺太沉重，那它會更深入到集體無意識。但如果集體無意識也感覺那真的是所能發生的事中最糟的，那它就會滑入到宇宙無意識，宇宙無意識隨時準備接受一切，因為它就像岩石；它不會在乎它要接受的是什麼。

同樣的情況也會發生在光明面，但大部分的人不會進入超意識。偶爾，如果某人一直下工夫去發展他的存在，而且不是變老而是成長，那麼會有一些東西被超意識收集起來。但如果那個人繼續下去，那會有一個片刻，將會有些東西是只能被高於超意識的層次所收集的。那將會是集體超意識的記憶系統。

但有少數經驗是只能被宇宙超意識收藏的，而且在每一世裡，往上的路會越來越窄。數千人中可能只有一個人能收集到超意識裡面的某些東西；數百萬人中可能只有一個人能收集到集體超意識裡面的某些東西；而數十億人中可能只有一個人能收集到宇宙超意識裡面的某些東西。

當你出生，你是在意識頭腦中出生，而對於在無意識中所攜帶的寶藏或毒蛇，你則是一無所知。但只要下點工夫，你就會覺知到。在催眠中，如果某個東西位於較高的層次，即使只有幾個片刻，你的意識也會立刻變成超意識的一部分。

我已經對很多人下過工夫。非常少的人會擁有超意識的記憶，當他們想起來的時候會很驚訝，因為根據西方心理學，他們一直認為被壓抑、被忘掉的一切都是醜陋的，它們都是在無意識裡面的。他們感到震驚，因為這不該是會被壓抑的記憶：一個人是如此狂喜以致於會想要全世界知道它、知道它是真的、知道它發生了。不會有壓抑的可能。

但是從這一世到下一世之間所產生的改變，使你不會想起你的前世，那個機制會使你想不起任何事——包括無意識、超意識或超越它們的。你帶著未受汙染的意識頭腦而出生，然後一個新的養育過程、一個新的教導、一個新的制約開始了。

如果這七個層面都被想起來了，小孩就會遇到很大的困難——就好像你同時把七種語言教給小孩。他會很混亂，完全搞不清楚。所以會有一個自然的保護，避免你混亂和發瘋，每次只保留一小部分跟著你來到下一世，全新的，以便新的一世把它自己的思想體系和宗教帶給你。

我想到一個女孩，住在離賈巴爾普爾有一百哩遠的穆爾瓦拉。她的父母很困惑，因為她想起她的前世是住在賈巴爾普爾的某個家庭的小女孩，她想起臨死前的情景；她死時只有九或十歲，而現在她還沒超過五歲。我認識這個住在賈巴爾普爾的家庭。我剛好認識他們，因為他們有一個汽車修理廠就在我家旁邊，所以每當我的車發生問題，我就會去那兒。

而在一百哩遠的穆爾瓦拉，我常去那兒對一小群求道者演講。他們把那個小女孩帶來找我。對我說：「她想到那些事。我們該怎麼辦？——因為她很困惑。她不斷叫我們帶她去找她的父母和兄弟——那個住在賈巴爾普爾的家庭。她還記得名字。」當他們把名字告訴我，我說：「不用擔心。我會把他們叫來，如果她可以在人群中認出他們，那她的記憶就是真的。」

到了傍晚，我要去主持一個大型會議，大約有二萬人，所以我打電話去找那個家庭，把整個故事告訴他們，並叫他們過來，盡可能的掩飾自己。「不要穿你女兒死時所穿的衣服。」他們說他們的女兒是在十歲左右死的。

全家人都來了，我告訴他們：「你們可以在會議裡的不同地方站著或坐著，讓那個女孩去找你們。」那個女孩找到全部的人——除了那個在她死後才出生的小孩。

她立刻就認出那些在她前世臨死前所離開的家人。「他是我哥哥。」她說了他的名字，他的個性，她也說出了母親、父親、姐姐、甚至僕人的事。那個僕人離開那個家庭去別的地方工作了。他們把那個僕人帶來，只是想知道她是否認得他。她立刻就認出他，她說：「他對我非常好。」

她的事件變得很著名。很多心理學家來研究她，但是她父母分居了，所以她也被拆開了。現在新的家庭——也就是前世的家庭——也都分開了。他們想要女孩回來。這個女孩該屬於誰？她該去哪兒？她想要和兩個家庭同時住在一起。那是不可能的，因為她這一世生在婆羅門家庭，而前世出生在較低種性的家庭裡。他們無法住在一起——因為印度教的種姓制度。

無論如何，都是行不通的：他們的生意和提供的服務都位於賈巴爾普爾，而另一個家庭的生意則位於穆爾瓦拉。不可能住在一起，但是她不打算放棄這兩個家庭。於是我說：「你們這麼做：有時候讓她去住在賈巴爾普爾；有時候和你們住一起，這樣一來兩個家庭就…而且彼此相離不遠——只要兩小時車程——所以問題不難解決。」

但困難的地方在於，當她要離開某個家庭時會哭得很傷心，因為她不想離開那個家庭——然而她也想去另一個家庭。了解到那個女孩的痛苦，我建議：「讓我催眠她。這是某個反常的事件。大自然的某個地方出錯了；否則每個人本來都會相安無事。」

而且這只是兩世的問題：如果你想起四世、五世、六世、七世，你會一團混亂。你不知道該什麼，不該做什麼。時間不會造成任何不同。如果你在前世愛著某個女人，你會再次愛上她；但是你現在愛的女人怎麼辦？你也愛著她！

看到她的痛苦，父母同意了。她需要做七次深入的催眠才能忘掉她的前世，然後她就沒問題了，她會是健康的。

所以是大自然的機制使你忘了前世，但是並沒有失去任何東西；只是被收藏在某個地方。那就是為什麼可以想起前世。你只是忘了，那並沒有從你的存在裡被抹除掉。它被儲存在無意識中⋯⋯大多在無意識中，因為大部分的人並未經驗過必須被收藏在超意識裡的某些東西。而任何人如果擁有儲存在宇宙超意識裡的寶藏，他隨時都會成道。到達那樣的高度，收集到特定的記憶，表示那個人已經準備要爆發而進入到最終的慶祝中。

所以兩者都是可能的；你只需要去看看那段記憶的特質。如果它是狂喜的，靜心的，那就在它裡面慶祝：它將連結你和累世以來的靜心，也就是你因為死亡而停止靜心的地方。你可以從那兒開始成長。然後你會突然發現一個可以支援你的寶藏。但如果那個記憶來自無意識，那就變成有意識的，它將會消失。

奧修，我看到人們一直說他們想要真理——只要真理——和自由；他們想要活在自由中。但是當真的面對它時，沒人想要聽到真理或活在自由中。他們想要繼續活在謊言中，佔有他們認為他們

擁有的東西。

我在自己身上看到這樣的情況，而這個情況隨著和你在一起而越來越少。我們為什麼如此想要抓住生命的醜陋謊言以致於放棄了我們的真實和本性？

有幾件事要了解。

一個是，謊言是非常舒適的——特別當你不知道真理的時候。某人對妳說：「我愛妳。」他可能在說謊，或者他可能在說謊，但不知道自己在說謊，因為他一直對很多人說同樣的話。他並沒有這麼愛妳，但是對妳而言，那觸碰到妳的心。

現在知道真相可能會使妳受到打擾。他可能在說謊；他可能是無意識的，一個說謊成性的人。事實上他可能從未愛過。那似乎就是世界上的狀況，人們從未愛過，他們只是認為他們在愛；否則不會有這麼多的痛苦。因為愛會去除所有的痛苦。

第二，謊言是方便的。你不需要去找尋，持續一段漫長的朝聖之旅。你可以發明它們。你無法發明真理，你只能發現它。而人們通常都選擇捷徑。何必選擇比較困難的路？而謊言似乎是捷徑——你不會找到更好的捷徑了。你可以隨時發明任何謊言。

但是要發現真理，你必須冒著生命危險。你必須對抗圍繞著你的整個謊言架構。你必須單獨一人旅行，甚至不確定是否有任何像真理一樣的東西。那需要極大的勇氣。謊言不需要任何勇氣；任何懦夫都能做到。所有的懦夫都在這麼做：製造和生產美麗的謊言、裝飾它們、互相展示它們。有那麼一個片刻，它看起來似乎帶來了快樂，但謊言畢竟是謊言。很快你就會發現它是一個沒有用的玩具。你被欺騙了，所以才會有這些痛苦。

但人們仍然沒有發現根本的原因。他們以為：「這個男人被騙了，這個女人被騙了。」那不是這個女人或這個男人的問題；整個社會都以這樣的方式運作著，以致於謊言變成生命的運作方式。你越會說謊，你就越能使你的謊言更有邏輯，你就越受到尊敬。

謊言帶來尊敬、獎賞和諾貝爾獎。真理帶來死亡和十字架刑。所以人們為什麼要在意真理？那耶穌就會被認可為一個拉比，一個受人尊敬的人，有很多的跟隨者。就不需要對他處以十字架刑。但因為他開始說話反對存在好幾世紀的謊言，是他自己要求了十字架刑。

所以謊言有些值得深究的地方。那就是為什麼人們刻意認同謊言。

我說過這個故事很多次：有個人對國王說：「你已經征服了全世界。這是無人可比的。你是第一人，神非常高興以致於我可以說服祂把祂的衣服給你。這是前無古人，後無來者的。」神的衣服？國王不敢相信。但是他心想：「試試無妨，能有什麼傷害？」他說：「記住，如果你欺騙我，給你的獎賞會是死亡。」

那個人說：「我知道；你不用擔心。但是需要給天堂很多錢，賄賂天堂裡的所有官員，因為神是不太容易接近的。」

國王說：「無論要花多少都沒問題，但是你必須留在隔壁有軍隊駐守的宮殿。你不能出去。你可以在裡面做任何事。將會提供你需要的一切，無論你需要什麼，都會立刻提供給你。你只要把神的衣服帶來。」

七天後，如他承諾的，那個人帶來一個美麗的盒子。整個王城都圍滿了人，很多人從遠方來到這兒。從未看過有這麼多人。神的衣服？誰不想看看？

國王的宮廷中擠滿了人。這是第一次所有人都到了；王后到了，公主到了。那個人對國王和所有人說：「我已經把衣服帶來了。有了這些衣服，你所花的兩、三百萬盧比不算什麼。當你看到衣服後，你會發現它們值上千倍。事實上你無法估計它們的價值；它們是屬於天堂的。它們是無法在這個俗世中找到的東西。」

國王很著急。他說：「把盒子打開！」

那個人說：「操作的方式是這樣的。你把你的帽子給我。我會先把你的帽子放到盒子裡，然後我會把神的帽子拿出來戴在你頭上。只有一個條件要記住：只有那些他現在的父親是親生父親的人可以看見帽子。不是的人無法看到它。」

國王說：「沒問題。在這個宮廷的每個人都是如此。你不用擔心，只要打開盒子。」國王把帽子給了他。那個人把帽子放到盒子裡，然後把手拿出來，手上空無一物。沒人看到有任何東西；國王也看不到任何東西。但現在他們進退兩難：如果他們說出事實，那他們將不再受人尊敬。國王心想最好還是假裝拿了帽子並說：「多麼美麗啊！」於是他接受了不存在的帽子並說：「多麼美麗啊！」

宮廷裡的每個人都在讚美帽子，說他們從未看過這樣的東西。由於每個人都說：「它是獨一無二的，」每個人也都在想：「也許我是唯一……現在沒有必要說出事實——我什麼都沒看到！那會讓我很丟臉；使我的父母蒙羞。將無法活在這樣的羞恥中。所以最好還是保持沉默。既然有這麼多人看到，它一定是真的。」

然後隨著一件件衣服被脫下，國王只剩下內衣。那個人說：「把你的內衣給我，」國王心想：「這太過分了！從帽子到衣服都還可以接受，但現在是內衣⋯⋯我很清楚這是一個騙子。但是他太狡猾了：我甚至不能說：我看不見內衣。」「現在已經太遲了；直到現在——大衣、襯衫——他都稱讚了。他陷在自己的謊言中。每個人都會看到赤裸的國王。而他必須脫了內衣——勉強的，但沒有別的辦法——否則他會使整個王族蒙羞，他不是親生的⋯⋯因為整個宮廷的人都看得到衣服！所以他必須接受不存在的內衣。」

而那個人真的不是普通人！他說：「有數百萬人聚在王城周圍。神告訴我：當我的衣服到了那兒，國王穿了它們，他應該坐著馬車繞行全城，以便每個人都能看到衣服。宮廷裡的人都會很興奮：這是件大事，讓民眾知道我們的國王得到了神的禮物！」

然而每個人都會看到赤裸的國王！這個人是很棒的騙子。他愚弄了全宮廷的人，愚弄了國王，現在他要愚弄全城的數百萬人。

在國王的馬車前面有個人大喊著：「神的衣服只能被他現在的父親是親生父親的人看見；否則你會看不見。它們不是俗世裡的東西，它們是神的東西。」赤裸的國王坐著金色馬車，數百萬人鼓掌，充滿喜悅的喊叫：「多麼美麗的衣服！」但每個人都在想：「我的天，國王完全赤裸的——但是有數百萬人都看到衣服，所以反對這數百萬人並說國王沒有穿任何衣服會是非常愚蠢的，只會被譴責。也許人們會殺了你，用石頭砸死你：你是個羞恥！」

有個小孩坐在他父親的肩膀上，在他父親耳邊悄悄說：「爸，國王沒穿衣服！」

父親說：「閉嘴！當你長大了，你就會了解他不是赤裸的。你還不了解——沒有人認為他是赤裸的。」

他說：「但是我長大——和他的赤裸有什麼關係？他沒穿任何衣服！」

父親說：「你不要講話，否則我會帶你回家，永遠不帶你去看任何東西。」

男孩說：「我可以不講話，但是我沒看到衣服。」

那個人只得跑掉，因為別人會聽到男孩說他沒看到衣服，那表示男孩不是他生的，他的妻子騙了他，和某個人通姦了。

男孩不斷的問：「你為什麼帶我離開？」

父親說：「要了解這些事需要先長大。你還太小；你不了解。」

「但是，」男孩問：「和了解有什麼關係？我可以看見任何東西，你並未說我看錯了。國王是赤裸的！」

父親說：「他不是赤裸的，那是神的衣服。需要一些成熟度才能看見。」

真理有它自己的世界。它是由少數可以站出來反對群眾的非常勇敢的人組成的。那是困難的。需要用你的舒適、生命、面子和一切做賭注。你可以看到我：我是如何用一切作賭注的，我是如何失去一切的。我沒有家，沒有立足之地。全世界都在反對我——因為我一直堅持國王是赤裸的——而你們可能有數百萬人，但你們都是騙子。

他們無法原諒我，因為我揭穿了他們。他們也知道國王是赤裸的，他們害怕受到我的影響而來找我、認同我。那會是一個危險的生活——立刻就得和全世界的人對抗。

在西班牙，他們在內閣和國會上決議讓我去他們的國家。但問題是：誰要簽核我的永久居留證？內閣裡沒有人要這麼做。他們說：「我們很願意讓他入境——我們沒有什麼要反對他的——但是我不想伸出我的脖子，因為如果明天某個地方出錯，那簽核的人將會被逮捕。」

在希臘，總理的兒子發給我簽證。他是內閣成員之一。海斯雅直接拜訪他，和他討論，他對我很有興趣。然後有一天他在國會上說：「我從未見過奧修的秘書。沒錯，有個靜心者來找我，但是我被騙了：「他們沒告訴我奧修要來；他們只是說：我們有幾個朋友要來，我們想要為他們取得簽證。」我因為被隱瞞才給了簽證。我沒有發簽證給奧修，我也沒見過他的秘書。」

我叫海斯雅反駁他：「告訴新聞媒體，他和妳談了一小時，他對我很有興趣，他有談到我，他想要更了解我，他說沒問題，他會發簽證給我，他不是把簽證發給某個他不認識的人。」

這就是世界，沒有人想要為真理挺身而出。謊言是舒適的。你們被謊言帶大，那些謊言在你的血液裡流動著；你們一直在接受謊言。但你們並不打算接受真理。

我七歲大的時候，我父親想避開某個無趣的人。他有一次來我家拜訪，很難趕走他。我父親看到他來。他告訴我：「我要進房裡了。你坐在這兒對他說：我父親不在家；他出去了。」

我把我父親說的話告訴他：「我父親要我告訴你他不在家。他出去了。」

他說：「你父親告訴你？他何時出去的？」

我說：「他沒有出去；他在裡面。他看到你來，但是你很無趣，每個人都不想和你扯上關係。」我父親在裡面聽到一切。那個人很生氣；他走掉了，而我父親也很生氣。

我說：「真奇怪。你們都很生氣，我只是說實話，把你說的話告訴他。」

他說：「沒錯，我是這樣說，但有件事你不了解。你對那個人說是我告訴你的！那說我出去就沒意義了。你偏要說我在裡面，說我看到他來了。」

我說：「你確實看到他來，而你也在裡面。」

他說：「是這樣沒錯，但這個世界並不適合試著靠實話而活的人。我一直很擔心你，怕你陷入麻煩。你為什麼不跟其他人一樣？」

跟其他人一樣的意思是成為各種謊言的一部分，而社會將那些謊言稱之為禮儀、禮貌。人們為什麼談論真理卻仍然待在謊言的世界中，原因很明顯。他們的心渴望真理。他們因為自己不是真實的而感到羞恥，所以他們談論真理，但那只是談論。倚賴真理而活太危險了；他們無法冒這個險。

自由也一樣。每個人都說要自由，但沒人是真的自由，也沒人真的想要是自由的，因為自由會帶來責任。它不是獨自來到的。但依賴是輕鬆的：責任不在你身上，責任是在你依賴的那個人身上。

所以人們過著精神分裂的生活。他們談論真理，他們談論自由，但卻活在謊言中、奴役中——很多種奴役，因為奴役可以使你不用負責任。真的想要自由的人必須接受很大的責任。他無法把責任丟給任何人。無論他做了什麼，無論他是誰，他都是負責任的。

而從一開始，你們就沒有做好負責任的準備。那是社會的策略。他們只是談論自由；他們要你擁有自由，但你並未準備要負責任。那是個詭計，因為自由只會和責任一起來到。而他們訓練你最好過著一個有某個人負責的生活，這樣你就不會出事；你永遠不會發生問題。你會依據指示而活。

你從未反對過權威，那是奴役另一個好聽的名字。你會遵循長輩的指示，那是奴役的另一個名字。但那是對你有利的，因為所有的責任都會在他們身上。而他們會一直談論自由。

整個社會都是虛偽的——所有的一切。如果你想要成為真實的、真誠的人，你必須是一個局外人；你不能是他們的一份子。無論到哪兒，你都必須是一個陌生人。沒人會信任你，沒人會友善的對待你；你在這個巨大的世界會是單獨一人的。

如果你想到獨自一人的未來，那似乎是沒有希望的，但事實上並非如此。如果你活在真理中，它會是唯一的光，唯一生活的方式。無論自由帶來什麼都是好的。但是那個驚人的美和善不能只是個想法；你必須依據它而活、必須去體驗它。

我父親的一個朋友——他是非常優秀的阿育吠陀醫生——想要給我一種古老的藥，那是用一種非常稀有的樹根製成的。只有在喜馬拉雅山上非常偏僻的地方才有。它的名字是梵菩提。意思是如果你完成了服藥的整個儀式：那不只是你用來吞服的藥，它是一個儀式。他們會用那個樹根的汁液在你舌頭上寫下嗡這個字。它非常苦，會使你感覺想吐，而且你必須赤裸的站在河中央或湖中央，水面位於你的脖子。然後寫下嗡，同時你周圍會有三個梵文學者唱誦著。

他很愛我，他是真誠的人。據說如果小孩在十二歲前完成這個儀式，他將會在他的一生中達成神。梵的意思是最終的，神。所以他想要為我做這個儀式。

我說：「我很驚訝，你有三個兒子，但你卻沒試著要對他們這樣做。你不想要他們達成神嗎？我知道那三個將會在我周圍唱誦的學者，他們也有小孩。他們都沒試過這個儀式，你為什麼會想對我這樣做？」

他說：「因為我愛你，我感覺你可能會達成神。」

我說：「如果你這麼感覺，那我不需要梵菩提也能達成。如果梵菩提能幫助人們達成神，你可以對你的小孩這樣做。出於好奇，我願意接受這個儀式，但我懷疑它有任何意義。如果別人可以用這麼簡單的方法讓你達成神：我什麼都不用做——只要站在水裡，也許在唱誦的過程中會有點發抖：

感覺到一點苦味，也許會嘔吐，但對於達成神而言，這些不算什麼。所以我要清楚的聲明：我懷疑它的效果，但出於好奇，我準備好了。我只想知道，需要多久的時間才能讓我達成神？」

他說：「經典沒談到這點。」

我說：「至少在這一世裡會達成？」

他說：「是的，在這一世。」

然後儀式被安排好了，我完成了整個痛苦的過程。我幾乎有一小時站在水裡發抖。我一直以為苦楝樹，一種印度的樹，我一直以為它的葉子是最苦的，但梵菩提勝過一切。我不認為有任何東西可以使你感覺這麼糟。他們在我的舌頭上寫下嗡；幾乎不可能含著它，因為我整個胃都翻攪著，我感覺快吐了，但是我不想打擾他們的儀式。而且那是其中一個條件，你不能嘔吐；否則整個儀式會失敗，不會有任何事發生。

一小時後，我完成了儀式。我問那個老醫生：「你真的相信這種胡說八道可以有任何幫助？和經驗神有任何關係？那人們為什麼還要做一輩子的苦行、自虐、遵守各種戒律？——這一小時的折磨就夠了！」

他說：「我也這樣想過。我一輩子都在膜拜神，當我在你舌頭上寫下嗡，我心想：我的天！也許他會達成，而我這輩子都在膜拜神——早上和晚上。我已經厭倦了，但我繼續這樣做，因為除非我達成了，否則我不會停止。」

我說：「這是完全荒謬的。除了折磨小孩之外，我看不出這有任何邏輯。」而且我不是唯一一個，因為當他們安排了儀式，一些富人知道了這件事，也把他們的小孩帶來。

同時還有至少九個男孩站在河裡，因為完成了一個，表示其他九個也完成了；花的時間是一樣的。我說：「我認識這些男孩；他們大多是笨蛋。如果他們可以達成神，那我就不會想達成，因為我不想和這些男孩一起待在天堂。他們非常愚蠢，即使在學校和他們同一個班級，我也會要求換班，我會去上別的課。我從未和這些人在一起過。這是第一次——為了達成神付出這麼多努力——和他們站在一起。」

他們裡面有幾個人輟學了，因為他們無法通過考試，我問醫生：「怎麼回事？這些準備達成神的人卻無法通過小小的考試！他們已經證明你的儀式是完全沒有用的練習。」

他生氣了，但也開始思考。他說：「你說的有道理，但我能怎麼辦？」其中一個男孩後來坐了牢；他殺了某人。還有三個在做小生意。剩下的不知去哪兒了。

我一直問他：「那九個準備要達成神的人呢？你仍然認為他們會達成神嗎？」

最後他說：「你一直咬著我不放，我只好告訴你，我不相信這個儀式；那只是因為它被寫在經典中。看到這幾個人的失敗⋯但請不要告訴任何人。」

我說：「為什麼？」

他說：「明智點。」

我說：「你把這稱為明智？」

他說：「不要告訴任何人，因為每個人都相信經典。何必創造敵人？你自己知道就好了。」

我說：「那是在說謊。」

他說：「沒錯，那是說謊。」

我說：「這些經典都說：當一個誠實的人。所以我該遵循經典還是群眾？」

他說：「你讓我進退兩難。我已經老了、沒有精力了，我不想遇到任何麻煩。現在這對我是進退兩難。我不能要你不誠實，也不能要你誠實。我不能要你不誠實是因為那是違反經典的。我不能要你誠實是因為那會危及你的生命。我只能說：明智點。」

我說：「我一直以為智慧包括誠實，但在這兒，智慧的意思似乎是政治的、虛偽的、不在乎事實，只要考慮自身的安逸和人們對你的尊敬。」

如果你只從理智上思考，你會發現跟隨群眾和正確的政策才是明智的做法。你會被群眾保護，被群眾尊敬。說任何他們想聽的話——但那樣你就跟死人一樣。只有當你是單獨的、依靠自己的，那你才活著——無論有任何風險或危險。

而且這是人的特權——人才有的特權——成為單獨的，如果他感覺他是和真理和一起，他會不惜對抗全世界。如果他感覺這是得到自由唯一的方式，那他會接受各種責任。那些責任將不會成為你的負擔；它們將會使你更成熟、更處於中心、更紮根、成為更美麗的個體。

奧修，我試著讓手指交纏在一起。你說如果成功了要告訴你：我成功了！

那很好！在這兒試一次，大家面前。很好，瑪尼夏……非常好！

第十七章 存在是不急不忙的

奧修，自從和你在一起，如此近的聽你說話，我看到我的身體——和我對它的感覺——改變了很多。我走路的方式，我洗澡時看著自己的方式，我感受身體的方式——一切對我而言是如此不同以致於我只能驚訝的看著這一切。身體是否會跟隨頭腦？而我的頭腦則被我的心所影響？

人不是一部機器，而是一個有機體，需要去了解這兩者的差別。機器有零件，有機體則有器官。你可以把零件拿掉；不會有任何東西死掉。你可以把零件放回去，然後機器會開始運作。但對有機體而言，如果你把器官拿走，某個東西會死掉。你可以再把它放回去，但有機體不會復活。有機體是一個有生命的統一體；裡面的器官相互連結。

發生在你身上的情況，無論是身體、頭腦、心或你的覺知，將會改變整個有機體裡的一切。你會整個受到影響。有機的統一體的器官不是放在一起就可運作的零件，裡面還有別的東西。

機器只是所有零件的總成。有機體則是某種比所有器官的總成「更多的」東西——那個「更多的」就是穿透你裡面一切的靈魂。所以每個變化，無論發生的地方在哪兒，都將會敲響散布在你全身上下的鐘。

那就是為什麼會有不同的系統。例如，瑜珈對於那些對自我達成下工夫的人是其中一種最著名的系統。但它所有的運作方式都在於身體和身體的姿勢。那是一個驚人的研究——那些已經達成的人,他們幾乎完成了一個不可能的工作。他們發現在特定的姿勢下,你的頭腦會有特定的觀感、你的心會有特定的旋律、你的覺知會變得更敏銳或更不敏銳。他們發展了各種身體姿勢,甚至只要對身體下工夫,不碰別的,就能改變你整個人的存在。

那是一個漫長的、乏味的、困難的工作,因為身體是你存在中完全無意識的部分。去訓練它,做著不自然的奇怪姿勢,注定是一個困難的工作。你會很驚訝的知道,由於瑜珈系統發現人的生命太短,無法對所有身體的姿勢下工夫,為了改變整個內在的存在,它們是世界上第一個考慮延長生命以便可以在這一世完成所有工作的系統。

對身體下工夫的困難是,你可能會花一輩子的時間——六十年、七十年——你可能會達到某個狀態,但這個身體會死去。當你得到一個新的身體,你必須從頭開始;你無法從前世停留的地方開始。對瑜珈系統而言,這是一個很大的問題以致於他們開始想辦法延長身體的生命。他們發現到某些方法,現在科學也在其他的研究中承認那些方法。

科學還沒去研究瑜珈發現了什麼,它研究其他的部分,心理學家發現如果你吃少一點,你會活得更久。你會是瘦的,你看起來不會很美,但你的生命會延長。如果你吃多一點,你可能會看起來很美,但你的生命會縮短。

即使到現在,還有人吃得很少以致於你無法想像他們是如何活下來的,但是他們活得比任何人還久——我認識一個在一百四十歲才死的人。整個方法就是盡可能吃少一點。他們的目的不是要活久一點;而是他們的系統是和身體有關的,而身體是我們最無意識的部分:它不會很容易就改變。

需要很長的時間，但它是會改變的。

我發現人們只是透過身體的姿勢就幾乎達到了奇蹟，而那似乎是毫不相關的，因為意識是如此遙遠的東西。但只是用某個特定的姿勢坐著，你會很驚訝：你可以觀察你是如何改變的。每個人都知道佛陀的坐姿是蓮花坐。那是最著名的姿勢。現在已經發現如果你採取蓮花坐，脊椎完全筆直的，身體是放鬆的，那重力對你的影響會比較小。而重力正是使你死亡的原因；你越受到重力的影響，你就離墳墓越近。

愛因斯坦說過，如果我們可以發現速度和光一樣的車輛，那坐在上面的人就不會變老——完全不會。如果他們離開地球，在五十年後回來，和他們同時代的人都已經死了。也許會有一、兩個還活著——躺在病床上——但他們回來時的年齡會跟他們離開時的年齡一樣。

他的說法是在光速下，老化會停止。但那只是假設，沒有實驗過。很難找到以光速移動的車輛，因為在那樣的速度下，一切都會燒成灰燼。沒有任何你可以用來製作那個車輛的金屬或材料，所以似乎不可能以光速移動。

但愛因斯坦不知道瑜珈在這方面的解釋。瑜珈說那個人回來時的年齡會跟離開時的年齡一樣，原因是他已經離開了重力場的範圍——那就是為什麼他不會老化。那似乎是更實務性的、更科學的——而不只是假設。數以千計的瑜珈士活得比任何人都久。只要以那樣的姿勢坐著，會使重力對他們造成最小的影響。

那為什麼吃少一點或禁食會延長生命？瑜珈系統發現當你進食，你的食物會做兩件事。第一，它會給你營養。那是我們知道的；那就是我們進食的原因。第二——我們不知道的——就是進食會使你的消化系統耗損；它會變老。它消化得越多，就越不年輕。你的生命要依賴你的消化系統。

所以如果你吃少一點，你的營養會較少，你會變瘦——你不會成為穆罕默德阿里，你將無法打拳——但你可以活久一點，因為你的消化系統會保持年輕、有精力的、幾乎沒用過的。所以大量的工作被排除了，消化系統可以運作得更久。消化系統運作得更久，重力對你的影響越小，你就能輕易的活到一百五十歲、一百六十歲。而且活久一點的目的不只在於生命的部分，還有就是他們選了一個就轉變自己而言非常緩慢的工具：身體。

但是已經有人透過身體而成道。他們什麼都沒做，只是改變身體的姿勢。在某個姿勢下，頭腦會以特定的方式運作著。在某個姿勢下，它會停止運作，在另一個姿勢下，你會變得非常警覺；你是知道的，但你從未想深入了解。

當你去睡覺，你為什麼要躺下來？那只是改變了姿勢，坐著睡是困難的，站著睡是更困難的，倒立著睡則幾乎不可能。如果你倒立，並試著睡覺…你可以做些安排，你可以把腳綁在某個東西上，做好各種防護措施以便即使你掉下來也不會撞到地上——然而你仍然無法睡著，因為有這麼多血液衝到你的頭部。就睡覺而言，血液不應該用很快的速度大量的流入頭部。進入的血液應該是比較少的——那就是為什麼人們要使用枕頭：那是一個瑜珈姿勢。

瑜珈已經考慮了所有細節——例如你為什麼要用枕頭？沒有枕頭會很難入睡，因為頭部和腳部的血液會是等量的。但用了枕頭，頭部自然會得到比較少的血液，使頭部裡的活動緩慢下來。知識分子會需要兩個枕頭，以便大量的血液可以被完全截斷；否則他們無法入睡。

你也可以在日常的生活中發現：每種心情、情緒、念頭，會使你的身體有不同的姿勢。如果你是警覺的，你會發現到一種關聯性，那是無法改變的關聯性。例如像我這樣的人，如果你把我的手綁住，我就無法說話。我會不知道要做什麼，因為我的手和我的表達動作是極度相關的。

你一定知道每隻手連結到不同的腦半球，左手連結到右半球，右手連結到左半球。它們是你頭腦的延伸。所以無論我說了什麼，都會透過兩個媒介：文字和手。每個手勢可以幫助我表達出某個想法。如果我的手被綁起來，我就不可能再說任何話。我有試過，我突然發現說話很困難。我想說某些話，但卻說了其他的話。因為我的手的節拍被干擾了。

我聽說在一個寒冬的早晨有兩個猶太人在海灘上散步，其中一個在談論他的大事業，並準備以半價出售。但另一個人說：「無論你怎麼做，我都無法回答。」

那個人說：「你為什麼不能回答？我要把我的事業轉讓給你，因為我不想經營了。我甚至可以給你更低的折扣。」

他說：「就算你免費送給我，在這時候，天氣這麼冷，我無法把手從口袋裡拿出來，我不拿出手就無法說話。」

從最低的——也就是身體——連結了一切。瑜珈對身體下工夫；那是一個漫長艱辛的過程，也許沒有未來可言，除非科學加入並給予幫助。那也許它會有個劇變。瑜珈是其中一個由人類發展出來的最古老的科學。至少有五千年之久。如果科學不打算加入，那瑜珈就要求太多了。現代人是無法負擔的；必須找到更簡易的方法。

如果你對頭腦下工夫⋯那是比身體更簡單的，也比較不費力，因為對頭腦下工夫，並沒有太多要做的事，只要覺知、警覺⋯不用心理分析。那會再次不必要的延長整個過程。

至少瑜珈已經發展的差不多了。心理分析則永遠不會結束，因為頭腦每天不斷創造垃圾；它是高產出的。你會不斷把夢分類，然後它會繼續創造新的夢。它是非常精明的，它可以讓你在夢中看到自己在睡覺並作夢，然後在那個夢中，你又在睡覺並作夢。它可以弄得很複雜。分析這些垃圾只會有一點點幫助，帶來一點點放鬆，但它是一個無止盡的過程。

那些真的對頭腦下工夫的人，他們透過觀照和警覺下工夫；當你觀照頭腦，頭腦會變得越來越安靜，停止亂語，變得很寧靜、冷靜。當頭腦變得寧靜、冷靜，你的身體會發生變化，驚人的變化，那就是你發生的情況。你會看到身體全新的行為舉止；它從來沒有這樣過。它走路的方式不同了，它的姿勢變了。

你是知道的，只要看某人走路就知道他是同性戀還是異性戀。走路和同性戀有什麼關係？但是同性戀者的頭腦會改變他的走路方式。雖然他無法走路像女人，因為他沒有子宮——沒有子宮，他走路就無法像女人一樣——他走路也無法像男人，因為他已經不是異性戀者。他走路的方式既不像男人也不像女人——你可以看出來。全世界都一樣。無論在哪兒，同性戀走路的方式會是一樣的，可以從走路看出來他是同性戀。

現在有很多國家認定同性戀是違法的、有罪的，所以同性戀者想要隱瞞自己的傾向。那是不可能的：他們走路的方式將會暴露出他們的傾向，他們會立刻被逮捕。小偷可以隱瞞自己，因為他們沒有任何可識別的方式，你無法抓住他們，但同性戀者無法改變走路的方式。如果他們改變走路的方式，他們的同性戀傾向也會改變；那是彼此相關的。

所以當你的頭腦變得寧靜、冷靜，你的身體也會開始變得寧靜和冷靜——身體會有某種靜止感，你以前從未感受過的某種活力。你一直在身體裡面，但是你從未如此深入的觸碰它，因為頭腦一直佔據著你。它是一道障礙，所以你的覺知永遠無法和你的身體連結。

現在頭腦是寧靜的，對身體的覺知首次變得很敏銳。所以一個佛會有他特有的姿勢；他走路的方式是不同的，他的表情是不同的。一切都是不同的，因為現在已經沒有頭腦了。身體不再跟隨頭腦；頭腦不會擋住路了。現在覺知會跟著你，你存在中最深處的特質。

所以任何發生在身體上的，觀察它們並感到欣喜。越警覺，就會發生越多的變化。當你越有意識，你會發現連身體也會開始有它自己的意識。

在師父的存在下，你開始在周圍感覺到一股不同的振動。那是他的覺知從他的身體散發出來。他可能在說話，可能沒說話，但是他的存在…那些警覺的人會立刻連結上師父的身體。那個振動是不同的。

現在我們知道你可以透過聲音的振動用留聲機唱片重現那些聲音。沒有任何東西被寫在裡面，它們只是溝槽；特定的振動可以在那些溝槽內行進。你無法讀取它們，但可以聆聽它們。透過磁帶，同樣的技術可以得到更好的效果：你可以抹除那些振動，你也可以記錄那些振動。

在古老的譚崔文獻裡，他們有一個很奇怪的說法，現代的通神運動也再次提了出來。那是關於阿卡西記錄的說法；阿卡西的意思是天空。那個說法是，成道者會創造出某種振動並被天空記錄下來，因為那些振動是存在的寶藏。而譚崔的文獻說有些方法可以讓你聽到那些記錄。但發生過一個很大的災難。人們摧毀了…

就如同他們對付我一樣，他們一直在反對任何奇怪的東西——而譚崔是其中一個最奇怪的東西。

因為它本質上是和性能量的昇華有關，所有傳統的頭腦開始反對它。他們從不在意其它非常重要的思想。狂熱份子不在乎。他們摧毀了與譚崔有關的寺廟和經典，殺了那些師父。

他們阻止譚崔進一步探索不同的面向，以致於這個面向仍然是不完整的，但我認為這顯示出某個真理。如果存在想要每個有意識的存在都成道，一旦他成道，關於他的記錄、他的振動、他的文字、他的寧靜，都應該會變成寶藏的一部分。

譚崔說那個寶藏可以用某個方法打開，透過那個寶藏可以知道克理虛納是否真的存在、馬哈維亞是否真的存在、佛陀是否真的存在、耶穌是否真的成道了。那些記錄將會揭露一切。但因為經典都被摧毀了，我們不知道他們說的是什麼方法，或者他們試過哪些方法。

但我自己的經驗是，一旦任何人成道，在他成道的地方仍會留著特定的振動。即使數千年過去了，那些振動仍會在那兒——在樹裡面、土壤裡面、山裡面。你仍然可以感受到某種奇怪的存在。那個人不在那兒，歌手可能已經死了，但是他的記錄仍會留在那兒，你可以再次聽到那些聲音。

所以觀察你身體所發生的變化。當你越來越警覺、越覺知，你就會對你的身體感到更多的愛和慈悲；你會感覺更親密、更密切，產生了一種新的友誼。直到現在，你只是在使用它。你甚至沒有對你的身體說聲謝謝——而它已經在各方面盡可能的服務你。所以它是一個好的經驗。讓它變得更強烈，幫助它。而唯一幫助它的方式就是變得更警覺。

奧修，從你的談話中，我了解到有一種進化的過程在發生。但我也聽過你說人還沒有任何進化。那些死前成道的人去哪兒了？

就全人類而言，人是沒有進化的。人類之所以會有一點點人性是因為那些成道者。但你要知道那個比例。就像你倒了一匙糖到海裡面想要讓它變甜一樣；它無法做到這麼多。海洋太巨大了。一匙糖是適合一杯茶的，但不適合海洋。

成道者是一杯茶。即使所有的成道者——那些和他協調一致的人——數量仍然非常少，以致於無法使處於巨大黑暗中的無意識的人類產生太大的改變。

由於數千年來有這麼多人成道，以致於你可以發現人類有一點點變化。但那個影響沒有遍及每個人——那就是為什麼我說人還沒有進化。那個影響只有遍及少數的成道者。他們只是把他們的意識散播到這個海洋中——但是他們無法使它變甜。有一點點影響，但效果太小了，以致於可以忽略。那個影響只遍及那些到死前仍在幫助人類的少數人。而同樣的人類則在殺害他們、把他們釘上十字架。人類只會做這樣的事，他們的黑暗太深厚了。

可以發現一些輕微的變化，但它們太輕微了，以致於不值一提。例如，他們可以把耶穌釘上十字架，但不會有任何罪惡感。事實上，他們感覺解脫了，終於解決這個討厭的人。對於他們的傳統、正統的頭腦而言，耶穌是一個越來越大的折磨。現在他們感覺變輕鬆了。

他們無法很容易的把我釘上十字架——這就是輕微的變化。他們可以阻止我進入某個國家，他們可以阻止我留在某個國家，他們可以逮捕我，把我驅離那個國家，他們可以摧毀我的社區。他們可以用各種方式騷擾我的桑雅士，但他們仍然無法把我釘上十字架。發生了輕微的變化。因為他們感到羞愧。

他們是想這樣做的；內心深處是想這麼做。那會比較單純。而不是各國政府一起決定反對我，這個國家通知其他國家⋯何必弄得這麼複雜？但他們感覺如果我被釘上十字架，他們不會感到輕鬆、卸下負擔或解脫；事實上他們會有罪惡感。

這就是最終將會對人有幫助的變化，但影響則及於那少數犧牲一切的人，犧牲他們的生命以服務全人類。而人類用十字架刑、毒藥和石頭報答他們。但他們仍然帶著微笑而死。

曼蘇爾受到的刑罰是最出名的。比耶穌的十字架刑還要野蠻，因為他們慢慢的肢解他。他們砍了他的腳，他們砍了他的手，他們挖了他的眼睛。他們用前所未有的方式折磨他，但他仍然微笑著。群眾裡有個人問：「曼蘇爾，你為什麼笑？」

他說：「我笑是因為這些人在殺害一個試著給他們更多生命、更多光的人。這些人很奇怪——他們是在殺害他們的朋友。我笑是因為他們不知道摧毀我的身體並無法摧毀我。他們是在殺害其他人！所以曼蘇爾在微笑。」

當這一切進行時——人們丟石頭、臭雞蛋，只是為了羞辱曼蘇爾——他的師父，朱奈德，出現在人群中。為了不讓人群發現，朱奈德也丟了些東西——一朵花。

他知道曼蘇爾：曼蘇爾是他的門徒，他知道他是對的。朱奈德一直告訴他：「你是對的，但不要說出來。不要說：『我是最終的真理。沒有別的神；每個人裡面都攜帶著自己的神。』不要說出來！我知道，但我保持沉默，因為我師父說：『閉上嘴巴；否則他們會殺了你。一旦被殺，說出來也沒有意義了。』」

曼蘇爾說：「我一直試著不說出來，但我能怎麼辦？人們會問問題，我會忘掉，實話會脫口而出。」

所以朱奈德是悲傷的。為了達到兩個目的，他丟了一朵美麗的玫瑰。第一，群眾會認為他也丟了石頭或臭雞蛋。在群眾裡，誰知道你丟了什麼？其次，曼蘇爾會知道有一朵玫瑰丟到他臉上，而且那不會是別人丟的，一定是他的師父丟的。只有他能了解。

但在那時，曼蘇爾雙眼泛起了淚水，不再微笑了。然後又有某個人問：「剛剛你還在笑，現在卻在流淚。發生什麼事？」

他說：「某件事發生了。人們在丟石頭、臭雞蛋、番茄、香蕉和各種東西——那沒問題。因為他們不了解。但有人丟了一朵玫瑰。我知道他是誰。他丟的玫瑰對我的傷害勝過一切，因為雖然他知道什麼是正確的，他不夠勇敢說出來。這些淚水是因為他不夠勇敢、他可恥的行為。」

所以這些人稍微提升了人類的一點點意識——但影響只及於他們。目前人無法做到。你無法用一千年前對待曼蘇爾的方式對待我。人們反對我，但私底下他們並不反對我；他們反對我是因為群眾反對我。

現在，同樣的問題又出現了：他們要我留在這兒，但問題是誰要簽核？總理希望我留在這兒，但是他不想負簽核的責任。外交部長則是害怕，內政部長也害怕。他願意⋯⋯完全沒錯，沒問題：我應該留在這兒。但我要如何留在這兒？沒人要負責任。他們有自己害怕的事。如果明天發生某件事，那個人將會被逮捕；他的政治生涯將會結束。

外交部長受到美國的支持擔任聯合國秘書長。現在他想要我留在這兒，但是他無法簽核，因為如果他簽了，他的工作就沒了。他將無法擔任聯合國秘書長。

這些人有了改變。至少就他們而言，他們要讓我留在這兒；他們只是不想負完全的責任。他們沒有那樣的勇氣。但至少有進展。也許某人會鼓起勇氣，用他的野心或政治生涯做賭注。那是有風險的，因為一旦某人簽核過，那美國政府、西班牙政府和德國政府會傾全力趕走那個人。不能讓那個人留在內閣裡，因為他不聽從整個政府的忠告，和他們唱反調。

而且其他人會說：「我們以前就警告過你了。你就是不肯聽。」

所以已經有了一點進展，但不多。那個進展不在於群眾。群眾沒有任何進展、任何演化。那個進展只是少數獨特個體的副產品，他們像火焰一樣的活著，並在人類的意識上留下記號。但人類的意識是如此巨大、像海洋一般，以致於要花數千年才會到達這樣的進化程度。

那就是為什麼我不和太多人在一起工作，反而著重在一定數目且有一定強度以致於他們都會在這一世成道的人。也許兩百人同時成道可以對人類的演化會有一個極大的推力。我們可以試試。而且這樣的實驗是非常令人喜悅的、令人興奮的。

我不認為曼蘇爾是憤怒的。他會了解這些人的行為是可預期的。我不生氣：任何反對我的行為是可預期的。但這就是演化如何進行的，非常緩慢。而存在是不急不忙的。永恆是確定的。

我們從時間來考慮；存在是沒有時間限制的。那就是為什麼我們會有點擔心為什麼演化沒有發生——因為我們的時間單位是非常小的。看看存在的永恆：我們的時間甚至無法和它最小的時間單位相提並論。

所以沒有什麼要擔心的。改變一直在發生，也許未來將會是非常危險的。不管是否願意，人們也許都得改變。核子戰爭是一個很大的希望——不是指它的發生，而是指它創造出一個人類必須改變的情勢。否則戰爭一定會發生。也許為了改變，人類需要一個非常危險的狀況；否則它無法改變。那個狀況越來越接近了，在正確的時間來到這兒的我們是幸運的。

奧修，在這些日子，當你進來時常會對我們行合十禮，非常深情恭敬的看著我們每個人，我覺得你一定是在想：「噢，天啊！瑪尼夏還在這兒；她何時才會得到它？」我感覺我是如此的愚昧和遲鈍，如此的醜惡以致於當你像洪水一樣的流向我，而我卻還無法消失。我覺得我每次都想要道歉。

不需要道歉。我需要你待在這兒。不要太快消失；還有很多工作要完成！我想到一個故事。在拉瑪克理虛納的修行所裡，住著一個非常單純的人。他叫卡魯。他的小房間裡有很多神像，每天幾乎有一半的時間都用來膜拜那些神像。

味味克阿南達——一個很聰明的人，但不是有宗教性的人——常常去關心可憐的卡魯：「你太蠢了！你在做什麼？為什麼要把半天的時間浪費掉？你的房間裡面甚至沒有你自己的空間。全都是神像！」

印度教徒把任何東西當成神。一旦發現任何圓的石頭，他們會把它漆成紅色，然後它就變成一個神。他們就開始膜拜它！非常簡單。印度教的神像是最容易製作的。你不需要找一個美麗的雕像或任何昂貴的東西，只要河邊一顆美麗的石頭。你撿了它，把它漆成紅色的，然後它就變成一個神。神沒有臉也沒有手，所以不需要任何雕像。那只是一個相信的問題，如果祂在那顆石頭裡，那顆石頭就變成了神。

拉瑪克理虛納的修行所就在恆河邊。有很多石頭：不只卡魯在撿它們，其他人也藉著撿石頭給他來折磨他。最後，他幾乎沒有可以睡覺的地方。他睡在房間外面，因為房間裡面都是神像——每個神像都必須分開來去照料；否則祂們會生氣。

味味克阿南達在開卡魯的玩笑，並證明他是個笨蛋。而卡魯無法回應。

有一天，在味味克阿南達要去美國參加一個世界宗教會議之前，拉瑪克理虛納給了他一個靜心的技巧。拉瑪克理虛納要他不只是當一個知識份子——那並不能成為他或印度的代表。一個知識分子知道很多，但那只是在賣弄學問。

於是他對味味克阿南達說：「你開始靜心，只要花點時間靜心。即使只有一點時間也足夠了，因為那個會議裡沒有任何參加者有在靜心。」

於是味味克阿南達從那天開始開始靜心。在寧靜中待了二到三小時，他突然有個想法：「現在這時候卡魯一定結束膜拜了。」味味克阿南達在靜心後感覺得到某些力量：「現在有了這個力量。如果我說了某件事——就在這兒——卡魯將會照著做。」於是他下了命令——在他的房間裡安靜的——「卡魯，你把所有的神像扔到恆河裡。向它們道別，因為它們的工作結束了。」

可憐的卡魯感覺好像有人對他說了什麼，那一定是神的指示；否則還會有誰？這兒一個人都沒有。他剛結束膜拜，於是他開始把所有神像收集起來。他用一大塊的布包裹了它們，開始把它們拖出房間。

拉瑪克理虛納正坐在外面的樹下。他問：「卡魯，你在做什麼？」

卡魯說：「神指示我把這些神像扔到恆河裡。」

拉瑪克理虛納說：「停下來！那不是神。叫味味克阿南達來找我。」

味味克阿南達被叫來了，拉瑪克理虛納說：「這是不對的。我叫你靜心不是為了做這些事。你現在不要靜心了。我會把你的能力收起來。你必須做別的事。一旦時機成熟——這一世或某一世——這些能力會再還給你。」

味味克阿南達再也沒有成為一個靜心者。他三十三歲就死了，那個能力從未歸還給他過。所以瑪尼夏，不要試著要消失；否則妳的能力會被收走！而且那會很難再取回。留在這兒。有很多事要完成。

一旦需要消失的那一天來到，妳將會做好準備。我會第一個告訴妳：「好了，瑪尼夏，現在消失！」但是在那之前，不要再去想它。好嗎？

第十八章
智慧是我們唯一的寶藏

奧修，被一個完美主義的父親養大，表面上不批評別人，私底下卻挑剔每件事和每個人，現在我感覺這樣的制約對我的影響很大。我因為主觀和固執己見而受到抨擊，但卻又被要求要「區別」。現在我覺得我的智慧被堵塞了、降低了、感到猶豫不決和恐懼。即使在桑雅士中，當我感覺我的言論是恰當的、有根據的，仍被抨擊過於主觀。主觀、區別和真正的智慧，它們的差別在哪兒？一個小孩，或四十三歲的大人，要如何判斷那個差別？是否可以請你評論。

頭腦無法是不主觀的。如果你強迫它不要主觀，你的智慧將會被堵住。那頭腦就無法很好的運作。

不要主觀並不屬於頭腦的範疇。只有一個超越頭腦的人可以是不主觀的；在那之前，那些對你而言是真實的、有根據的言論，都只是表面。

頭腦決定或談論的一切都會被它的制約、它的偏見所污染——那就是使它主觀的原因。

例如，你看到一個小偷。那是事實，他在偷竊——沒有問題——你說了些關於那個小偷的事。確實偷竊是不好的，所以當你把某個人稱為小偷，你的頭腦是在說：「這是有根據的。你說的話是真實的。」

但為什麼小偷是不好的？——什麼是不好？他為什麼被迫要偷竊？而偷竊的行為是一個單一的行為：根據那個單一的行為，你給出關於那個人的主觀看法。你說他是小偷。他也做了很多事，不只是偷竊。他可能是一個好的畫家，他可能是一個好的木匠，他可能是一個好的歌手，他可能是一個好的舞者——那個人可能有一千零一種特質。那個人是浩瀚的，而偷竊只是其中一個行為。

你不能根據單一的行為來敘述一個人。你完全對那個人一無所知。你甚至不知道在什麼樣的情勢下才發生那個行為。也許在那樣的情勢下，你也會偷竊。也許在那樣的情勢下，偷竊不是不好的：因為每個行為都和當時的情勢有關。

我已經說過這個故事很多次，當老子擔任法官時，第一個案子是關於某個小偷，偷走京城裡的某個富人幾乎一半的寶藏。他在做案時被抓到，所以他的偷竊行為是確定的。他也承認他當時正在偷竊。

但老子仍然把那個富人叫來，對他說：「就我來看，你們都有罪。你為什麼要累積這麼多的財富？全城到處都是挨餓的人和窮人。那些財富不能吃，你卻繼續剝削這些人，吸他們的血。」

「這個人被迫行竊。他的母親快死了。他找不到任何不用錢的醫生；他沒有錢買藥。他到處去應徵工作，但沒有找到任何工作。你要這個人怎麼辦？他隨時準備去工作，但卻找不到任何工作。他求了很多醫生，但是沒有人想聽。他們說：「每天有無數的窮人來到。我們要怎麼處理？」而且他要怎麼取得那些昂貴的藥？那是他最後的手段。這個人不是小偷。偷竊是最不得已的方式，是為了要救他垂死的母親。」

「而且偷你房子的東西不是罪。因為在最開始你就犯了罪，累積財富的罪。而這個小偷，所謂的賊，有一個非常公平的頭腦：他只拿了一半的財富。他本來可以全部拿走。他還留了一半給你；他只是把它們分成兩分。」

「他不是賊。是環境使他當一個賊。但你天生就是賊。你的父親剝削了這些人，你父親的父親剝削了這些人；你也做一樣的事。因為你使得全城到處都是窮人和垂死的人、挨餓的人。」

「現在你要我怎麼裁決？我要你們都去做六個月的牢。我對那個小偷不太公平，因為他的錯是很小的，而你則是天生的罪犯，用各種方式無時無刻都在偷竊。而他只做了一件事。」

富人當然很生氣。他聽不下去——他應該收買這些法官。他說：「你等著。我要去找皇帝。」連皇帝都欠他錢。一旦有需要，他會給皇帝錢去侵略其他國家或防止其他國家的侵略。

他去見了皇帝並說：「你用了什麼樣的法官？他要我去做六個月的牢——和那個小偷！而且他還說他對那個小偷不太公平，因為他只是偷了一次，而我們家好幾代以來一直在做同樣的事；我們家只是在剝削。記住，如果我坐牢，明天你的債務將會上升，因為你要從哪兒取得金錢？你要如何支撐這個帝國？根據那個人的說法，你是一個比我更過分的小偷。如果你想要救你自己，就把那個人趕走。」

老子立刻被免職了。他說：「我以前就說過我不適合，因為我不是用頭腦工作。用頭腦工作就會是主觀的。我是用寧靜來工作。我只是看到實相，如實的看——沒有任何偏見，沒有任何評斷，沒有任何推論。」

美國的某個法院有一個控告我的案子，法官在選陪審員。需要十一個陪審員，他必須面談過六十個人，各領域的卓越人士。他問：「你是否可以對這個人毫無成見？」他們說不行；他們對我有些看法。所以他們被剔除了。但他們甚至找不到十一個可以發誓毫無偏見的陪審員。最後法官只得自行處理。但誰能保證這個法官不是主觀的？

在孟加拉有個控告我的案子。原因是如此荒謬，以致於一個完全不懂法律的人也不會讓它成案。我入境印度的那天，在一個新聞說明會中說了些話。在遙遠的孟加拉的一個小鎮，有張傳票送到我這兒，說有一個控告我的案子，原因是我說了些話，傷了那個人的宗教感情。

在他的訴狀中，他說我在新聞說明會中所說的那些傷了他的話被刊登在孟加拉報紙上。日期、版面、頁數——他提供了一切。法官立刻發出傳票。我們在德里找了孟加拉的報紙，因為我從未說過任何傷了他感情的話。我剛抵達時有一個新聞說明會，但是我沒有說出任何會傷害一個孟加拉人的話。

沒有那些話——我們找了孟加拉的報紙——上面沒有任何相關的言論！我有那份新聞報紙，但是沒看到他說的那些話。現在你需要任何法學知識來駁回這個案子嗎？他依賴的是一份不存在那些言論的新聞報紙！

那個案子應該要毫不費力就被駁回：「你瘋了！那些話在哪兒？」但似乎法官也是遊戲的一部分，因為他的頭腦跟其他人一樣。就頭腦而言…你們還無法讓你們的法官達到沒有頭腦的狀態。他們是印度教徒、回教徒、社會主義者、共產主義者——所以他們怎麼會是不主觀的？

我們在印度的加爾各答高等法院上訴，我很驚訝…這個案子是如此荒謬。那份報紙沒有他說的那些話…那只是謊言。事實上，那個人應該立刻被逮捕，因為他試著偽造一個虛假的案件。

我們的一個桑雅士，塔沙加陀，去了法院——他是個律師，一個高等法院的律師——他向最高法院說明案情。他拿出報紙，他說：「完全沒有那些話。這些是其他的報紙。沒有任何一份報紙有說了那些話。而這份報紙是那個先生引述的那份報紙。上面沒有那些話。所以您只需要駁回案子。」

但連最高法院也說：「當某個人的宗教感情受到傷害，不能這麼隨便就把案子駁回。必須經過審判。」

他們知道他們會駁回案子，但連最高法院的法官也想騷擾我，至少幾個聽證會。而且他們不允許我的律師參加⋯⋯因為我用不到。那我要說什麼？——因為我什麼都沒說過。所以只是為了騷擾我⋯⋯這些人都有自己的想法；他們在投射自己的想法。頭腦只會做這樣的事。

所以當父母教小孩不要主觀——而小孩很清楚他們的父母一直是主觀的——一方面他們失去小孩的尊敬，一方面小孩變成了偽君子。父母是主觀的，但他們繼續說：「這不是主觀；我們只是在敘述事實。」

他們不只對別人這麼說，他們也對自己這麼說。他們說服自己這就是事實。但問題是，所謂的事實可能只是你的想法。對某個人而言，那可能不是事實，那可能是虛構的。例如，對於數百萬人的頭腦而言，神是個事實，而我說祂是個謊言——最大的謊言，最大的幻象。

你可能認為某件事是好的，但你已經從別人那兒得到一個想法，認為這是好的——它是借來的。所以藉著說某件事是好的、壞的、美的、醜的，那你只是反映出社會的頭腦。而你卻十足肯定那是事實。

但是當你更深入去看，帶著一點覺知，我會告訴你這些事實是如何消失的。例如，你可能認為某個女人是美麗的；不只你這麼認為，可能是所有評審委員決定她是美國小姐或德國小姐，但每個國家都有它對美的定義。因為你住在某個地方，每個人和你都這麼認為，你從未懷疑可能有人不認為她是美麗的。

在東方，那些被西方選出來認為是最美麗的女人沒有一個會被認為是最美麗的。西方進行的方式是非常機械化的：身體的比例，他們的重量——那些其他人不認為和美麗有關的東西。每部分都有些標準——臉部的美，身體的比例，身體的重量⋯但是在愛上某個女人前，是否有任何人會先去測量她的重量和比例，然後決定她是不是美麗的？

我看過這些女人的照片，我不敢相信，因為在東方，這麼輕的體重是不會認為她是美麗的。東方對女人有不同的看法。你可以看看卡修拉荷的雕像。那會讓你了解東方對美的定義。女人必須有些脂肪，因為女人的主要目的就是要當個母親。在西方，她會節食以便參加選美比賽，所以全部的肉都會不見，只剩下骨頭。

在東方，女人要有點肉才會被認為是美麗的，因為脂肪是妳的儲藏室、妳的食物，而女人的主要目的是要當個母親。現在骨瘦如柴的女人，無論比例多麼好，都無法成為母親。她沒有足夠的脂肪，因為她在那九個月會很難進食；她必須靠自己的脂肪而活。如果她沒有脂肪，就不可能成為母親。而且她需要乳房來餵嬰兒。在東方的觀念裡，這是構成她的美的其中一部分。

所以東方和西方不會同時認為某個女人是美麗的。而且如果你再考慮到其他國家，例如中國，那又會有不同的觀念。或者日本，又會有不同的觀念——例如女人的優雅⋯一個參加遊行的女人，在數千人面前幾乎赤裸的行進是不優雅的。她簡直是在銷售自己的肉體。這些比賽都是情色的。人們去那兒是為了看赤裸的女人；他們對比賽沒興趣。

但是在印度或日本沒有這樣的比賽。你會需要一個完全不同的觀念。女人的優雅是基本條件，而西方的審美觀完全不考慮這點。

當西方人初次來到中國，他們寫信回家：「這些人不是人類：他們看起來不像人類，他們是一個非常奇怪的種族。一定是某種看起來有點像人的動物」——因為他們從沒想過會有鬍子只有六根毛的！而且顴骨突出到無法接受。

但中國人也把西方人的來訪記錄下來，那些資料現在還看得到。「他們看起來像猴子。也許達爾文是對的，但是他的說法只適用於西方人，也就是他們是從猴子演化而來的。他們的行為是如此放浪形骸；他們的人格是如此的不優雅。」

這兩者都是在評斷。雙方都是批判的；雙方都不是客觀的。雙方都憑著從小時候累積的見解來看待對方、憑著和特定的人住在特定社會的經驗來看待對方。

在印度，有一個族群叫做馬爾瓦爾。他們住在拉賈斯坦，但他們只有房子是在拉賈斯坦；他們的生意則遍及全印度。他們偶爾會回家；其他時候則是在各地工作。他們是非常精明的生意人。

他們的女兒要出嫁了，而男方家族則在打聽女方是什麼樣的人，然後有人叫他們來問我，因為我和女方很熟。於是他們來問我。我感到驚訝，因為他們問了一個問題：「女方曾經破產幾次？」

我說：「這問題很怪！」

他們說：「並不奇怪。在我們的社會裡，我們就是這樣計算一個人的財富。我們沒有破產是因為我們的生意失敗了，或者有過損失；而我們破產表示我們正處於高峰。每次破產都表示至少有一百萬盧比。所以這可以簡單的算出這個家庭有多少錢。如果他們破產過三次，那很好。如果他們從未破產，那雙方就無法結婚，因為如果他們從未破產，那他們就不會有足夠的錢做為嫁妝。我們不能直接問——那不太好看——所以我們必須間接的詢問。」

現在他們這種想法是很特別的。我不認為世界上有任何人會認為一個破產過七次的人會有任何財產。當他們在某個地方宣告破產了，對他們而言，那個地方就不再有什麼可剝削的。他們已經盡可能的剝削人們，然後宣告他們破產了！他們會假裝他們沒有任何錢。

所以他們會搬家。他們真正的家在拉賈斯坦；其他都是暫時居住的地方，用來賺錢和宣告破產。然後他們會從這個城市遷移到另一個沒人知道他們曾經破產過的遙遠城市。然後他們會再次做生意；等到累積很多錢後又宣告破產。

然後所有錢會存在拉賈斯坦，他們的家。其他地方只是用來剝削的。他們不斷搬家。每個馬爾瓦爾人在五到七年內會搬一次家，因為已經在那段時間取得人們的信任，累積足夠的錢，借了很多錢，做了一切他能做的，然後宣告破產。

沒人會認為破產是好事，但如果你是馬爾瓦爾人，那能破產幾次就破產幾次！你的名聲、人們對你的尊敬會持續增加。但在別處，如果你破產，你就會失去你的名聲。

印度有一個部落，當他們嫁女兒時——那是一個原始部落——他們會問新郎犯過多少罪，因為那表示他的成熟度。他做過牢，他已經學到生活的方式——他們的女兒在任何情況下都不會挨餓。他們會把女兒嫁給一個騙子！

當我知道這些人的存在⋯而謀殺則是有價值的，因為那表示他們的女兒會嫁給一個什麼事都做得出來的人，包括謀殺。他們的女兒會被新郎保護，不會遇到任何問題，因為他是賊，他做過牢——他知道一切…如何行騙、剝削、詐欺。那似乎是作為新郎的條件——但只有他們的部落才這樣認為。在部落之外，一切都會被譴責。誰會把女兒嫁給一個殺人犯、或是常常坐牢、犯了各種罪的人？那會是不把這個人列入考慮的條件。

如果你看看全世界，你會看到不同的制約，他們對於好壞善惡的看法，你會首次了解到你的頭腦也是人性的一部分。那些和真理完全無關；只是人性的一部分。透過這樣的頭腦，你看到的一切都是帶有偏見的。

甚至你們的法官，應該必須是公正的，但實際上卻不是公正的——不可能。應該設定一個明確的要求，當一個人當法官之前，他必須經歷過深度的靜心。他必須放棄他的宗教，他必須放棄任何政治理念；他必須放棄過去。除非他證明他是空的，他是毫無汙染的，清淨無瑕的，否則他不能當法官。只有在那樣的條件下，他的判決才會是基於事實的——因為他不會事先有任何偏見。否則他們會在訴訟前就開始評斷。他們早就做出決定了。

每個人都一樣。期待法官是完全公正的，平等的看待原告和被告，了解案件的各種可能，而不讓他們自己的偏見介入…但是那個偏見早就在裡面了！

所以我可以了解你的問題，但是那個堵塞可以被移除。你的父母要你是客觀的，這樣你就會試著不當一個主觀的人。但是你無法做到，因為透過頭腦，你只會是主觀的。所以你會換個名字：你會說：「我是在陳述事實。那是根據事實所做的敘述。」但是它不可能是根據事實所做的敘述。

透過頭腦，沒有任何東西是屬於你的，那不是你真正的看法。只有透過深度的靜心，當你可以和頭腦斷開連結，可以把頭腦放到一邊時，你才能敘述事實，你才能說出真理。

所以你父母試著在做的……他們試著透過錯誤的方法來做正確的事。那也是他們的父母對他們要求的：「不要評斷。」但頭腦能怎麼辦？頭腦只能這樣運作。沒有人教你如何沒有頭腦，只有達到沒有頭腦的狀態，出現的才是事實，不會被你的偏見所影響。

在我讀高中時，每天至少會被叫到校長辦公室一次，因為某件事去接受懲罰。我那時不認為——我現在也不認為——那時我做的事是錯誤的，但是校長和老師有他們的看法。

例如，如果我騎馬到學校有什麼錯？我不認為有什麼不對，雖然在那個地方，沒有人會騎馬到學校。騎馬將會造成混亂。所有學生會聚在那兒說：「你現在找到某個新玩意了！」

而馬主人也來了，追著我！我並沒有養任何馬。在那個地方不會有馬的存在，除了某種由馬拖曳的交通工具，我們稱為tonga。任何有火車停靠的站點，拖曳tonga的馬匹會在外面一邊等著一邊吃草。任何馬兒都可以：我會抓住其中一隻並騎著牠去上學。

我的立場是：「這有什麼錯？」而他們的問題是我在不必要的製造麻煩。現在所有在上的課會被迫停止，學生會跑出來看看我今天做了什麼！老師則站著大罵：「不要出去！」但沒有人在聽。而馬主人也大叫：「那是我的馬！奇怪，現在是火車行駛的時間，而我得趕去接乘客……這個男孩突然跳上我的馬騎著牠到這兒！」所以我的校長已經習慣……

我對馬主人說：「你接乘客的費用是多少？我會給你那些錢——忘掉那班火車。你何必大驚小怪？你賺的錢並不多：如果你載四個下了火車的人到市區可以賺一盧比，我會給你。拿了這一盧比，享受一下，你不用浪費時間趕到火車站了。因為我騎了你的馬，我會給你一盧比。不用擔心，但讓我先騎到學校。」

我給了他一盧比，他非常高興。他說：「如果是這樣，你隨時都可以騎走我的馬。」

我對校長說：「你可以看到：馬主人是快樂的，馬是快樂的。沒有誰被妨礙。如果學生跑出來，那是你和學生的問題。但是學校並沒有規定不能騎馬來上學。我看過校規很多次，我有標記出那個我可以走的漏洞。」

他們說：「我們從沒想過有誰會用校規質疑學校。確實沒有這樣的規定。」

那為什麼對我這麼生氣？每天都會有某件事。校長常對我說：「手伸出來，」他會用藤條打我的手。他甚至打到一半會停下來問我做了什麼事。

然後我說：「這樣比較好：不要問我，因為即使你問過我，你也已經懲罰過了，那還有什麼意義？他們把我帶到這兒，你只要懲罰我，然後我會離開。」

有一天發生了——一件很少見的事——老師發現班長在教室裡抽菸，那是很大的過錯。他對我說：「過去都是班長帶你去找校長；今天換你帶他去。」

我說：「非常好——雖然我不認同你。記住，學校沒有規定不能在教室裡抽菸。所以我會帶他去找校長，但是我會讓他知道。而你要知道你一直在教室裡抽菸，我們沒有說出來是因為學校沒有規定。」

於是我帶了班長過去。老師跟了過來，走了一半的路後，他說：「不要講到我，因為我是新來的，約聘的；他們可能會把我趕走。」

我說：「好，我不會講到你，但你要停止在教室裡抽菸。」

他說：「我答應你。」

我帶了班長過去，但校長已經很習慣打我，以致於他沒有問是誰犯錯。他只是說：「把手伸出來，」於是我把手伸出來，然後他開始打。

我說：「打吧，但你會後悔。」

他說：「我為什麼會後悔？」

我說：「今天情況不同。犯錯的是男孩；今天我不是犯人。而你已經打了我的手。現在把藤條給我，把你的手伸出來；否則我會製造很大的麻煩。先伸出手來，我會打三次，因為你打了三次。」

他說：「但是…！」

我說：「沒有「但是」！你沒問過我。你已經有很多天沒問過我了。我一直保持沉默，但是這太過分了。」他只好伸出手，然後我打了三次，我說：「記住這件事。」

他說：「我這輩子都會記住，因為當一個校長…被一個學生打手心。我怎麼會忘掉！但請不要到處宣揚。」

我說：「我不會告訴任何人，但是我無法保證這個男孩。他會說出來；他必須說出來。」

校長說：「你是什麼意思：「他必須說出來」？」

我說：「我會讓他說出來。我自己什麼都不會說。」

校長說：「你要怎麼強迫他說出來？」

我說：「首先我要保護他。他被發現在教室裡抽菸；那就是他來這兒的原因。但沒有規定…你看看校規：哪裡有提到學生不能在教室裡抽菸？教室內或教室外都沒有禁止抽菸。沒有規定是因為沒有人想到會有任何學生在教室裡抽菸。」

他說：「沒錯，那是真的。我們要做些修改。」

我說：「你先修改，然後我們再來看；但現在你不能懲罰他。因為我要救他，他就得說出去。」

校長說：「你似乎很奇怪。你是來唸書還是來製造麻煩的？」

「我不是在製造麻煩。這只是一個談判。我救了他，你也打過了。現在他的責任就是把這件事傳出去。我會完全保持沉默。」而我什麼都還沒說，那個男孩就說出去了，因為我帶他去那兒卻代替他受罰使他很快樂。

那天我問校長：「你抽菸，幾乎每個老師都抽菸，除了一兩個之外；那為什麼還要反對抽菸？如果抽菸是不好的，你就應該阻止老師抽菸，因為學生會模仿老師。」

父母抽菸卻不讓他們的小孩抽菸；他們只是在創造偽君子。小孩會躲在某處抽菸。這是一個非常愚昧的社會。沒有人知道他們在試著做什麼或者要如何做到。他們都說：「不要評斷」——但是一方面你對每個人說：「這是好的，這是不好的，這是對的，這是錯的」，一方面你又說不要評斷，這要如何做到？

你被教導的所有道德觀都是評斷的，然而在那個教導中，「不要評斷」也是它的一部分。你是在創造混亂，而小孩存活在這種混亂下的唯一方式就是成為偽君子。他會評斷，然後他會說他是不評斷的。他會相信他的評斷是有根據的事實。但實際的情況是，不可能有任何有根據的事實：甚至科學也只有提供比較性的事實，而不是有根據的事實。它只能說，就假設上而言，它是事實。明天它可能會改變；更多的研究可能會改變它。

就在一百年前，科學非常固執的認為它所說的一切都是不容置疑的事實。現在則非如此。現在的情況是你不能寫出一本關於現代科學的書，因為等你寫好，你所寫的一切將會是過時的。所以現在只會有短篇的論文期刊付梓，分發給參加研討會的人，因為你無法確定明天會發生什麼。明天某個人會找到一些論據，然後你全部的工作將會白費。

一切都是比較而來的。

頭腦無法找出根本的事實。

頭腦無法找到不容置疑的事實，因為那會是真理的實相。它只會找出近似的虛構物，在那時候可以幫助你了解實相，並用它下工夫。

所以不要把它當成問題，不要試著用頭腦來解決。頭腦是評斷的。所以不要試著做那些無法做到的。能做的就是離開頭腦。慢慢的超越頭腦，開始在觀照的寧靜狀態下去看。也許那時候你所看到的會是真理。

有一個關於朱奈德的蘇菲故事。他的一個弟子說：「我完全信任你。」

朱奈德說：「不要說這種話，因為你還待在頭腦裡，完全的信任不是頭腦的特質。你來找我是為了達到那個你可以處於完全信任的狀態，但現在還不要這麼說。」

但弟子很固執。他說：「我信任你。那不是某個可以被動搖或被拿走的東西。我可以犧牲生命，但是我不會放棄我的信任。」

朱奈德說：「那點我可以相信。你可以犧牲生命，但是就信任而言，我們稍後才知道。」

幾天後，那個弟子看到朱奈德和一個女人坐在湖邊。那是很大的震驚，因為蘇菲神秘家不能和女人坐在一起。不只如此：那個女人還為朱奈德倒酒。朱奈德喝了酒。然而蘇菲派反對任何含有酒精的飲料！

太過分了。弟子走到湖邊對朱奈德說：「你謀殺了我的信任。」

朱奈德說：「我說過，頭腦產生的信任沒有什麼價值。」

弟子說：「不要還試著當一個師父。你在欺騙人們！你在喝酒，你和女人坐在一起。」當然，如同一般的回教女人，那個女人戴著一個黑色的面紗。

朱奈德說：「嚐嚐那個飲料。那只是水，只是顏色看起來像酒。」

弟子喝了。他很驚訝。他說：「你為什麼要這麼做？」

朱奈德說：「掀開這個女人的面紗——她是我母親。」

他掀開了面紗；是朱奈德的母親。他跪在朱耐德面前說：「原諒我。」

朱奈德說：「不需要。我只是要讓你知道不要透過頭腦說出它作不到的事：完全的真理、完全的信任。現在只是一個女人坐在我旁邊——如果你信任，你就不會受到影響。那和你無關。你不是我師父。你並不是因為我不坐在女人旁邊才當我的弟子。你並沒有說在我不喝酒的條件下，你才會當我的弟子，所以你何必感到困擾？」

可憐的弟子只是表現出他被社會所施加的制約。但是有件事很清楚：說出頭腦不能說的話是錯誤的。

所以你不需要對你父親說的話感到困擾。那些都過去了，只是鏡子上的灰塵。清理鏡子，來到一個只有壓倒性寧靜的狀態。然後無論你看到什麼或說了什麼都會是事實的敘述，因為你沒有任何評斷。攜帶著那些評斷並試著保持不評斷是在和自己對抗。那個對抗會堵塞你的智慧。

任何對抗會把你分成兩半。你內在裡的任何對抗對你的智慧是有害的。當你不和內在裡的一切對抗，當一切都是平靜安寧的，你的智慧將會有它全然的芬芳、透徹和美。而智慧是我們唯一的寶藏。是智慧使我們找到和生命奧秘有關的一切。

但是不要創造衝突。不要生你父親的氣。他所做的一切一定是他所接受過的。父母只是把疾病代代相傳下去；那是一個無意識的過程。

你可以離開這整個惡性循懷，只要對他們教給你的一切保持警覺，那些他們自己沒察覺到的一切。他們是好意，但是他們在你裡面創造了混亂。

奧修，當我試著檢視我的問題是什麼，我想到一句諺語：「一旦有愛，一切都是美好的。一旦沒有愛，一切都是醜陋的。」我的問題是否都是起因於沒有觸碰到我的心？

你問題的第二部分是對的。所有的問題，不只你的問題，還有每個人的問題，之所以會產生是因為沒有觸碰到心。頭腦是一個問題製造機。它無法找到任何答案，但是它會製造數百萬個問題。心會有答案。

問題可能有數百萬個，但答案只有一個。如果你觸碰到你的心，你的問題就會消失。這是你問題的第二部分。

但第一部分則是完全不同的事。你說：「一旦有愛，一切都是美好的。一旦沒有愛，一切都是醜陋的。」那是個幻象。

愛創造出一種幻象。你是快樂的，你是喜悅的，你被一層喜悅的薄霧籠罩住，然後你把你感受到的喜悅和美投射到每個人身上——但那是個投射，那不是實相。當你的心裡不再有愛，愛變成酸臭的，變成了恨，每個人看起來都是醜陋的。那也是投射。兩者都不是你周圍的人或事的實相。

如果你真的想要知道人們，你必須超越所有二分性。愛和恨、白天和夜晚、生和死——必須拋棄各種二分性。只有成為一個觀照才可能做到。然後你會是一面鏡子。你只是一面鏡子，你不談論任何事物。

無論站在你面前的女人是否美麗，鏡子都不會說任何話；它只是反映出那個人。如果她是醜陋的，鏡子不會說任何話；它只是反映出那個醜陋的人。觀照的意識只是反映。它不會談論，但是它知道。對任何人說：「你是醜陋的」有什麼意義？對任何人說：「你是美麗的」有什麼意義？——因為無論你對人們說了什麼，你的意見都會對他們的生活造成困擾。

觀照的意識是一個非常寧靜的觀察者。它知道，但是它不會說出來。不需要。A就是A，B就是B。說出來有什麼意義？何必對別人的頭腦造成困擾？

愛不是覺醒的狀態。它是一種藥，它是和荷爾蒙有關的。

我聽說一個美國最高法院的法官退休後只有一個希望。六十年前他和他的妻子結婚後到巴黎度蜜月。他的名字叫巴里，他只有一個希望：在他們死前再去一次巴黎。

所以退休後，他做的第一件事就是帶他年老的妻子到巴黎。他們住在同一個旅館的同一個房間。他們去同樣的地方玩——但是少了某個東西。最後巴里對妻子說：「巴黎變了很多——不再和過去一樣，不再有同樣的美，不再是多采多姿的。一切似乎都是了無新意的，單調的。我還以為六十年後的巴黎會變得更美好。我不是為了讓我的夢想破滅而來這兒的。」

他的妻子說：「如果你不介意，我想要說巴黎仍然和以前一樣；改變的是巴里。我們現在老了，我們已經失去我們的活力。上一次是我們的蜜月；現在這不是我們的蜜月。我們已經有半隻腳踩在棺材裡了！我們在六十年前看到的一切並不是真的：那是一對戀人度蜜月時的投射，他們正熱戀中。現在這也不是真的：一對老夫老妻認為他們沒有未來，只有死亡和黑暗的幻覺。這也是一個投射。」妻子是對的。

所以你的愛可能使一切看起來是美麗的，而你的恨則使一切看起來是醜陋的——但它們只是投射。不要依賴投射。如果你想知道實相，那就只是成為一個觀照。而觀照永遠不會是年輕或年老的；它是不受時間影響的。所以不會有青年或老年的問題，不會有蜜月或墓地的問題。觀照裡面不會有這些問題。

觀照所看到的就是實相。

它只是一面鏡子。

第十九章
單獨的喜樂

奧修，其中一個人類所面對的最大阻礙似乎是成為單獨的，單獨的面對全世界的看法，單獨的面對全世界的謊言，在身體上處於單獨的，並且，最後，甚至處於沒有頭腦的單獨——最終的度假地點。

我們知道我們是單獨的，我們知道我們會單獨的死去，我們知道外在的一切都是短暫的——只有你反映出星辰的寧靜，無限的寧靜，永恆的寧靜——然而在心的下方還有痛苦、困難、恐懼：害怕做一個沒有朋友的小男孩，害怕被拒絕，害怕失敗，而且假裝我不在乎的痛苦。因為這些痛苦而流下的每滴淚水：失去、害怕孤立或分離。我們要如何突破這個害怕單獨的黑暗並接受你每次呼吸所散發出來的單獨的喜樂？

不能直接和孤獨的黑暗對抗。這是每個人都需要了解的，有些基本的條件是不能改變的。這就是其中一個：你不能直接和黑暗對抗，不能直接和孤獨對抗，不能直接和孤立的恐懼對抗。因為這些東西並不存在；它們只是某個東西不存在時的狀態，就如同黑暗只是光不存在的狀態。

當你要房間不是黑暗的，你要怎麼做？你不會直接對黑暗做任何事——還是你會？你不能把它推出去。不可能做任何事讓黑暗消失。你必須做些和光有關的事。這將會改變整個情況；那就是我所謂其中一個基本的條件。你甚至不觸碰黑暗；你不去想它。沒有必要；它不存在，它只是一個現象。

所以只要把光帶進來，你就不會看到任何黑暗，因為它是光不存在時的現象，只是沒有光——不是某個有形的東西，有自己的存在，不是某個存在的東西。但只是因為沒有光，你就有了幻覺，認為黑暗是存在的。

你可以一輩子一直和這個黑暗對抗，你將不會成功，但是只要一根小蠟燭就足以驅除它。你必須對光下工夫，因為它是正向的、存在的；它是獨自存在的。一旦有了光，任何沒有光而發生的現象會自動消失。

孤獨就像黑暗。

你不了解你的單獨。你還沒經驗過你的單獨和它的美，它無窮的力量，它的強度。字典裡的孤獨和單獨是同義字，但存在並不會配合你的字典。還沒有人試著製作一本不會和存在衝突的字典，一本屬於存在的字典。

孤獨是不存在的。因為你不了解你的單獨，所以會有恐懼。你感覺孤獨，所以你想要抓著某個東西，某個人，某個關係，只是為了保有那個你並不孤獨的幻象。但你知道你是孤獨的——所以會有痛苦。一方面你執著於某個不真實的東西，某個短暫的東西——一段關係、一段友誼。

當你處於這個關係中，你可以創造出一個小小的幻象，使你忘掉你的孤獨。但問題就在這兒：雖然這一刻你可以忘掉你的孤獨，但到了下一刻，你會突然發覺這段關係或友誼並不是永恆的。昨天你還不認識這個男人或這個女人，你們是陌生人。今天你們成了朋友——誰知道明天會怎樣？明天你們可能會再次成為陌生人——所以會有痛苦。

這個幻象給予一定的慰藉，但是它無法創造事實而使所有的恐懼消失。它會壓抑恐懼，所以表面上你覺得很好——至少你試著覺得很好。你假裝自己感覺很好：這段關係多麼美好，這個男人或女人多麼棒。但是在幻象的背後——這個幻象是如此稀薄以致於你可以看到它的背後——心裡面藏著痛苦，因為心很清楚，明天事情可能不再一樣……而它們是不會一樣的。

你這輩子的經驗說明了一切是不斷改變的。沒有任何東西是不變的；你無法在一個變動中的世界裡執著任何東西。你想要你的友情是永恆的，但你的慾望有違於變動的法則，那個法則不會因為你而例外。它只是持續運作著。它會改變——一切。

也許最後，有一天你會了解到它不聽從你的慾望是好的，存在不因為你而困擾，它只是持續做它要做的……不是根據你的慾望。

你可能要一點時間才會了解。你要這個朋友永遠成為你的朋友，但明天他就變成敵人了。或者只是——「你失去他了！」他不再和你來往。某個更優秀的人填補了那個缺口。然後你突然了解到失去他是好的；否則你會無法擺脫他。但是那個教訓沒有深到讓你不再要求永恆不變。

你會開始要求和這個男人或女人永遠在一起：這不該改變。你沒有真的學到教訓，沒有了解到改變只是生命的架構。你必須了解它，跟隨它。不要創造幻象；它們不會有幫助。每個人都在創造各種不同的幻象。

我認識某個人，他常說：「我只相信錢。我不相信任何人。」

我說：「你說了一段很重要的話。」

他說：「每個人都會變。你不能倚賴任何人。當你越來越老，只有你的錢會是你的。否則不會有人在意你——甚至你的兒子、妻子。如果你有錢，他們都會在意你，他們都會尊敬你，因為你有錢。如果你沒錢，你會變成乞丐。」

他說世界上唯一能相信的就是錢，那來自於他漫長的生活經驗，不斷被他相信的人欺騙——於是他認為他們是因為錢才會愛他。

「但是，」我說：「當死亡來臨，金錢不會跟著你離開。你可以幻想至少錢會和你在一起，但是當你停止呼吸，金錢將不再跟著你。你掙得了某些東西，但是它會被留在這兒；你死後無法帶走它。你會掉落到一個深深的孤獨中，那個你一直用金錢掩蓋的孤獨。」

有的人追逐權力，但理由是相同的：當他們有了權力，很多人跟著他們，數百萬人被他們支配。他們不是單獨的。他們是偉大的政治和宗教領袖。但是權力是會轉移的。今天你擁有它，某一天它就離開了，然後整個幻象突然就破滅了。你是孤獨的，但別人不孤獨，因為他們已經習慣孤獨了。你還不習慣…你的孤獨帶給你的傷害更多。

社會試著做些安排使你忘掉孤獨。它安排婚姻使你認為你的妻子和你在一起。所有宗教都反對離婚，原因就是如果允許離婚，那發明婚姻的主要目的就被摧毀了。那個主要目的就是給你一個伴侶，一個終身伴侶。

但即使妻子和你在一起一輩子，或者丈夫和妳在一起一輩子，那不表示愛仍然不變。事實上，給你的不是伴侶，而是一個重擔。你是孤獨的，已經一堆麻煩了，現在你還得考慮另一個孤獨的人。而且這一世已經沒有希望了，因為一旦愛消失了，你們都會是孤獨的，而且還得忍受對方。現在不是為對方著迷的問題；最多你就是有耐心的忍受對方。你的孤獨不會因為社會安排的婚姻而改變。

宗教試著使你成為組織化宗教的一員，這樣你就會一直待在群眾中。你知道世界上有六億的天主教徒；你不是單獨的，有六億人和你在一起。耶穌基督是你的救世主。上帝和你在一起。如果你只有一個人，那可能你是錯的——可能會懷疑——但是和六億人在一起不可能是錯的。多少是個支持…但現在這個支持也失去了，因為有數百萬人不是天主教徒。還有處死耶穌的人。還有不相信上帝的人——他們的數量不會少於天主教徒，他們是多於天主教徒的。還有其他擁有不同觀點的宗教。

有智慧的人很難不懷疑。可能有數百萬人跟你都擁有相同的信仰，但你仍然無法確定他們和你在一起，無法確定你不是孤獨的。

神是一個手段，但所有的手段都失敗了。那是一個設計…如果你沒有任何東西，至少神和你在一起。祂隨時隨地都和你在一起。在靈魂的黑夜裡，祂和你在一起——不用擔心。

對於幼稚的人類而言，被這個想法欺騙是好的，然而你無法相信這個想法。這個神隨時隨地都在——你看不到祂，你無法對祂說話，你摸不到祂。你無法證明祂是存在的——你只能期待祂在那兒。但你的期待無法證明任何事。

神只是一個幼稚頭腦的慾望。但人已經成熟了，上帝變成沒有意義的。這個假設已經無法再掌控你。

我想說的是，每個對於避免孤獨所做的努力都已經失敗了，也將會失敗，因為它違反了生命的基本條件。需要的不是可以讓你忘掉孤獨的東西。需要的是可以使你覺知你的單獨的東西，單獨才是實相。經歷它和感受它是如此美麗，因為那使你不受到群眾的束縛，不受到他人的束縛。使你不被孤獨的恐懼所束縛。

只是「孤獨」這個字就會使你立刻想到它就像個傷口：需要用某個東西掩飾它。有個缺口在那兒，它是令人傷痛的：需要用某個東西填補。「單獨」這個字不會讓你覺得它跟傷口的意思一樣，不會讓你覺得它是一個需要填補的缺口。單獨的意思是完整。你就是整體；不需要任何人使你是完整的。

所以試著找到你最深處的中心，在那兒，你一直是單獨的。無論出生或死亡——無論你在哪兒，你都會是單獨的。但它是如此的充滿——它不是空的，它是如此的充滿、完整、洋溢著生命的活力、擁有所有存在的美和祝福，以致於一旦你經驗到單獨，心裡的痛苦將會消失。相反的，一個極度甜美、寧靜、喜悅、喜樂的新旋律將會出現。

那不表示一個集中在他的單獨、在他裡面達到圓滿的人不能交朋友——事實上只有他能交朋友，因為現在那不再是一個需要，而只是分享。他擁有這麼多；他可以分享。

友情有兩種。一個是乞丐的友情——你需要從別人那兒得到某些東西來使你不是孤獨的——而別人也是乞丐；他也想要從你這兒得到同樣的東西。所以自然的，兩個乞丐無法幫忙彼此。他們很快會了解到向乞丐乞討將會使那個需要加倍或相乘。原本只有一個乞丐，現在有兩個。而且如果不幸的，他們有了小孩，那會有一群乞丐在乞討——但沒有人可以給予。所以每個人都會感到挫折和憤怒，每個人都覺得他被騙了。但事實上沒有人在欺騙，因為你有什麼可以被騙？

另一種友情，另一種愛，有一種完全不同的特質。它不是一種需要，它是因為擁有的是這麼多以致於你想要分享。一種新的喜悅進入了你的存在——屬於分享的喜悅，那是你以前從未察覺的。

因為你一直在乞討。

當你分享，就不會有執著的問題。你隨著存在流動，你隨著生命的變化流動，因為那和你與誰分享無關。明天可以是同一個人——你一輩子都是和同一個人分享——或者可以是不同的人。那不是一個契約，不是婚姻；只是因為你是如此充滿以致於你想給予。所以無論誰剛好在你身邊，你就給予。而給予是一個如此巨大的喜悅。

乞討是一種極大的痛苦。即使你透過乞討而得到，你仍會是痛苦的。它是令人傷痛的。它傷了你的自尊，你的完整。但是分享使你更處於中心、更完整、更自豪，但不是更自我主義——更自豪是因為存在對你是慈悲的。那不是自我；是一個完全不同的現象⋯存在給了你某個東西做為報償，某個數百萬人試著要得到的東西，但卻走了錯的門。而你剛好走了對的門。

你會為你的喜樂和存在給你的一切感到自豪。恐懼消失了、黑暗消失了、痛苦消失了、對別人的渴望也消失了。

你會愛上某個人，如果你愛的那個人愛上別人，你不會感到嫉妒，因為你的愛來自於如此多的喜悅。那不是執著。你不會囚禁某個人。你不會擔心對方可能會溜出你的手掌心，不會擔心對方和某人共譜戀情⋯

當你分享你的喜悅，你不會創造出監獄去囚禁任何人。你只是給予。你甚至不會期待感激或謝意，因為你的給予不是為了得到任何東西，甚至不是為了被感激。你給予是因為你擁有如此多以致於你必須給予。

所以如果任何人感激你，你會感謝他接受你的愛，接受你的禮物。他卸下你的負擔，他允許你傾注在他身上。你分享的越多，你給的越多，你就擁有的越多。所以那不會使你變成守財奴，不會使你害怕：「我可能會失去它了。」事實上，你失去的越多，就越會流出更多你以前從不知道的新鮮泉水。

所以關於你的孤獨，我不會告訴你去做什麼。

尋找你的單獨。

忘掉孤獨，忘掉黑暗，忘掉痛苦。這些只是單獨不存在時的現象。單獨的經驗將會立刻驅除它們。方法是一樣的：只要看著你的頭腦，保持覺知。變得越來越有意識，最後你只會意識到你自己。那就是你開始覺知到單獨的時候。

你會驚訝的知道，不同的宗教對於達成的最終狀態給了不同的名字。在印度之外所誕生的三個宗教沒有為它命名，因為它們在求道的過程中從未到達那麼遠的地方。它們仍是幼稚的、不成熟的、執著上帝、執著祈禱、執著救世主。你可以了解我的意思：他們會一直依賴——某個人來救他們。他們還沒有成熟。猶太教、基督教、回教——它們一點都不成熟，也許那就是它們影響世界上大多數人的原因，因為世界上大部分的人都是不成熟的。兩者會互相吸引。

但是在印度的三個宗教分別為最終的狀態給了名字。我會記得它們是因為單獨這個字。耆那教給的名字是 kaivalya，單獨，作為存在的最終狀態。如同佛教給的名字是涅槃，無我，而印度教給的名字是莫克夏，解脫。耆那教給的名字是完全的單獨。這三個字是美麗的。它們是同一個實相的三個面向。你可以把它稱為解脫、自由；你可以把它稱為單獨；你可以把它稱為無我、無物——對於最終經驗的不同表示，那個經驗是沒有任何名字可以充分表達的。

但是要隨時檢視你面對的問題是負面的或正面的。如果是負面的，那就不要和它對抗；完全不在意它。只要尋找它正面的地方，然後你就走了對的門。

世界上大部分的人之所以錯過是因為他們直接和負面的門對抗。那個門並不存在；只有一片黑暗，什麼都沒有。他們越努力對抗，他們就會遇到越多失敗，他們會越來越沮喪、悲觀⋯最後他們會發現生命沒有任何意義，它只是一個折磨。然而那是因為他們走了錯的門。

所以在你面對問題之前，先看看問題：它是否只是缺乏某個東西的現象？你所有的問題都是因為缺少某個東西。一旦你發現缺少了什麼，就去尋找那個正面的。當你找到那個正面的，也就是光——黑暗就消失了。

奧修，如果我們一直在瓶子外面，那我們的頭腦是如何控制我們、愚弄我們，使我們以為我們在瓶子裡面？

頭腦可以做到任何看起來幾乎不可能的事。例如你在瓶子外面——你從未在瓶子裡面——但是你可以把你的想法投射到瓶子上。你可以在瓶子裡找到某個東西使你依戀它：你要它，你準備為它奮鬥。你在瓶子外面，但你的頭腦已經進入瓶子裡面。

頭腦只是一個思想波；瓶子無法攔住它。它可以執著於瓶子裡的某個東西。它可以深深的執著那個東西以致於某件怪事發生了：你認同頭腦，而頭腦認同了瓶子裡的某個東西——一個美麗的鑽石⋯有很多東西被放到瓶子裡。你在瓶子外面，但頭腦可以穿過它，因為它只是一個思想。

你每天聽廣播，但你從未問這些思想波是如何從數千里外進入你的房子。它們持續的穿越了山峰、海洋、雲層，然後抵達了——穿過你房子的牆壁和門——進入你的房間。你只需要某個機制去捕捉它們，使它們顯現。你的收音機只是一個使它們夠大聲以便你可以聽見它們的裝置；否則即使現在我們聽不見它們，它們仍持續傳遞。有各種波在傳遞，它們透過世界上所有的收發站以各種語言傳遞著。

俄國人在做他們的工作，美國人在做他們的工作——這都發生在你房間內的周遭。但因為它們很難察覺到，除非你用收音機轉譯它們，大聲播放出來，否則你不會聽到它們。

二次大戰期間曾發生一件事，有個人的腦部被子彈擊中。子彈被拿出來了，但他的頭部發生了奇怪的變化。他一整天都會聽到周圍的廣播——不用收音機！現在他無法阻止它——各種廣告和新聞，日復一日。他把這件事告訴醫生，他們說：「你一定瘋了！這麼可能？我們聽不見。沒有人聽得見。除非你有收音機，否則你無法捕捉到聲音。」

但是那個人一直堅持，最後他們只好去確認。他們說：「好。那你告訴我們你聽到什麼。」然後他說出他聽到的。那時正在播放新聞，而他說出了整段新聞！他們很震驚，因為他們事先看過新聞快報，和他說的完全一樣。

然後他們又試了一次，某個人在隔壁聽廣播，並把聽到的記錄下來。他們對那個人說：「你大聲的說出你聽到的。」他們也把他說出來的記錄下來。他聽的是當地的廣播！

子彈改變了他的聽覺機制，他必須動手術。雖然他擁有這樣特別的能力，但幾乎不可能睡覺——而且誰想要聽一整天的廣播…？但是那使科學家有了一個想法，就是我們有一天將不再需要收音機，只要將一個小裝置接到耳朵上。透過那個小裝置，你可以聽到所有廣播。你可以轉到某個頻道並接收它。不需要一個大收音機，一個小收音機就夠了。

或者甚至可能把一個小廣播站放到你的腦部，你可以把搖控器放到你的口袋。你可以按任何鈕來選擇你想要的廣播站。不會有人知道你在聽什麼，你可以好好享受而不會打擾到任何人；你可以隨時關掉。所有來到的波⋯⋯

你的頭腦以同樣的方式捕捉到瓶子裡的東西。你認同頭腦，而頭腦擁有進入瓶子的能力。透過這個間接的方式，鵝進了瓶子，一切都只是認同。你只是認同了它，但你沒有變成它。所以事實上，你在瓶子外面，但你是如此認同它以致於你感覺你在瓶子裡。那個故事是非常重要的、非常心理層面的，因為那就是人的狀況。

某個人認同他的錢：雖然那些錢在保險箱裡，但他的頭腦也進入了保險箱，而他認同他的頭腦，所以就某個心理學的角度而言，他也在保險箱裡面。

在印度，一般人普遍認為，每當你找到深埋在地底下的財寶⋯⋯

在印度，那是唯一使錢財安全的方式。那時還沒有銀行，所以人們會把所有財富深埋在地下。最常見的就是床底；他們睡在上面，下面則埋著錢。

每當你找到一些錢財⋯⋯每天都會有人找到，因為數千年來，印度人一直在這樣做。每當你蓋了一間新房子或者老房子被拆除了，你一定會找到一些錢財。奇怪的是，你總會在每筆錢財旁看到一條大蛇盤據著那些錢。那些錢財可能放在泥甕，而蛇會纏繞著那個甕，牠的頭會剛好放在甕口。而一般人普遍認為埋下那些錢財的人⋯⋯死後會變成一條蛇，保護那些錢財，因為那是他死前最後一個念頭——當他死後，那些錢會發生什麼事？

這可能有一定的真實性，因為毫無例外的，總會有條蛇在那兒；而蛇和財寶沒有關係。牠們不吃錢，牠們對錢沒興趣。但是為什麼蛇要保護那些錢？所以人們的普遍看法也許有一定的可信度——那個人是如此依戀那些財寶以致於他無法離開它。所以唯一的方式——因為只有蛇可以生活在地底下。而蛇是危險的；牠們可以保護那些財寶。牠們會咬死任何試著要拿走錢財的人。

現在這個變成蛇去保護他的錢的人，他仍然在瓶子外面，但是他的頭腦已經深入到瓶子裡，他是如此認同他的頭腦以致於你可以說他也在瓶子裡面。

那就是為什麼師父說：「鵝在瓶子裡面，你必須把鵝弄出來，不能殺了牠，不能打破瓶子。」鵝是如此龐大以致於牠塞滿了整個瓶子。師父不會讓你有任何機會去把鵝弄出瓶子，因為他想提醒你，鵝已經出來了。只有對鵝的認同是在瓶子裡面的。當你認同任何事，就某方面而言，你也變成了它的一部分。

我知道有些人，特別在印度：有個人和他的妻子如此認同對方以致於他們幾乎是一體的。現在越來越少見了；過去這個情況很常發生。然而，現在偶爾還是有的丈夫和妻子會一起死掉。丈夫死了。妻子的心跳突然停止了——因為看到丈夫的死。對她而言，沒有丈夫陪伴的日子是不可能的。或者丈夫死了，因為他無法想像沒有妻子陪伴的生活。他們在一起住了六十年、七十年⋯因為在印度，童婚是很常見的。

幾十年前，它被認定是違法的，但仍然有這樣的情況發生。因為每個人的頭腦都接受它了——甚至警察、法官——雖然有法律規定，但沒有人會因此被逮捕。在每個村落，每年都會有童婚的情況發生。

當小孩——五歲大的女孩和七歲大的男孩——這麼早就結婚了，他們還一無所知，非常的脆弱。他們不了解任何和婚姻有關的事，但是他們變成好朋友，非常親密。他們住在一起，在一起玩，他們一起收集東西。在對性有所了解之前，也就是接近十四歲之前，他們已經在一起生活了七、八年。而在童年時有過的深厚親密不會再發生了，因為你以後不會再有這樣純粹、敏感的頭腦了。

然後他們在一起生活了六、七十年。而離婚的問題不會進入印度人的頭腦裡，雖然法律是允許的。但那不是印度傳統的一部分。所以偶爾會有一對夫妻如此認同彼此以致於他們幾乎進入了對方的生命中。他們是兩個人，但他們已經形成了特定的旋律以致於如果有一個人死了，另一個也會死掉。

現在科學家做了研究，他們非常驚訝。那個發現非常的重要。有兩種雙胞胎：同卵雙生和異卵雙生。女人很少會排出兩個卵子——每個月只會排放出一個卵子——但偶爾會有女人排出兩個卵子；那麼就會有兩個精子和這兩個卵子結合。如果卵子是分開的，那麼雙胞胎看起來就不會完全一樣，他們看起來會有點不同。你可以看出那個差別，因為事實上他們不是一模一樣的雙胞胎；他們是分開的兩個人，只是同時出生。

但是同卵雙生的雙胞胎是一個偉大的現象。他們在母親的子宮裡一起生活了九個月；有九個月，他們的心是一起跳動的。每件事都是一起進行的；九個月中沒有任何形式的分離。這個雙胞胎生出來會是完全一樣的。甚至他們的父母也很難分辨他們。

而我要告訴你們，奇特的是，雖然他們現在分開了，但是如此親密的待在一起九個月後，他們的頭腦已經非常認同彼此以致於如果其中一個人生病了，另一個人也會生病。曾經發生過⋯有一個人在印度，另一個人也許在中國——那不重要，距離不會造成不同。如果有一個人在印度感冒了，另一個人也會在中國感冒——同時。他們會受苦，然後他們的感冒會同時痊癒。

這些來自於同一個卵子的雙胞胎，他們死亡相差的時間不會超過三年。沒人知道為什麼是三年，但是他們超過三年就無法活下去。他們可能住在不同的國家，不認識彼此。但那不是認不認識的問題，那是某一個更深入的東西。他們無形中已經進入了對方的存在。如果有一個人死了，另一個人最晚一定會在三年內死掉⋯最可能的情況是立刻死掉。

在蘇聯，他們對這類的現象作了很多實驗，特別是動物。他們會把幼兔帶到海上，他們會在那兒折磨牠。而母兔則在數千哩遠的陸地上，牠不知道幼兔發生什麼事，但是牠會立刻感到悲傷、擔憂、緊張。如果幼兔死了，牠也會死掉。牠們是分開的，但是某個東西似乎進入到彼此裡面，而那個東西就是認同。

所以你的問題有很多人問過。他們不了解這個故事，因為這個故事是一個公案，那不是故事。他們感到奇怪，因為鵝無法進入瓶子，在瓶子裡面無法成長，即使有可能在瓶子裡生活，那答案將會是完全無意義的。師父接受的答案是鵝就在外面，牠從未進入瓶子過——整個故事就是鵝被放到瓶子裡面，在瓶子裡面成長，變得越來越大，塞滿了整個瓶子。

沒有任何語言有存在著像公案一樣的東西。那不是謎語，那不是某個你可以解決的問題。每個語言都有謎語的存在；而這是完全不同的事。如果那是謎語，就會有些辦法可以把鵝弄出來而不用打破瓶子，但那不是謎語。

已經讓弟子很清楚的知道不能打破瓶子，不能殺了鵝。你不能殺了牠，然後把牠一片片的拿出來——在這樣的條件下把鵝弄出來。那是讓弟子每天用來靜心的設計。那會花好幾個月。

雖然他知道答案，但不表示他可以到師父那兒說：「鵝出來了。」師父會用力敲他的頭。因為書上有這個公案，書上有答案；每個人都知道答案。不，他必須自己想到答案。那表示他必須知道他的覺知就在頭腦外面，它從沒有進入頭腦過；那只是一個認同。但就算他認同頭腦，事實上覺知仍是在頭腦外面的。

所以我們處於這個世界，卻又不處於這個世界。事實是，我們不處於這個世界。試著從不同的角度來看。你是痛苦的：只要試著深入去看。你處於痛苦中，但你是真的處於痛苦中還是在痛苦之外？你會驚訝的發現到雖然痛苦就在那兒，但是你並不在它裡面。你是憤怒的：試著了解你是否真的在它裡面還是在它外面，你會發現你一直都在外面。

如果你開始發現你自己一直都在這些事物之外，它們會開始死去。它們再也無法掌控你。你將不再被所有的情感、感受和思想束縛。

第二十章 感激的淚水

奧修，當我聽你談論超意識和美麗的經驗，我常感覺往上升，彷彿我的身體是無重量的。只有受傷的背部會提醒我還在這兒！在你的存在中而有的這個經驗是如此寶貴。但這個感覺會變成非身體層面的痛苦。淚水流下，我產生了一個非常絕望的渴望。即使這個經驗並沒有先前感受到的光和無重量，它仍是一個很大的放鬆。奧修，這個經驗是什麼？

每個白天都有它的夜晚。如果你感覺往上升，而且非常愉悅，然後你的身體突然提醒你並沒有往上升。那只是在我的存在中而有的感覺，不是一個真實存在性的經驗。它變成了痛苦；變成一個很大的渴望，渴望靠自己得到那個經驗，而且每一刻都擁有它。淚水流下，你不再有往上升的同樣感受，但仍然感到很大的放鬆。

這個經驗是非常明確的。首先你忘掉你的存在。你裡面的某個東西被觸發了，使你忘掉你的實相，打開了通向彼岸的一扇窗。它是喜樂的，而你想要它永遠打開，但是那並非來自你的靜心。那是因為你對我的認同而產生的，因為和我的存在合而為一而產生的。

它無法持續太久。你的身體很快就會提醒你，你受傷的背部會提醒你還在地球上，那扇窗關上了。現在那不只傷到你的背部，還傷到你整個存在。有了很大的無助感——你能做什麼而讓那扇窗永遠打開？——還有痛苦。但這個痛苦也是甜蜜的。

那不是傷口的痛，那個痛是因為剛剛那個感覺還在這兒，現在已經沒了。那和一般的痛苦不同；它不是肉體上的。那是來自渴望的痛苦，一個深深的渴望，想要超越身體的渴望，想要上升而進入到超意識的渴望。你只是嚐了一點，那個感覺就足以創造出渴望。

這一切都混合在一起，然後淚水來到。那些淚水也屬於那個混合的感覺：那個你突然跌倒而進入的喜樂狀態，那份你剛剛和它如此接近卻又旋即失去的寶藏，那個要它回來的渴望，那個仍然逗留的甜美記憶，那個你無法做任何事讓它再回來的無助感——因為在一開始你就沒有做任何事而使它出現。而它發生了。

它會再發生，但是每個發生都會有一種無助感，都只是一個影子。你無法做任何事；它要發生就會發生。那不是你能控制的，不是你能決定的。這些感覺都混合在你的淚水中。

淚水有一個基本的功能，那就是使你放鬆。它們洗去你所有的混亂。它們帶走你的那些混亂。它們清理了你的雙眼和你的視野。所以那些淚水不是屬於痛苦的，不是屬於快樂的，而是屬於剛失去的偉大經驗。那些淚水幫你卸下痛苦。它們使你再次是活生生的。它們把你帶回到你曾經感受到超意識的狀態，有一小束光芒進入了你的存在。

它會一再的發生。但記住，它只能自行發生，所以不要感覺無助。那和你無關。那是那個經驗的特質，它只能自行發生，它不能用任何方式產生。你只能等待。你必須等待，你必須保持清醒，這樣當它再次出現，你才不會錯過。

有一首泰戈爾的詩：他也許是本世紀最接近、非常接近成道的人。在他的詩中、他的文字中，有些瞥見是無法編造出來的——他從未編造過它們。每當他感覺——就如同孕婦感覺到子宮裡的嬰兒，一個真實的、真誠的詩人會感覺他懷孕了，那是某個超越他的東西。每當他感覺懷孕了，懷了一首詩，他會把門關上，要房子裡的人不要打擾他，無論任何事。即使房子失火也不能打擾他。不能有人敲他的門。

有時候會花二、三天的時間。他不吃東西，不會離開房間。他會瘋狂的寫下在他裡面持續出現的東西——稍後他會搞清楚那是什麼，但先用俗世的語言把它表達出來。一旦他完成，你會很驚訝，他會大哭。流下淚水；那是一種放鬆，一種喜悅，因為他把屬於那個未知的些許片段帶到這個世界。但是他的哭也是因為太快結束了。處於那個狀態是如此的美，如此的祝福：他根本不想離開它。他的詩只會在這樣的方式下寫出來。

他有一首詩提到一間很大的廟⋯裡面有一百個教士，它是非常巨大的；有數百個雕像。在印度，有的廟裡面有數百個雕像。在中國，有的廟裡面有一萬個佛像！每個雕像都必須被膜拜：那得膜拜一整天。數千個教士在膜拜一萬個雕像。而且必須根據特別的規定和原則來完成膜拜。

這個廟有一百個教士；它是那個地方最重要的廟。一晚，教士長夢到神對他說：「我明天會到你的廟。你已經膜拜了好幾世紀，一代又一代；是時候去看看了。所以明天準備好；我會在某個時刻抵達。」

教士長醒來了，但是他不敢告訴其他教士，因為他們會笑。神從沒有去過任何廟宇；他們從未聽過神會來拜訪。那只是個夢。

但是他心想：「萬一祂來了，發現我們都沒準備，那會很尷尬——特別是我，因為我已經被告知了。」他心想在教士面前尷尬會比在神面前尷尬好，所以他把所有教士找來：「這件事發生在夢裡面，我強烈感覺到一定會發生某件事。」

他們都笑了，他們說：「你老了！你應該辭去教士長的職務。你居然夢到神會來拜訪我們的廟！你有聽過⋯？」

他說：「我從未聽過，但那個夢是如此真實以致於我無法不告訴你們。現在這由你們決定。作為你們的教士長，我的感覺是這沒有什麼害處。我們可以打掃整間廟；已經好幾年沒打掃了。就算祂沒來，廟至少變乾淨了。我們可以清潔每個雕像。到處積滿了灰塵。我們可以準備豐盛美味的餐點。當祂來了，我們可以供養祂。我們已經供養過祂的雕像，所以今天我們可以準備更特別的食物，我們最好的食物。我們可以準備鮮花，我們可以在廟裡面擺滿蠟燭，以免祂不是在白天來到，而是在夜晚來到。」

所以他們一大早做了很多工作——打掃、準備食物、用鮮花裝飾整個廟。它變得很美。然後他們都在等待，人們都聚在門前看看神是否會來。他們從門口可以看到數哩外的路——那個廟位於山頂上。路上空無一人。沒有人來。

最後，到了傍晚，他們感到筋疲力盡，所以無法膜拜。他們都有了罪惡感。而且他們做了所有的裝飾，特別的食物——甚至沒有消息說祂是否取消行程了。

他們都提早睡了。他們點的蠟燭，使整間廟看起來像是在過燈光節。那是山頂上美麗的一幕。但仍然偶爾會有某個人醒來，去門口那兒看看祂是否來了。但是到了午夜，他們說：「我們被那個老笨蛋騙了，浪費了一整天，全身疲倦。已經是午夜了，要拜訪也沒時間了。我們還是去睡吧。」

於是他們把門關上，在這之前，門一直是打開的。他們把門關上，鎖了門窗，上床睡覺，忘了關於神的一切。

然後祂來了。詩裡面有一句話：「祂總是在你忘記祂的時候來到。祂總是在你不知道祂來到的時候來到。祂總是在頭腦處於無欲、寧靜的狀態時來到。」

祂乘著馬車來到……一輛黃金馬車出現了，停在門口。門是關上的。祂下了馬車。車輪聲劃破了夜晚的寧靜，喚醒了睡眠中的教士……

某個人說：「好像有一輛馬車來了。」

另一個人說：「閉嘴，去睡覺！這不是去拜訪某個地方的時刻；那不是馬車，而是打雷聲。」

神把馬車停好。祂走上通往那間廟的綿延梯階。祂敲了門。某個人說：「好像有人在敲門。」但是另一個人非常生氣，他說：「你這笨蛋！可以讓我們睡覺嗎？沒有人在敲門；那是風吹聲。去睡覺，忘掉祂要來的事。」

門沒有打開。祂回去了。到了早上，當他們打開門時很驚訝，在通往廟宇的階級上，他們看到灰塵上的腳印。而且那不是一般人的腳印。

在印度神話裡，神的腳底有一個轉輪的圖案。那個轉動的輪子代表了世界，而那個腳印是很清楚的，即使是在灰塵裡面。祂確實敲了門，因為他們發現祂來過了：那個來時的腳印和回去的腳印，而且他們可以在山下看到馬車離開的痕跡。

現在他們都很震驚。大家都說不出話——還能做什麼？教士長說：「我知道如果祂承諾了——即使在夢中——祂也會實現那個承諾。但你們認為我老了，所以我保持沉默。昨晚打斷大家睡眠的人，我想他沒有錯，但你們都對於被吵醒而感到憤怒。我可以理解：你們累了，也不會有誰在午夜來訪。但神的方式不是我們可以了解的。」

他們哭了起來。他們錯過了一件很少會發生的事。以前沒有發生過。

但教士長說：「沒有必要哭泣了。」

他們說：「我們都是笨蛋。在夜裡保持清醒並沒有那麼困難，但我們太懶惰了。我們甚至不能等祂一晚。我們原本可以醒來的。雖然有出現祂來到的跡象，我們卻錯誤的解讀：那是風在吹擊著門，是打雷聲。我們無法原諒自己。」

這是一個美麗的寓言，一個美麗象徵的敘述。這些事情會自行來到；你不能安排讓這些事情發生。這些事會自行發生在你身上。你所需要的就是保持清醒，警覺，留意並深深的信任；否則你會睡著。如果失去信任，你會睡著。

是懷疑造成睡眠。懷疑不斷說：「有什麼必要？祂有來過嗎？你有聽說過嗎？以前是否發生過？經典裡面是否有任何敘述？去睡吧；你太累了。」

但沒有人真的很累。無論他們一整天做了什麼，如果信任存在，他們就會警覺並保持清醒的等待著。但從一開始就沒有人信任。他們以為教士長老了。他們答應要打掃寺廟是因為聽起來還算合理。已經好幾年沒有打掃。他們同意放上鮮花和蠟燭。他們說：「反正沒有損失；這會是一個美麗的慶典。」

但他們一直認為沒有人會來。那個睡眠不是一般的睡眠，而是被他們的邏輯和懷疑所合理化的睡眠。他們知道沒有誰會來——那是確定的。

這些經驗會一再發生在你們身上，因為這兒的人數很少。我要這個神祕學校的人只有一點點，這樣他們就可以立刻找到我。只要記住一點：每當這樣的事情發生，感激並等待。如果存在願意，它會再發生；如果那對你沒有幫助，它就不會再發生。但無論發生什麼，都是對你有益的。

這就是信任。在信任中，你發現事情會一再的發生，然後你會越來越往上成長，直到進入存在的超意識領土。你的淚水將不會只是卸下你的負擔。你的淚水會是充滿感激的、很大的謝意，因為你什麼都沒做，但某件事發生了。你沒有資格得到它，但它還是發生了。淚水應該⋯它們會出現，但是它們會是喜悅的淚水；它們會是充滿感激的。

就存在而言，感激是無法用文字表達的。它不了解語言，但是它了解淚水。

奧修，有一天你說當一個人死掉，他幾乎馬上就會找到某個子宮。但如果是集體死亡的人，例如戰爭或地震，會發生什麼事？怎麼可能會同時有這麼多子宮？此外，如果發生第三次世界大戰，或者愛滋病殺死了世界上三分之二的人口，那些沒有子宮可以使用的靈魂會怎樣？

這是一個智力上的問題——不是很重要。但這個地球現在有五十億人，也就是二十五億男人和二十五億女人。一個地震能有多嚴重？一個戰爭能有多嚴重？這數十億的人已經隨時準備要有小孩、新的客人進入她們的子宮。所以目前來說，不會有這樣的問題。但如果發生了任何事是如此嚴重以致於靈魂找不到子宮，那根據科學的計算，全宇宙至少還有五百萬個星球是有生命存在的。他們不知道那些生命是什麼種類、什麼層次，但是五百萬個星球⋯而且這是非常保守的估計。

如果很多星球都存在著生命，那就不會有缺乏子宮的問題。如果第三次世界大戰爆發，這個星球不再有任何生命存在，它會立刻出現在別的星球，在那兒的生命已經成長到和人類相同的層次。但是沒有什麼東西會真的死去，不會有什麼法則會改變，而宇宙是很巨大的——如此巨大以致於科學家還無法算出有多少個太陽系。而且每個太陽系裡面還有數十個星球。

他們還無法算出有多少星球。即使他們的儀器越來越精確，可以算出更多的數量，但那些星球的數量也一直增加中。現在有件事是確定的：他們算出的數字都不會是對的，因為還有更多的空間。宇宙是無限大的、無邊無際的。在這個巨大的宇宙中，你認為五十億人要找到子宮會很難嗎？只不過五十億人？

而且存在有其運作的方式。除非它已經為你準備好一個新的家，否則它不會摧毀這個星球。只有當這個星球不再值得挽救，它才會被摧毀，然後你會有一個新的家。一個更小型的：當你的身體老了，沒有用了，不斷出現問題，這個疾病和那個疾病，存在有它的運作方式：它會給你一個新的身體。而第三次世界大戰：如果它發生了，那表示這個星球已經老了，不再可能有任何改善。

我們無法評論存在。一切都只是猜測，但有件事可以確定：在一個家被奪走之前，另一個家已經等著你了。所以如果這個星球死了——記住，每天都有星球死去，每天都有新的星球誕生。不只是星球，每一天也有太陽死去，有新的太陽誕生。它是一個不斷汰舊換新的系統。它不會讓任何老舊的、腐爛的、生病的、垂死的星球持續存在。

就生命而言，存在是如此巨大以致於沒有什麼要擔心的。也許情況會是好的，但一個人永遠不會知道。我相信情況會是好的。沒有任何情況是不好的。它可能看起來不好——整個地球被摧毀了。

就這方面來看是不好的，但從另一方面，如果你到了一個更好的星球：為了再進化，也許你需要一個更好的星球。

也許這個星球無法給你足夠的能量讓你成長到更高的層次。也許它已經到了最高點：任何它能做的都已經做了。你需要一個更好的學校。那時候，這個世界才會被摧毀。否則它不會被摧毀。如果這兒還有進化的可能，那這個世界會繼續存在，但我們似乎不再有進展了。數千年來，不再有任何進化。偶爾會有某個人開花；那是例外，不是常態。

但是數十億人只是不斷重複同樣的循環而沒有任何進展。也許這個宇宙不再有任何能量讓你進化到更高的層次。

沒有人在這些層面上下工夫。一切萬物都以能量消耗殆盡而告終。我對在這些領域裡工作的科學家感到驚訝。他們應該要研究地球是否已經到了能量消耗殆盡的情況，人們是否不再可能有任何成長；是否已經到了終點。那人們最好遷移到其他有可能使人們再進化的星球。

我們不知道：在這五百萬個星球裡，可能有些星球上的人已經達到超意識，超意識在那兒是很普通的。或者某個星球上的集體超意識是很平常的。而且不能否認有可能某些星球或某個星球的人已經達到最終的狀態，每個人都成道了。

所以如果這個地球消失了，人們會根據他們成長的層次、根據他們要再成長所需要的條件去到不同的星球，這一切會自行發生。

在印度，有一種樹會用少許的棉花，亦即脫脂棉，去包覆種子以便讓它成長。那是很少見的；沒有任何樹會這樣做。但那種樹做了一件非常特別的事——少許的脫脂棉，也是最柔軟的脫脂棉。

印度的富人只用那種棉花作的枕頭。那是很難得到的，因為要收集那些棉花：每粒種子周圍只有一點點。要收集到可以製作出一個枕頭的棉花，你需要在很多那樣的樹之間走動。那是我看過最柔軟的東西。但它不適合我，因為它會使頭部感到溫熱，而我不喜歡那種感覺。但它的柔軟是無法與之相比的。

這棵樹的種子周圍之所以會包覆著這種棉花的原因在於，當種子從樹上落下，不能讓它掉在樹下。這是一棵很大的樹，有很長的枝幹和巨大的樹蔭；陽光無法穿過。如果那些種子掉到樹下，它們將會死去。它們無法照到陽光，它們將無法成長。那個脫脂棉有助於它們可以掉到遙遠的地方。它們不會掉到樹下。它們開始在風中飛翔，開始落到遙遠的地方；它們會掉到數哩外的某個地方。樹會確保它們不會掉到樹下；否則這些樹早就絕種了。它們應該盡可能掉落到遙遠的地方。只要不是樹下，任何地方都好。

是誰造成的？存在有一個自行運作的方式。如果你深入看那些瑣碎的事物，你會發現存在是如何讓它們用適合自己的方式運作。種子可能會執著於樹，而樹可能會執著於種子，但存在不允許。它們會去到離樹好幾哩外的地方。它們會掉落到某處，它們會自行變成樹。

如果你深入了解自然裡的一切，情況也是一樣。某個巨大的，宇宙般的意識，包覆著一切，一切都會在那個宇宙的意識內發生。

我以前看過某個像蛇的東西；牠不是蛇，但是牠看起來和蛇一模一樣。牠叫做 sitakilat。牠是一種美麗的動物，大約兩到三呎長。**Sitakilat** 的意思是希達的一縷黑色秀髮。希達被認為是印度其中一個最美的女人——她是羅摩的妻子——所以它的意思是她的一縷秀髮。他們給的一個美麗名字。

很難分辨 sitakilat 和蛇；但牠不是蛇，所以牠一點都不危險。牠生長在某種接近黑色的草叢裡，靠近河邊。草的顏色可以使牠躲開肉食性動物。牠是一種非常天真的動物；牠不會傷害任何人。牠是草食性動物；牠只吃那種草。為了保護自己，牠擁有和草一樣的顏色，這樣肉食性動物就找不到牠了。

我常把牠帶到學校，把牠放到教室裡就足以創造很大的混亂！連老師也站到桌子上大叫：「救命！」我會是唯一大笑的人。他會說：「你還笑！——你把蛇帶到教室裡。你必須被勒令退學！」

我說：「我把牠帶到教室是因為有一天你說你是一個很勇敢的人。現在你站在桌上發抖！保重。那張桌子可能會垮掉，你可能會掉下來。然後蛇會跑到你身上！」

然後他會不斷跳起來——「救命！」

我說：「沒有人會來救你。每個人都試著站在自己的桌子上。除了我之外，沒有人可以救你！但你不是勇敢的人嗎？」

他說：「現在不是討論哲學的時候！我有小孩和年老的父母要照顧。你快把牠拿走！」

我說：「你沒發現一個顯而易見的地方：如果我可以把牠拿走，那就足以證明牠並不危險。而且我是把牠放到口袋裡帶來學校的。如果牠是危險的，我會處於危險中…雖然我沒有小孩、妻子和任何問題。如果我死了，就死了，全世界會隨著我而死去。但你沒看到一個明顯的地方嗎？如果我可以用手抓著牠」…然後我用手抓著牠靠近他。

他說：「把牠拿走。把牠拿走！不要讓牠靠近我。把牠弄走就對了！」

我說：「你不是勇敢的人嗎？」

他說：「原諒我這麼說過。我再也不會這樣說。我不是勇敢的人。我是很膽小的人。不准再對我做各種惡作劇。你是從哪兒抓到這條蛇的？」

我說：「我是從一個弄蛇人那兒買的。」

他說：「我的天！牠為什麼不會咬你或帶來任何問題？」

我說：「弄蛇人會拔掉每條蛇嘴裡的毒囊。所以牠是沒有任何危險的。你可以試試。」

他說：「不！把牠拿走！」

我說：「我用手抓著牠，你可以看出來牠是不危險的。你可以摸牠。」

他說：「就算你給我全世界，我也不會碰牠。我無法知道那個毒腺是否真的被拿掉；我不相信你。你把牠弄走，永遠不要再帶來學校！」

而且那是一個讓鄰居發瘋的好東西，把牠放到任何人的店裡，在一旁觀看會發生什麼事。客人會拿著他們買的東西跑掉，但還沒付錢。而店主則無暇索討。他會站得高高的，試著挽救自己！問題不在於⋯

最後店主會說：「這是你的不對。你為什麼把牠帶來這兒？」

我說：「我沒帶牠來。是牠自己想來的！我把牠放在口袋裡並對牠說：『無論你想去哪兒，你只要用舌頭輕輕碰我一下，我就會把你放下。』我是無辜的：我在這兒的時候，牠碰了我，就在你的店前，所以我放了牠。」

他說：「你放掉牠沒問題，但是我的客人怎麼辦？那些小偷把東西拿走，包括那些他們還沒付錢的。我只是把東西放在桌上給他們看，他們卻假裝是因為害怕而帶著那些東西跑掉。而我是如此害怕以致於除了救我自己，我無法想到別的事！」

我說：「牠是沒有危險的。牠是非常友善的蛇。」

他說：「牠也許沒有危險，但永遠不要再把牠帶來這兒；即使牠說：「把我放到這家店裡，」你不應該把牠放到我的店裡面。」

他的店對面是一間甜食店。看到這一切，店主把我叫去並給了我一包甜食。他說：「這給你，用來預付。不要在我的店裡做這件事。每當你想要甜食，你可以來拿，但不要帶著那條蛇！」

他們會去找我父母：「你的兒子是弄蛇人還是什麼？他用蛇到處嚇人。」

我父母會說：「我們能怎麼辦？我們不可能整天跟著他——不知道他去了哪兒，他做了什麼。」

但我父親說：「我們會問他，因為這太危險了。」

於是他問我：「怎麼回事？你為什麼把蛇帶到市區裡？」

我說：「牠們不是蛇；牠們是無辜的，只是看起來像蛇⋯擁有蛇的形狀和一切。這些笨蛋卻這樣說⋯他們沒察覺到我把牠放在口袋。當我突然把牠拿出來，他們就都瘋了。」

他說：「他們一定會這樣，因為他們怎麼知道那不是蛇？他們甚至沒看過 sitakilat，因為牠總是待在靠近河邊的山區。牠從未到過市區。沒有人把牠帶到市區過。你怎麼會想這麼做？」

我說：「只是因為牠們很像。如果你不要我再帶 sitakilat 到市區，那我可以改成帶蛇到市區裡。」

市區裡有一個弄蛇人，我跟著他並不斷騷擾他：「把如何抓蛇的訣竅告訴我。」

他說：「我們不能告訴你；你來自一個很好的家庭，這不是你的工作。我們窮人才做這樣的工作，這是家族裡的秘密。我只會教給我兒子。」

我說：「你可以教給你兒子；我不會當你的競爭者。事實上，我會為你的蛇宣傳。只要你讓我知道訣竅是什麼，你如何抓蛇的。」

他拒絕了。最後他妻子說：「你為什麼不告訴他？他每天都會來，因為你不告訴他，他現在在折磨我。他說：「是你的丈夫；讓他看看誰才是老大。他不理會我。」所以你要告訴他；否則我會給你好看：今天沒食物，滾出房子！那個可憐的男孩沒有要什麼東西，他只是要知道那個訣竅。如果你不告訴他，我來告訴他。」

最後他只好告訴我。他說：「如果我妻子站在你這邊，那我只好投降了，因為現在你為我帶來這麼多的麻煩。你每天騷擾她，她再騷擾我。那個訣竅很簡單，」他說：「只要抓著蛇的背部然後用力……就好像你要把牠扔出去。但是不要把牠扔出去，一直抓著牠。重複兩、三次，感覺你把牠扔出去。」

「那會破壞牠整個系統，這樣牠就無法轉過來咬你。重點在於蛇會立刻轉過來。如果你抓著牠，牠會立刻轉過來並纏住你的手，然後將會很難掙脫。首先，牠會不斷纏繞你的手，然後用力纏緊……非常緊，以致於你必須鬆開手。就在那時候——當牠被你放開，牠會立刻咬你。整件事的發生非常快速。」

「危險的不是被咬。而是當牠咬你……牠的牙齒並不危險，危險的是牠上顎的小囊。牠咬了你，然後牠會倒立。毒液只有當蛇倒立時才會釋放出來；否則毒液會進入蛇自己的體內。所以牠會倒立起來。牠會先咬你，然後牠會將毒液注入到血液裡，毒液會進入你的血管。」

「所以首先讓蛇非常的筆直以致於牠無法翻轉。然後就不會有問題，事情就簡單多了。你可以把牠放下，然後某個人抓著牠的背部。你可以把牠的嘴打開——但要確定牠不是倒立的。打開嘴巴，用剪刀把毒囊剪掉。一旦剪掉了毒囊，蛇就不危險了。」

「但請不要這麼做，因為那是我們的生意。」

「我知道。我一直在看你們做生意。」

他們的生意就是他們會走遍全市，詢問是否有人想要被活捉的蛇。「如果你家有蛇，我們可以把牠抓走。」每個人都怕蛇，所以人們會給他們錢：「你試試；看看你是否可以把我們家的蛇抓走。」

而那是他們把自己的蛇留在別人家外面的！當他們開始吹笛子，特別針對蛇製作的笛子，他們自己的蛇會出現。而人們就會以為那些蛇是他們家裡的。他們會輕易的抓住牠們，把牠們放到他們的小盒子裡。然後他們會說：「現在你不用害怕了。任何時候，有蛇躲在你家，只要打電話給我們。」

他們說：「我們是窮人。用這個方式賺錢。而世界上有很多人怕蛇，只要想到自己家裡可能有蛇就夠了。但是你不應該做這個工作。」

我說：「不，我對這工作沒興趣；我只是一個外行人。我會用你的蛇對我的老師和鄰居惡作劇。事實上，我可以為你增加收入。我可以把蛇放在我鄰居家裡，當蛇出現，他們會全部跑出來，然後我就可以建議他們打電話給你。只有你能抓到。」

他們說：「我們從未這樣想過。這是個好主意。」我幫助了那些窮人。甚至有醫生打來求助——因為每個人都怕死。

有個很投入政治領域的醫生。他試著角逐市長的位置——一個非常自傲的人。我告訴他：「如果你不拋棄你的自我，你不會得到那個位置。」

他說：「你能做什麼？——你甚至還不能投票。」

我說：「我還是可以做些事。」

有一天我把一條蛇放到他家裡。他和妻子都跑出來了。所有的鄰居都聚起來，我說：「看看這個醫生！」他的診所有一些裝死蛇的大瓶子。你會在老醫生的診所看到牠們——好像他們是偉大的研究者還什麼的。但他們是從市場買來的。在他們的櫥架上有非常大的死蛇，坐在瓶子裡。「他連一條跑到他家裡的小蛇都怕」，卻還想當市長！。」

他說：「我不會…把你的蛇拿走！」

我說：「我做不到。那需要一個弄蛇人。」然後弄蛇人來了。他把牠抓走了。

當蛇盤坐著，牠會像這樣抬起頭，移動著牠的頭。所以這變成用來取笑那個醫生的圖案！現在五千個學生…他會坐在那兒，每個學生會讓他看到那個圖案。一開始他會保持鎮定和安靜。但能持續多久…？他很快就開始丟石頭，變得很生氣。他的鄰居說：「你安靜點；否則這件事會傳開來。」然後事情確實傳了開來：甚至不是他學生的人也開始讓他看到那個蛇的圖案。

當學校放學後，他會把診所關起來，我們會敲他的門：「醫生，開門！有人病得很嚴重！」然後他會開門，看到那個蛇的圖案！

這情況越演越烈以致於就算某個人真的生病，他也不會開門。他說：「我認識所有病人。每天都會有某人生病…但沒有一個是嚴重的。」

有一天我經過那兒，我看到他的妻子站在外面。我問：「醫生在哪兒？」

她說：「你為什麼要找他麻煩？他一切的努力都化為烏有！連他的病人也給他看那個圖案。」

當她給我看那個圖案時，他剛好走了出來，他說：「這太過分了！妳是我的妻子，卻和這些人一起做這件事？妳也變成他們的一份子嗎？」

他忘掉關於市長的一切，最後他必須搬到別的城市，因為他失去他的病人：每個人開始以為他有點精神失常。他為什麼這麼在意？如果某個人這樣做，就讓他做。每個人是明智的，他們會說：「讓他去做。」

但是他怎麼能讓我這樣做？那件事傷了他，他變得很膽小、慌張，而且有了那樣的圖案。我建議他：「這適合用來做為你的競選圖案！你一定會贏，因為你的圖案已經廣為人知。」

他說：「你是對的。雖然你無法投票，但你可以影響我的競選。你已經影響我的競選。」

存在是奧秘的。

我們無法預測，因為我們不知道地球是否要毀滅了，或者還有一些可能性。第三次世界大戰不會是由蘇聯或雷根來決定；他們只是未知力量的傀儡，那個力量我稱為存在。但如果存在決定地球已經被消耗殆盡了，人類無法再有進展，那最好讓這個地球被摧毀——然後人們可以離開，根據他們進化的程度到不同的星球。

無論如何，時間是非常寶貴的。那些真的想要進化的人找不到比現在更寶貴的時間了。要越來越朝著意識的層面進化。如果你可以覺醒，那你就不需要任何子宮了。如果你無法覺醒，那你也會和人們一樣會離開，移動到較高的意識層面。如果你出生，你會出生在一個已經存在著更高意識層面的星球，那樣的意識在那兒是很普通的。

似乎這個地球已經沒希望了。然而世界上的一切有開始也有結束；沒有任何東西會永遠存在。也許這個地球，這個行星，已經走到盡頭。那麼任何藉口都可以是原因。

科學家發現了存在裡面的黑洞。你無法看到它們；什麼都看不到。你只會看到一個情況：如果某個星球接近黑洞，它會卡在裡面，然後從存在中消失。那會是那個星球的結束。因為有黑洞，有些科學家認為一定也有可以誕生星球的白洞。聽起來似乎合理，因為在存在中，一切都是兩極化的。黑洞幾乎是確定存在的。白洞仍然是假設。即使地球發生了第三次世界大戰，如果人類仍然無法有進展，那某個黑洞會把它吸進去。

黑洞是物理學其中一個最奧秘的現象。我們還一無所知，也許我們永遠都不會知道，因為我們無法進入黑洞。一旦你進去了，你就會永遠待在裡面。你再也無法回來。

那些黑洞是用來反創造的——它們在做它們的工作。每天會有一些星球和太陽死亡，它們死亡的方式就是被黑洞吸進去。就像死亡：死亡是一個把你吸進去的黑洞。但是你會透過另一個子宮出生。也許白洞是存在的；也許在黑洞的另一邊會有一個白洞。所以在這邊，老舊的會被拆解和摧毀，而在另一邊，一個新的星球，帶著新的潛力、新的希望、新的生氣，誕生了。

第二十一章
除非因為愛

奧修，你對性方面的道德觀有什麼看法？

對於性方面的道德觀，我的看法就是反對所有以前到現在的一切觀點。它們都是在壓抑性；它們都是在譴責，使人類的頭腦分裂。人類所有的精神分裂和變態都是因為這些錯誤的性方面的道德觀。

我認為性是一個自然的現象。裡面沒有任何褻瀆或神聖的東西。它純粹是非常重要的、自然的生命能量。如果你無法昇華它，那它會摧毀你；它已經摧毀人類了。

人因為這股能量而誕生；一切都是因為它而誕生。所以自然不會有比性能量更高等的能量，但是生理面的繁殖並不是它唯一的功能。同樣的能量可以有不同的創造性面向。同樣的能量，加上靜心，可以昇華到意識的最高峰——我所說的成道。

我在性方面的道德觀不是法律，而是愛。

除非因為愛，兩個人才可以在性方面結合。一旦沒有愛，只有用法律作為一個束縛的力量，那純粹是賣淫。而我反對賣淫。

奇怪的是所有宗教正是世界上會有賣淫的原因，但是沒有人站出來說賣淫是存在的，因為你們用法律取代了愛。

法律不是愛。除非有愛，婚姻才是合法的。當愛消失了，婚姻也會是不合法的。那表示數百萬人沒有愛卻住在一起，他們住在一起是不道德的，不自然的，因為宗教給婚姻強加了束縛並試著使它永遠不變。

生命是不斷改變的；沒有任何東西是永遠不變的。愛也不是永遠不變的。只有塑膠花是永遠不變的，真的花朵不會是永遠不變的。如果你太沉溺於永遠不變，你會以塑膠花告終；那就是人們如何以塑膠般的婚姻和塑膠般的關係而告終——假的、虛偽的。它不會為任何人帶來快樂。

全世界到處都在賣淫。通常當你去召妓，你付給她一晚的費用。至少那很直接。但是當你娶了一個女人，你答應她會一直愛她，甚至死後——但甚至在蜜月結束前，愛就消失了——然後你活在欺騙中。現在你把人當成某個東西來使用，當成一個性工具。我譴責這個情況。

對我而言，愛應該是唯一的法律，唯一的決定條件。

性能量不應該只用於繁殖。動物並沒有一年到頭不斷交配，牠們有自己發情的季節。只有在那幾個月或幾周內，牠們才會發情；性在其他的時間會消失。為什麼人類擁有一年到頭都能性交的能力？裡面一定有其目的。存在從不做任何無意義的事。

我的了解是那個繁殖可以在幾周內處理完，就如同所有動物一樣。但是人被給了這麼多的性能量：這明顯的表示出存在要你將這個能量轉變成更高層次的意識——它可以被轉變。就如同它可以使小孩誕生，它也可以使你誕生。它可以使你帶著新的洞見、新的祝福、新的光和全新的存在而重生。所需要的就是性能量應該加入靜心。那就是我全部的工作。

那就是我在性方面的道德觀：性能量加上靜心。結合它們是最簡單的事，因為當你在做愛，當你達到高潮，你的思想消失了，時間停止了。你突然融入到對方裡面，你不再是一個自我。這就是靜心的品質：沒有自我、沒有時間、沒有思想。只有純粹的意識和融入到整體裡面。

當性高潮結束後，靜心開始了。它們可以非常容易的結合在一起。要做的就是結合它們，它們是如此密切。

我自己的洞見是，人們是因為這些特質才透過性高潮發現靜心。他們發現當思想停止了，時間停止了，自我消失了，你來到一個非常美麗的空間。雖然它只持續幾秒鐘，它讓你嚐到某個不屬於這個世界的東西，某個彼岸的東西。

我們不知道是誰發現靜心，也許是在數千年前。在東方，我們有些書至少有一萬年之久，書裡面在敘述靜心的方法。但是任何方法都會帶來同樣的特質。

這是我的感覺，沒有性高潮就不會有人發現這三種特質。一旦他們發現了這三種特質，有智慧的人一定會試著不透過性高潮而去經歷它們。是否有可能達到這樣的意識？某個人一定成功過，從那時起已經有數百萬人成功了。

全人類都活在痛苦中，原因是他們在性方面的道德觀是錯誤的，一種教他們壓抑的道德觀。一旦你越壓抑你的性，你就離靜心越遠。你越壓抑它，你就越接近發瘋，而不是靜心。

現在心理學家已經證明——心理分析的始祖，佛洛依德發現——壓抑性是人類痛苦、各種變態和各種頭腦疾病的根本原因。但是宗教仍然持續宣揚同樣的東西。

佛洛依德是人類歷史上的其中一座里程碑。但他的工作只完成一半。他只是在對抗壓抑；他的工作是否定的。它無法讓你有任何進展；它是在和黑暗對抗。

我在性方面的道德觀是完整的。必須拋棄壓抑。深入的接受你的能量、對你的能量抱著深厚的友誼，深情的親近你自己的能量，以便讓這些能量對你顯現它們的秘密⋯並且讓它們和靜心結合，高潮會變成通往神的聖殿大門。

對我而言，如果性是這個世界的創造力，那它一定最接近這個世界的創造力中心——無論你給它什麼名字。創造性的能量一定會最接近創造物、最接近創造力的源頭。

應該把如何將性能量轉變為成道的技巧教給人們。

奧修，根據史實，我們知道所有達成真理的人，例如耶穌、佛陀、蘇格拉底也遭受迫害之外，除此之外——是否還有政治上的考量而必須持續的迫害你？

是的，還有政治上的考量。在印度，我被迫害。他們企圖奪走我的生命，因為我在批評甘地的思想體系以及自英國離開印度後的那些追隨甘地的當權人士。

我要舉一個例子。我反對甘地，不是因為個人因素，不是因為他的意圖，而是因為他非常愚蠢的思想體系。他說在紡車之後的所有發明都是惡魔的創作。紡車必須是最後一個技術上的發明，之後的一切必須被拋棄。這完全是胡扯。

世界上有很多人挨餓、瀕臨死亡。印度無法為自己的人民提供足夠的食物、衣物和住處；但印度現在的人口有九億。只是因為挨餓，就會有一半以上的印度人將在本世紀結束前死去。而甘地會是其中一個要負責的人。

有了紡車，如果你每天努力工作八小時，你可以為自己準備足夠一整年的衣物。但是你必須每天用紡車工作八小時。那誰要提供麵包給你？誰要給你房子住？還有你的小孩怎麼辦？你的妻子怎麼辦？你年老的父母怎麼辦？你或某個人生病的時候，你需要藥物時該怎麼辦？

停留在紡車的時代是人所想像過的事裡面最危險的。那會使世界越來越貧窮、越來越多人生病、越來越多人無法接受教育。文明的可能性將會消失。我們將會掉到野蠻的原始人狀態。

甘地反對在軌道上行駛的列車。他反對電報。他反對任何對人類有很大幫助的東西，反對任何對人類是一個祝福的東西。反對核武是一回事，但反對科技則是荒唐的。

當莫拉吉德賽成為印度總理——他認為自己是甘地的接班人——他試著盡可能的傷害我。當他還是古吉拉特邦的首長時，他試著在議會中通過一個我不能進入古吉拉特邦的法令。議會裡的人不敢相信：「你在說什麼？我們可能會不認同某個人，我們會批評那個人，但是不讓他進入這個邦只不過表示你是個懦夫；表示你沒有任何理由。」而他確實沒有任何理由。

最後他當上印度的總理。他試著盡可能的迫害我和我的人，因為我在談論真理，因為我說這個國家快滅亡了——而他卻在教導如果你喝自己的尿，所有問題都會解決。

他確實是甘地真正的接班人。當甘地還活著，在他的修行所，一個主要的弟子，班塞里教授——一個受過良好教育的人，一個退休的大學教授——有六個月的時間依賴吃牛糞和喝牛尿而過活。然後甘地宣布他是一個聖人！確實，莫拉吉德賽是甘地的接班人。

莫拉吉德賽創造出許多沒有根據的法律糾紛。他在三年內下台了，但那些糾紛繼續進行著。為我工作的協會，他沒有說明任何原因就把它們的免稅證明拿走。現在他下台了，但官僚就是官僚：問題持續進行著。由於免稅證明被拿走了，必須繳交這幾年的所得稅，一百五十萬美元。現在國稅局要追討這筆錢。

他阻止我購買任何土地、房舍和房地產。我沒有錢，但是他也阻止我的朋友散播我的任何話語。普那的社區存在了十二年，但是我們購買的所有房地產，所有權人卻不是我們，仍是原來的地主。我們付了錢，但所有權卻沒有移轉。

用各種可能的方式⋯但這些都是政治上的考量。他們都為了選舉而利用甘地的名聲，而我剛好是全國唯一這樣說的人：「是忘掉甘地的時候。感謝他到了最後仍試著要讓國家得到自由，但現在是不再被他束縛的時候了。這個國家需要技術發展；否則人們將會死去。」

甘地反對節育；我完全支持節育。如果他們聽進去⋯三十年來我一直贊成節育。如果他們有聽進去⋯那時候人口是四億，但是他們不聽。現在人口有九億。

經濟學家和數學家都很驚訝，因為他們沒想到人口會增加的這麼快。他們以為到了本世紀末，印度人口會是十億。現在他們必須改變那個想法，而且那個改變是巨大的。現在他們說到了本世紀末，印度的人口會是十八億。他們的土地瀕臨死亡，已經被過度開發。他們沒有任何科學上的發展。而且不能鼓吹節育；那是反對宗教的，反對甘地的論點。

政治上的迫害和每個達成真理的人必須經歷過的迫害總是會相互支持。

俄國有我的人，但是他們必須秘密的工作；他們必須在地下室靜心。他們不會傷害任何人。我不是恐怖份子，我是一個反對暴力的人；我所有的觀點就是非暴力。他們只是靜靜的坐著，但是蘇聯的共產政府無法忍受：「你在做什麼？」

蘇聯國安局在追捕桑雅士；他們已經抓了至少兩百個人。他們拷問一個人就可以知道另一個人的名字：無止盡的審問和脅迫。國安局從他們那兒拿到我的書，拿走他們的項鍊、拿走他們的橘紅色衣服，因為我反對馬克斯共產主義。

馬克斯共產主義只是在平等的散播貧窮，而平等的散播貧窮不是人類進化的目標，也不能是人類進化的目標。每個人都應該富有——每個人都富有是可能的。不需要任何革命：所需要的是深切的了解到除非每個人都是富有的，否則你仍是貧窮的。

你可能是富有的——但周圍都是窮人，那富有的意義在哪兒？你可能是健康的——但周圍都是生病的人、屍體和死人，那你的生命有什麼意義？你可以慶祝嗎？你可以唱歌嗎？你將會比任何人還要感到羞恥。

因此所需要的是純粹的了解到，現在方法是有的，可以用來創造財富，可以用來中止人口爆炸；我們可以有一個富有的社會。我贊成一個富有的社會。但是我不贊成一個以平等之名而散播貧窮的社會。

俄羅斯革命後到現在已經七十年了，俄國仍然是一個貧窮的國家。那兒有什麼改變？只有一件事改變了：富人不再存在，取而代之的是共產主義派系、當權人士。階級並未消失：新的階級出現了，比過去的任何富人階級還要強大。那個國家變成了集中營。打著美麗的名號，發生的是醜惡的事實。那個國家是一個集中營，人們是貧窮的。不會有公不公平的問題，也沒有言論的自由或思想的自由。

我譴責這個情況。所以共產主義自然會寫書反對我；反對我的文章在俄國已經出版了。

在美國，我設立了一個有五千人的美麗社區，人們快樂的生活，沒有階級鬥爭的問題。沒有一個乞丐。五年內沒有一個嬰兒出生。他們努力工作，他們靜心，到了晚上他們跳舞，吹笛子，彈吉他。夢想成真了。

我們改變了我們買下的沙漠。那不是一個小地方；有一百二十六平方英哩大，一個巨大的沙漠。我們蓋水壩，我們培育土壤，我們興建了讓五千人居住的房屋。我們有自己的飛機，自己的巴士、自己的汽車——我們擁有一切。我們有自己的醫院、學校和大學。

但美國怎麼了？他們為什麼這麼擔心我們？只是一個沙漠裡的綠洲？最接近我們的城市有二十英哩遠。我們不擔心任何人。我們自己享受著。

他們開始擔心，因為開始有遊客來訪。消息傳了開來。如果這些人可以改變一個沙漠——五十年來沒有任何生命跡象、沒有人想去買的沙漠——如果他們可以把它變成一個綠洲，富饒的，用蔬菜、水果、牛奶、雞蛋養活五千個人，所需要的一切都有⋯

不需要任何階級的獨裁；那才是真正的共產主義。對我而言，真正的共產主義會包含無政府主義；否則它不是真的。如果共產主義和無政府主義一起運作，那它就是真的。共產主義幫助你變得更富有；無政府主義幫助你變得更自由，擁有更多的自由。最後將不需要任何政府。而我們也沒有任何政府。每個人都有自己的責任。

美國的政客開始擔心，因為我們創造了一個危險的例子：人的頭腦是可以被激發的。即使世界上最富有的國家，街上仍然還有三千萬個乞丐——沒有房子、衣物、食物和工作。而美國卻繼續花數十億美金到愚蠢的國家專案中。

它們在最近發射了幾枚火箭，每一枚火箭都要數十億美金。他們把所有能量投入到核武。我無法想像他們想要殺誰，因為美國和蘇聯加起來的核武可以把每個人殺死七次。我不認為每個人都是耶穌基督會復活七次，以致於你必須製造這麼多的核武。事實上耶穌基督從未復活過；自然不會改變它的法則。

他們很害怕社區，因為那是全世界的無政府主義者，克魯泡特金和其他人所夢想的——有一天不再需要任何政府。那就是共產主義，因為不再有任何階級，但那不表示每個人都是平等的。那正是我不認同現在的共產主義。應該給人們同等的機會去成長，但人們不是平等的。他們的天賦是不同的；有天才、音樂家、科學家。每個人都有其獨特的人格。

人不是平等的——這是心理學發現的事實，因此所有和人的平等有關的口號都是無根據的——但應該給他們同等的機會。為了什麼？——成為不相等的、獨特的、成為他們自己，成為任何他們可以成為的。

我邀請過美國的政客：「在決定任何事之前，你們應該先來看看。」但是他們甚至沒勇氣來看看一個美麗的綠洲已經誕生了。如果我們可以在全世界的很多地方創造出這樣的綠洲，它們將會成為未來城市、未來人類的典範。

社區沒有使用錢。你可能擁有數百萬元…它們都是沒有用的。你的需求會被滿足，社區裡面不再使用交易用的金錢。你可以捐給社區，因為社區可以用來和外在的世界交易；但我了解到一旦不使用金錢，擁有數百萬元的人和什麼都沒有的人突然變成平等的——就財務面或經濟面而言。他們擁有什麼並不重要；重要的是他們的狀態。

美國摧毀社區的行為絕對是違法的。但是他們必須摧毀它，他們必須把我趕出美國，因為我會在其他地方創造出同樣的社區。只把我趕出美國並無法讓他們滿足，他們還強迫受制於他們的每個國家不要讓我定居在任何地方。而我沒有傷害過任何人。但政客是平庸的人。他們無法忍受任何事超越他們平庸頭腦的理解範圍；那對他們是危險的。

他們沒有任何可以反對我的東西，但我的想法對他們而言似乎比核武還要危險。在這個世界上，有轟炸像利比亞這種小國的美國瘋狗，有像人類一樣會發瘋的俄羅斯核武計畫…在這些問題中，全世界的國會卻都在討論我，是否要讓我入境。真是太好笑了。

奧修，成道是什麼？是神性的顯現嗎？

那不是神性的顯現，而是神性的達成。這差別是很大的。神性的顯現表示有某個客體，例如神，會向你顯現。你看到某個神，但你和祂是分開的，祂和你是分開的。

我不相信有一個和我們是分開的神、和存在是分開的神。我不相信有一個是造物主的神；但我相信神就是創造力。換句話說，我不相信有一個像人一樣的神，但我相信有一種神性的特質。

所以我說那不是神性的顯現，而是神性的達成。你知道你就是神，在達成你就是神的過程中，你了解到一切都是神——只有神存在，沒有別的東西存在。在石頭裡面，在樹裡面、在鳥兒裡面、在人們裡面——無論他們知不知道——同樣的法則、同樣的特質，都隱藏在每個存在的中心裡面。

成道是如此充滿光芒以致於你可以看到你自己的中心、了解你的神性。

這之間有很多不同——當神和我們是分開的，那人就只是傀儡。他不會是自由的，他會一直是奴隸。你要如何擺脫造物主的束縛？祂創造了你。那祂為什麼要在某一個片刻創造了你？——為什麼不是在這之前？

在過去就已經是永恆的——基督教說神在耶穌誕生前的四千零四年創造了世界。顯然一定是一月一日。但是祂為什麼要等到那時候？在整個永恆中，只是坐著什麼事都不做？然後突然就創造了世界。而且沒有創造得很好——一團混亂。

我要去旅行時去找我的裁縫：「你必須在七天內做好我的長袍。七天後的這個時候，我不是開玩笑：七天就是七天。」

他說：「如你所願。但要記住：神在六天內創造出世界，你可以看看世界。我可以在七天內做好你的長袍，但那時不要問我：『你做的是什麼？』那會是一團混亂！」他是對的。

六天內：神在六天後感到疲倦，於是祂休息了，從那時起，祂一直在休息。奇怪的疲倦！而且突然決定要創造世界似乎很奇怪。但是你不能依賴這種奇怪的神。明天祂可能就決定已經夠了：將它摧毀。你能做什麼？如果有一個是造物主的神，那你就是被某個可以創造你或毀掉你的傢伙控制著。你的自由和你的個體性會是毫無意義的。

尼采這樣說是對的：「上帝已死，現在人是自由的。」他把兩件事放在一起；那是他的洞見：上帝已經死了，現在人是自由的。只要上帝活著，人類就無法自由。

我不會說上帝已經死了——因為祂從未存在過！神不是存在之外的某個客體。祂不是造物主，祂是存在最深處的實相。祂是永恆的；祂曾經一直在此時此地，祂也將會一直在此時此地。萬物的創造並未在六天內結束，它仍持續著。那是一個進行中的過程。那是進化。

但是神必須被放在裡面，而不是外面。神在外面，那世界就是死的，神變成一個獨裁者。神在裡面，在存在裡面，使所有生命都是有生氣的，一切都是精力充沛的——神不再是一個危險。

所以我不會說成道是一個神性的顯現，不。那些說他們有了神性的顯現的人只是在作夢、在幻想。那是一個幻象，沒別的了。

成道是達成：「我不只是一個凡人。我不只是物質，我是神性。神就活在我的心裡，發生在我身上的也會發生在每個人身上。」唯一的差別是被我們稱為成道者的人知道其他人的狀態；他認出了他內在的本質，而別人還在熟睡中。但他們在神性的特質上並無差別。那些熟睡的人可能明天就醒來了。

在永恆中，你在今天醒來或明天醒來會有差別嗎？沒有差別。你可以在一大早就醒來，可以稍晚才醒來——永恆是不急不忙的。你可以自由的選擇在何時醒來。如果你想要再睡久一點，你有選擇的自由。然後轉個身，把毯子拉上來，再享受睡久點……因為是神在享受。不用擔心。如果祂想再睡久一點，何必打擾神？遲早你會醒來。你能睡多久？

成道就是從熟睡中醒來，從無意識的狀態來到有意識的狀態。那不需要任何神待在存在的外面。

外在的神是非常危險的。其中的暗示是醜陋的，因為外在的神表示膜拜、頌揚祂、向祂祈禱、去清真寺、去教堂、去猶太會堂。外在的神永遠不會讓你進入到你裡面：你的雙眼聚焦於外在——而外在的神並不存在。你在看著一個空無的天空。

生命真正的汁液就在你裡面。

就在這一個片刻，你可以轉向內在，看著你裡面。不需要任何膜拜和祈禱。所需要的是寧靜的旅行，前往你自己的存在。我稱為靜心——一個邁向你自己存在的寧靜的朝聖之旅。一旦你發現你的中心，你就找到整個存在的中心。

阿基米德，其中一個偉大的科學家，曾經說過：「如果我可以找到世界的中心，我就可以改變一切。」但這個可憐的人從未發現它；他的方向錯了。如果我在某一世偶然遇到他，我會說：「阿基米德，你仍然從外在尋找那個中心嗎？它就在你裡面。那是真的：如果你可以找到你裡面的中心，你就找到了全世界的中心，然後你就可以改變它。」

那就是為什麼全世界的政府會反對一個沒有武器和權力的單一個體。真奇怪！我有時候會覺得這些人都瘋了還是什麼？

歐盟委員會必須決定是否可以讓我的飛機降落在歐洲的任何機場。連我的飛機起降：飛進他們的國家根本不會有問題，只不過是降落加油，而他們卻這麼害怕。

在倫敦，我的飛行員說他的時間到了；他不能再駕駛了。根據法律他必須休息十二小時，所以他說：「你必須在機場過夜。」

我說：「沒問題。」但是我沒想到我和一枚核子飛彈一樣！他們不讓我在候機室過夜。我的朋友認為他們可能會找麻煩：「那是你自己的噴射機；我們為什麼要讓你待在候機室？」於是他們為飛機上的人買了機票。

而那真的發生了。他們先是說：「我們不能讓你這麼做，因為你不是搭商務客機來的。你的機票在哪兒？」我們買了機票，並說：「我們明天早上會搭商務客機離開。」那個人走掉了。幾分鐘後他又出現了，他說：「你不能進候機室。」

當他離開時，把一些資料留在桌上，我的一個朋友看了那些資料。所有政府的指示都在裡面：甚至在我抵達機場前，政府就決定不讓我待在候機室，因為我是一個危險的人。但一個危險的人在午夜時待在候機室能做什麼？他甚至無法透過候機室進入市區。

於是我問他：「有什麼選擇？」

他說：「只有一個選擇：晚上你可以在牢裡過夜。」而我必須在牢裡過夜！也許這是——一定是——前所未有的事：沒有任何罪名，噴射機在等著，我手上拿著機票，卻必須在牢裡過夜。

然後議會有人問為什麼我不能在候機室過夜；唯一的答案是：「這個人很危險。」甚至沒人問：「他做過什麼危險的事？他是恐怖分子嗎？他有攜帶炸彈嗎？可能有什麼危險？」

我在希臘時被逮捕。我沒有離開過房子；十五天都待在房子裡面。而大主教開始大力指責政府，如果他們不把我趕出這個國家，他會放火燒我的房子。他準備要炸掉它，因為「這個人是危險的——他會摧毀我們的道德觀，他會摧毀我們的宗教，他會摧毀我們的傳統，他會摧毀我們的教會。不能讓他待在這兒。」

在二十世紀，一個國家的政府決定一個只是遊客身分且最多再待兩周的人……我兩周都沒有離開過房子，接下來的兩周也不打算離開房子；我只是在一個朋友家裡休養。他們卻決定我是危險的。

但卻沒有人想到如果道德觀可以在十五天內被摧毀——一個在三千年來所創造的道德觀——那這是什麼樣的道德觀？不值得有這樣的道德觀。這是什麼樣的教會？你們用二千年創造了它，而一個遊客在兩周內就可以摧毀它。真奇怪！而且只是坐在房子裡面。

但這似乎是政府之間的共謀。無論我在哪個國家，他們就傳送訊息給那個政府，要求不應該讓我停留。

而且我不是政客，我是完全不關心政治的。我對政治沒興趣；那部份我留給平庸的人。我的興趣在於人類意識的進化。但也許那對他們而言是危險的。也許那就是他們所說的危險，如果某個人變得更警覺，更有意識，那他們將不會支持這些政客。

人們必須是遲鈍的、愚蠢的笨蛋，這樣雷根才能繼續當美國總統。否則誰會選擇一個三流的牛仔演員來當美國總統？你找不到任何有智慧的人嗎？

奧修，你一再的使用高潮這個字不是會持續散播「性導師」的形象嗎？

那些了解我的人會清楚的知道我是存在裡最反對性的人，因為我全部的工作就是要將性能量轉變為靈性上的意識。

教皇可以成為性導師，印度的商羯羅可以成為性導師，因為就是這些人在壓抑一切並教導性應該被壓抑。

任何你壓抑的東西仍會待在你裡面，它會變成反常的狀態。它可能會變成同性戀、雞姦；它會以各種反常的形式出現。你越壓抑，它就更得找到某個出口。

同性戀是在修道院誕生的——它是一個宗教的現象——因為宗教把修士和修女隔開，它們非常堅持男人和女人不能觸碰彼此，不能彼此講話，甚至不能彼此對看。那他們的性能量要去哪兒？沒有人在意他們的性能量；他們只是被告知：「你許下禁慾的誓言。」但是那個誓言不會有幫助，因為你的生理不會聽從你的誓言。

在修道院，修士變成男同性戀，修女變成女同性戀。一個非常奇怪的現象⋯這些人創造出世界上所有的性變態，因為他們堅持永不分離的婚姻才創造出賣淫。因為性被極力壓抑以致於他們的頭腦充滿了性慾。

記住那樣的性不是來自你的性器官，而是你的頭部。你的頭部有一個控制性器官的中樞；所以如果性被壓抑，問題不在於性器官。

甚至有些基督教的教派會切掉生殖器以便達到完全的禁慾。但是那不會使他們免於性的束縛，因為真正的控制中樞是在頭部，性只是它的延伸。

那就是為什麼你可以有性幻想，然後你的性器官會立刻被影響；它們是你頭腦的延伸。一旦頭腦充滿性慾，一個新的東西產生了，那是你的宗教創造出來的，那是你的宗教要負責的——色情。

一個人無法很清楚的看出那個關聯，因為它並未直接和花花公子或閣樓，或其他色情雜誌、醜陋和淫穢的色情書刊扯上關係。但真正的原因就是教皇、商羯羅、何梅尼⋯這些人為色情文獻注入生命。

如果人們聽從我說的話並接受性是一個自然的現象，並將它和靜心結合，所有的色情刊物將會自動消失。

奇怪，這些宗教領袖譴責色情，但他們卻是始作俑者。這就是頭腦的無意識。也許連他們都沒發覺到。他們譴責同性戀，但卻不了解那是他們強迫人們禁慾所創造出來的。禁慾是不自然的。只有一個方法可以禁慾，那就是腦部手術。除非移除腦部的性中樞，否則你無法禁慾。

戴爾加多，其中一個著名的心理學家，正在研究白老鼠的性中樞。他切開老鼠的頭部將一根電極片固定在性中樞。他把一支遙控器放在老鼠前面，然後他教老鼠按壓遙控器。當牠按壓，牠就會進入一個極大的高潮中，喜悅的全身發抖，但是這和性器官無關，因為性中樞位於頭部。那兒放著食物和飲料——所有老鼠喜愛的美味飲食——但是牠不想去吃或喝。牠只是不斷按壓遙控器直到死去。牠達到了六百次的性高潮，然後死了。那太過頭了。

唯一可以使任何人禁慾的方式就是移除頭部的性中樞——那是這些宗教還無法做到的。然而一旦你移除了頭部的性中樞，怪事會發生在那個人身上。

例如，我們知道沒有任何陽萎的人成道過。沒有任何陽萎的人成為先知或救世主過。沒有任何陽萎的人曾經是任何領域的天才——科學、音樂、藝術、舞蹈。整個人類歷史上，沒有任何陽萎的人有過任何貢獻。似乎所有的創造性是由你的性能量所組成。如果一個人沒有性能量，也許他會是晦暗的、沒有光澤的；他的雙眼會失去光芒。他會對一切失去興趣；他可能不會活很久。而且沒有必要⋯因為性必須被當成一支梯子，使你可以向更高的層次成長。

我不是性導師。

我是反對性的導師，真的要說的話。

你可以在梵諦岡找到性導師。他的變態不在於觸摸女人，而是觸摸地面；那是變態。不是親吻女人而是親吻地面！這是變態。你只要有時候去試著在街上親吻地面，每個人都會說：「這個人不太正常！他在做什麼？親吻地面！」特別當教皇來到印度…在那兒親吻地面表示你在親吻牛糞——地上到處都是牛糞。但這就是性變態，不會是別的。

這個變態的教皇被確認是同性戀。在他成為教皇之前，他是米蘭的樞機主教。全米蘭都笑了；市區到處都是閒話，因為他一直和一個男人在廝混。然後他被選為教皇——那是最後一個笑話——他指定他的男朋友作他的秘書。

「高潮」是一個美麗的字。那表示兩個人的能量融合了，在一個充滿喜悅的整體性中會合了。男人和女人分別為整體的一半。所以當整體同時來到，就會有一個極大的喜悅。但由於宗教的關係，數百萬人從未經驗過高潮。

在印度，我知道至少有百分之九十八的女人從未有過高潮。在印度的語言中，沒有任何關於高潮的字，因為做愛時，印度的女人被要求安靜的躺著。只有妓女會移動和享受；淑女不這麼做。所以一個淑女會躺下來，像具屍體，而紳士，沒有靠淑女幫忙，獨自完成工作。雙方能量的會合從未到達舞蹈的最高峰，所以他們不知道什麼是高潮。

射精不是高潮。你全身上下都應該要狂喜的舞動以致於每個原子都在你裡面跳舞——女人的情況也應該如此。

但是宗教禁止它，宗教說這樣的享受會違反女人的優雅，所以她繼續閉上眼睛。甚至張開眼睛也是不禮貌的。因為男人無法靠自己而有這樣的享受…他在做的只是手淫，而不是在創造高潮的狀態。他是在摧毀女人；她一輩子都不會知道她的身體可以帶來多大的喜悅。

為了得到喜悅，男人會召妓。為了使妻子是一個淑女，妓女是需要的。他是在摧毀兩個女人。

讓一個女人變成妓女是男人所能做的最醜陋的行為——強迫她販賣她的身體。但因為他必須使淑女保持優雅，所以妓女是需要的。召妓可以讓你有更多的性練習、性體操，但是你不會有高潮，因為沒有愛。錢無法買到愛。

只有全然的進入愛和性、接受它、喜樂的享受它，才能帶來高潮。

這個字是非常美麗的，因為它是最接近靜心的狀態，充滿喜樂的。這個喜樂不是性方面的，但是它擁有性高潮的所有特質。佛陀坐在他的菩提樹下，就是和整個存在處於喜樂的狀態。他全部的存在都在和風、太陽、雨跳著舞。

性高潮只是迎向更寬廣天空的一小扇窗。你不需要待在窗戶後面。你應該要感激你的性能量開啟了那扇窗——走到窗外，因為更巨大的經驗正等著你。

所以那些把我稱為「性導師」的人是愚蠢的。他們不了解這是一件很單純的事情。

我再重複一次：我是全世界最反對性的人。如果他們聽從我說的話，就不會有任何色情的現象，不會有男同性戀，不會有女同性戀——不會有各種變態。那時你才可以稱我為「性導師」！

奧修，你的哲學體系和基督教的哲學體系有什麼差別？

這是個奇怪的問題——因為基督教沒有任何哲學體系，它有一個宗教體系。而哲學體系和宗教體系有一個很大的差別。

宗教體系以信仰和信念開始。而哲學體系以懷疑、邏輯和理智開始。哲學體系是思考；宗教體系則是毫不思考就相信。如果你思考，你就無法成為一個基督教徒；你就無法成為任何宗教的一部分。沒有宗教會允許思考，所以沒有任何宗教會擁有哲學體系：它們擁有的是宗教體系。

所以第一件事：基督教沒有哲學體系。它說「相信」——相信救世主、相信耶穌基督、相信他就是神唯一的兒子、相信神、相信三位一體。但一直都是「相信」，而相信使一個人成為偽君子，因為在內心深處，你知道信仰無法成為真理。在內心深處，你知道這只是個信仰；而你還沒有經歷過。基督教並沒有任何基礎，它是毫無根據的：只要一個懷疑就足以粉碎它的整個體系。

基督教徒相信耶穌是處女所生。你能思考這件事嗎？如果你要思考，懷疑是需要的。你只能相信，而在相信中…你很清楚那是不合常理的，那不可能發生。

基督教說耶穌死後復活。你只能相信，因為沒有證據，無法證明。在那時候關於耶穌的文獻中，甚至連耶穌這個名字都沒被提到。你認為一個被處以十字架刑後復活的人會不被注意到嗎？某個人讓死人復活的消息不會傳開嗎？在水上行走的人…？

你認為這樣的人會被處以十字架刑嗎？猶太人會承認他就是救世主，因為你還能要求什麼？——其他的先知都沒做過這類的事。但是甚至沒提到有一個像耶穌一樣的人。而且他並沒有很多追隨者。他擁有的跟隨者是沒受過教育的人、沒有任何教養的人、貧窮的人——你用手指就可以算出來——但沒有一個是拉比，而猶大那邊則是許多學識豐富的拉比。

如果你思考，你就無法相信這些事。如果你思考上帝，你就無法相信。所以基督教沒有哲學體系。沒有宗教是可以和哲學有關的；它只能是和神學相關的。

我說這是一個奇怪的問題是因為我也沒有任何哲學體系，但原因則不一樣。我也沒有任何宗教體系。

我不相信「相信」。

我不相信「懷疑」。

我相信找尋、探索。

我有某種生活方式，但我沒有任何哲學體系，所以我無法說：「這些就是我的教義。」

而我的生活方式是單純的，不需要太多的哲學思考。它是單純的：學習寧靜，學習對你的思想保持警覺——因為當你對你的思想變得越來越警覺，思想會開始消失。然後會有一個片刻來到，在那個片刻中你處於沒有任何念頭的狀態——完全警覺的、完全覺知的、完全有意識的，但又沒有要去意識到任何東西，沒有要覺知任何東西。你單純只是覺知的、有意識的。

這是生命中最有價值的片刻，因為在生命中、在存在中，所有的能量都循環的移動著。當你的意識無法找到任何要去意識的客體——還有記住「客體 (object)」這個字；它的意思是阻礙、反對、阻止。所以當你的意識在任何地方都不受到阻礙，一路暢通的，它將會返回它自己，因為存在中的事物都是循環的移動著。循環是所有能量移動的方式。當你的意識開始意識到它自己，那就是我所說的成道。那是一件簡單的事情。

哲學體系是一個很浮誇的詞。我不喜歡浮誇的詞；它們一直是虛假的。我對於生命的態度是非常單純直接的：我沒有任何哲學體系、我沒有任何宗教體系、我只有方法論。而我的方法論就是靜心。

所以不需要有任何人改變信仰，因為我沒有任何宗教。回教徒可以來找我、印度教徒可以來找我、猶太教徒可以來找我、基督教徒可以來找我——他們都可以來找我——因為我不需要他們去改變信仰。

我教導單純的方法，這樣他們就能知道他們生命的源頭——知道那個源頭就是知道神性。

奧修，你是因為你的思想還是你的行為而被迫害？

我的思想就是我的行為；因為我是一個懶惰的人。我一直對我的人說，我是讓懶人成道的嚮導。行為！光這個字就會嚇壞我！但思想就夠了；它們比任何行為還要強而有力。我只有思想，我被迫害是因為我的思想。

我從未做過任何好事或壞事，我從未做過任何可以使我被譴責或被讚揚的事。我一生中所做的一切就是對任何事都力求真理，那是我在那個當下所在意的，並強而有力的、斷然的、根據我自己有過的經驗把它說出來。

我不認為需要任何行為。這些思想會自行移動，從這個頭腦去到另一個頭腦，而且會創造出政客害怕的威脅。這個威脅是非常逼近的，因為他們沒有辦法反駁我——無論是政客或宗教領袖。那是他們的弱點。阻止我進入他們的土地是沒有用的：我的思想仍會到達那兒。如果它們可以到達蘇聯，那它們就可以到達任何地方而不會遇到任何麻煩。他們可以阻擋我，但是他們無法阻擋我的思想。

在美國有一個訴訟，其中一方想要質詢我，法官同意用電話質詢。現在我被一個聯邦法院判決五年內不能進入美國。我對我在美國的律師說：「問一下那個法官，如果我不能進入美國——但我的聲音會進入，事實上我的聲音才是重點。我沒有任何東西。所以何必阻擋我？如果我可以和美國律師講電話，阻擋我還有什麼意義？因為我除了講話以外，沒做過別的事。」

律師說：「這個論點很有價值。」

不然我還能做什麼？如果在美國五年，我會做什麼？我只會講話然後進房間。

不，我沒有行為。我也不相信行為，因為就某個角度來看，每個行為都是暴力的。如果他們如此害怕我的思想⋯⋯一旦我還有採取某些行為，那他們就無法再讓我活著。

現在他們無法殺掉我，因為他們沒有任何藉口。他們可以嘗試——那就是他們在做的——不讓人們接觸到我的思想。但那是不可能的：全世界都有我的人。而思想可以用不同的方式散播。例如，這就是其中一個散播的方式——你們的報紙將會把我的思想散播給數以千計從未聽過我的人。也許有些人會開始對我有興趣。

奧修，當我死後，我的個體性是否會繼續存在？

是的，你的個體性會繼續存在，但你的人格會消失——你必須了解這兩者的不同。

人格是社會、宗教、教育、職業所給予的東西。你形成了特定的人格。那部分會消失，因為它是社會的產物。但你是以你自有的個體性而出生。死後，你的個體性會跟著你。你一生中掙得的其他一切會被收回；那不屬於你。你的學歷、你得過的獎、你的獎賞、你的諾貝爾獎、你的名望、你的聲譽——一切都會被扔掉。我將那部分稱為人格。

但是你擁有個體性——單純的，就如同你出生時的狀態：完全清淨無瑕的，一塊白板，你裡面沒有被寫上任何東西，沒有名字，無法形容的。你會帶著那個無法形容的、單純的個體性跨越死亡。那就是你的靈魂，它從未死亡。它是永恆的：過去它一直在這兒，未來它也會一直在這兒。它會以不同的形式出現——那表示不同的人格——直到有一天，你對你的人格感到非常厭煩，以致於在死亡扔掉它們前，你就已經扔掉它們了。

那就是我所說的棄世，桑雅士：死亡會對你做的，你自己先做到。在死之前，拋棄所有的人格、學歷、名望、聲譽和一切，然後你變成一個天真的小孩，重生了。如果你可以在這兒經歷到你的個體性，何必還等到死後？

這是其中一個戰勝死亡的方式，這樣死亡就無法從你這兒奪走任何東西。你會有意識的死去。死亡之所以會使你失去意識是因為它要奪走你的東西；否則你會執著那些東西，無法離開它們。

桑雅士就是自殺——人格的自殺——然後重生，個體性的重生。它的純淨、活力和美是無法形容的。那個狂喜會每天越來越強烈。它是沒有界限的。

第二十二章
觀照的意識不會感到好笑

奧修，禪宗的人如何喝茶？

對禪宗的人而言，一切都是神聖的——甚至是喝茶。無論他做什麼，他的方式就好像他處於一個神聖的空間。

有一個關於摩西的故事。為了和神會面並接受祂的十誡，摩西到了西奈山，他見證了一個奇蹟：綠色的草叢，翠綠繁茂的草叢裡面有一個美麗的火焰燃燒著。當他走近，某個聲音從草叢裡傳來：「脫掉你的鞋子。這是神聖的土地。」猶太教的解釋是，那個火焰就是神。那就是為什麼草叢沒有燒起來，因為神的火焰是涼爽的。而摩西無意識的走進那個像是寺廟或猶太會堂的區域：活生生的神就在那兒。他把鞋子脫了，然後走進去。

我不認為這是實際發生過的事，但裡面有一件重要的事：無論神在哪兒，那個地方就變成神聖的。

禪宗做事的方式則是相反：無論神聖的地方在哪兒，神就在那兒。只要有神聖，就有神。並非反之亦然——並不是神的存在使任何地方變成神聖的，但如果你使任何地方變成神聖的，在那兒會立刻感覺到神的存在、神性的存在。所以他們試著帶著神聖進入一切。沒有任何宗教達到這麼大的進展、這樣高的層次、這樣的深入。甚至沒有任何宗教有過這樣的想法。

在禪裡面，神不存在。在禪裡面，只有你和你的意識。你的意識是迄今最高的開花。它仍然可以再往上升，而讓它升得更高的方式就是用這樣的方式創造出你全部的生命，使它變成神聖的。

一杯茶是最普通的事，但是他們在每個寺院裡會興建一個特別的會堂，用來喝茶，被美麗的樹木和池塘包圍著……一個小小的會堂。你進入那個會堂，脫掉你的鞋子，而且禪宗認為：「無論你在哪兒脫掉鞋子，也要在那兒脫掉自己。」所以你完全純粹的、不受汙染的進入那個會堂。

在那個茶房裡，那個喝茶的會堂，沒有人講話。只有強烈的寧靜。每個人以禪宗靜心的姿勢坐著。茶壺裝著用來泡茶的熱水，必須仔細聆聽茶壺的聲音，就如同你聽師父說話一樣。你在聽什麼並不重要，重要的是你如何聽。

禪宗改變了一切，採用了更有意義的姿勢：那不是你在聽什麼的問題，那是你如何聽的問題。所以是師父在講話或茶壺的聲音都不重要。每個人靜靜的坐著，茶已經準備好了。

聽著茶壺的聲音……那個香味、茶葉的芳香漸漸填滿了整個會堂。你必須準備好接受它，彷彿它是神的恩典。它會將任何微不足道的事——最小的、最無關緊要的事——轉變成某件非常重要、有意義的事……為它塗上一個宗教的色彩。倒茶的女人會走向你。她將茶倒入你的杯子時的優雅、那個寧靜、茶壺的聲音和茶的香味，創造出一種自有的魔力。

沒有人說話。每個人開始啜飲著茶，盡可能全然的嚐它，盡可能強烈的處於當下，彷彿全世界都消失了。只有茶在那兒；你在那兒——還有寧靜。

現在一件非常平凡的事……全世界的人都在喝茶、喝咖啡等等，但沒有人可以將平凡轉變成神聖。

喝完茶後，他們向那個女人充滿敬意的鞠躬。然後他們慢慢的離開會堂，沒有產生任何聲音。事實上，全世界的人都不會這麼安靜的進入廟宇；在廟裡，各種閒話和八卦進行著。女人互相詢問身上的珠寶和衣物——事實上，她們去那兒是為了炫耀她們的珠寶和衣物；她們沒有其他場合可以展示她們擁有的東西。所有的寺廟和教堂不過就是八卦俱樂部，人們在那兒閒聊各種世俗裡的事件。他們摧毀了整個意義。

而禪將一件很普通的事變成一個非凡的經驗。和一個禪宗的人喝過茶，你將永遠無法忘記這樣的經歷。如果師父在那兒，你是幸運的。每個姿勢都有很大的意義。

那稱為茶道，不是喝茶。那不是茶舖或茶店，那是一個殿堂：在那兒，道發生了。這是象徵性的。在一生中，日日夜夜，你都必須記住無論你在哪兒，那兒都是神聖的土地，無論你在做什麼，那都是神聖的。

但只是記住不會有太多幫助。還需要靜心；否則它只會是腦海中的某個東西，無法太深入。靜心總是會加深它。所以在禪寺的一天，人們從早上起床到晚上睡覺，那是一個漫長的祈禱。他們不是在祈禱——沒有神可以祈禱——但他們是虔誠的、感激的、感恩的。在靜心的幫助下，每一件小事開始有了你從未想過的全新意義。

誰想過一杯茶會有某種靈性上的意義？但是在禪宗裡，它是有意義的。如果你只看表面，那會像是一個儀式。如果你是局外人，那看起來像個儀式。你必須成為局內人，去了解那不是儀式；他們是真的活過它、享受它，因為在它背後就是靜心的世界、寧靜的世界。

那不只是廟裡的寂靜；裡面有一個更大的寧靜。不只是外在的神聖；一個更偉大的神聖就在他們裡面。他們整天都是全然的——無論他們在做什麼：打掃寺院的地面、在花園裡工作、砍木頭、從井裡挑水、烹煮食物。無論他們在做什麼，他們都全然的做，除非你是局內人，否則你只會看見他們的行為。你不會看到那個行為從哪兒出現的——他們裡面那個海洋般的深度。

曾經發生：

有一個日本天皇去見南音，一個著名的禪師，也是一個最奇怪的師父。皇帝聽過很多他的事。有很多次，他邀請南音去宮裡作客，但是他總是收到這樣的回應：「是口渴的人走到井旁邊，不是井走到口渴的人旁邊。」

最後，皇帝決定去找他。當他進了寺院大門……那是一座山，被茂密的叢林包圍著，有個人在砍木頭。那是皇帝見到的第一個人。

皇帝問他：「師父在哪兒？我可以見他嗎？」

那個人停下來說：「你可以見他。往前走，你會到達他住的地方。」然後他繼續砍木頭。

皇帝還想講話時，那個人說：「不要打擾這個地方。去那兒坐下來等著。師父想來的時候就會來。那由他決定。」

皇帝想：「奇怪的人。只是一個伐木工人，但是他和皇帝講話的方式，如果在宮廷是會被砍頭的！但在這兒最好還是安靜的前往。」

於是他往前走，找到那間師父會來到的小屋，然後坐在裡面。幾分鐘後，師父來了。皇帝很驚訝，因為他穿著師父的袍子，但是他的臉看起來像那個伐木工。

看到皇帝驚訝的表情，師父說：「不用擔心，我們已經見過面。我在砍木頭；是我叫你來這個地方的。」

皇帝說：「但那時你為什麼不說你就是師父？」

他說：「那時候我不是。我只是一個伐木工，砍木頭的人——如此全然的砍木頭以致於我沒有任何扮演師父的機會。那就是為什麼我叫你先等著，這樣我就可以砍完木頭，洗個澡，換上師父的袍子，並記起來我是個師父，全然的在它裡面。現在我準備好了。你為什麼來這兒？」

皇帝說：「我已經完全忘掉我為什麼要來了！看到這個情況，師父在砍木頭——你沒有弟子嗎？我聽說你有五百個弟子。」

他說：「是的，確實。他們都在寺院裡和森林深處。但是砍木頭是如此令人感到喜悅以致於我寧願砍木頭，而不是當一個師父。那是一種如此神聖、如此喜樂的感覺，涼爽的微風，炎熱的太陽，全身流著汗，斧頭每次擊中木頭都會加深這個地方的寧靜。你下次來，和我一起砍木頭！我們會做各種需要做的事，但有一件事仍然不變，像一條金色的線控制所有的行為，那就是靜心。靜心使每件事成為神。然後行為就不再重要。重要的是你行為時的意識。」

這改變了一般頭腦的整個觀念：只從行為來判斷，從不在乎產生行為的意識。

靜心狀態時的行為變成神聖的，同樣的行為但不處於靜心的狀態則是世俗的。

我們使我們的生命裡只有世俗的事件、世俗的行為，因為我們不知道一個秘密，它可以轉變我們做的每件事的品質。記住，如果你不知道轉變的秘密，在這些世俗的事件中，你也會是世俗的。除非你擁有一個可以使你神聖莊嚴的意識，可以轉變你做的每件事……

你觸碰的一切將會變成神聖的。

你做的一切將會變成神聖的。

禪是所有宗教的本質，沒有愚蠢的儀式和荒謬的思想體系。它已經扔掉一切可以扔掉的。它唯一留下的就是宗教的靈魂。

所以即使只是和一個禪師喝茶，你也會發現你正在參與一個宗教的現象。

奧修，我這一生遇到很多情況讓我感覺被囚禁或被束縛。一旦我可以控制情況，我會逃走——童年時，無法逃到很遠的地方，但十四歲後，我會盡可能逃到遙遠的地方。即使在你的存在下，這個習慣有時候也會出現，但是當我看著你的雙眼，它完全消失了——然後會有一個非常大的放鬆。奧修，發生了什麼事？

人會逃離某些地方、某些人、某些事，因為他們有一個立即性的直覺，認為這個地方不適合他們——而是在別的地方。他們不屬於這些地方。一定有某個地方適合他們。有的小孩對這種感覺會非常敏感。

當你看著我的眼睛，那個感覺消失了，因為你需要那種眼睛；你一直在尋找它們，但是你不知道它們。你的逃跑是一個找尋。

「逃跑」這個字有譴責的意味。你在找尋，因為你在某個地方沒找到，你就跑到另一個地方；沒有在這個人身上找到，你就跑去找另一個人。這個情況發生在全世界：人們換地方、換愛人、換朋友、換工作，但不知為何，似乎沒有適合的。他們內在的渴望仍然一樣。不只一樣，還隨著他們成長而持續增加。

如果看著我的眼睛，使你的慾望消失了，那表示你已經找到鑰匙了。你需要這樣的存在，你需要這樣的人，你需要周圍有這樣的眼睛。你需要這樣的眼睛，同樣的深度、同樣的透徹、同樣的洞見——然後你會發現自己待在家裡。

不會有人逃離家。每個人逃走都是為了尋找家，因為每個人都被放到別的地方。沒有人在乎你內在的需要。你的父母和社會在乎你外在的需要⋯不能怪他們，因為沒有人在乎他們內在的需要。在內心深處，他們是空虛的。

也許他們無法這麼容易就逃走，因為有這麼多束縛。妻子在那兒、小孩在那兒、工作在那兒。那就是為什麼都是較年輕的一代會接受新想法、新經驗、新空間，因為他們還沒有束縛。他們可以逃走，去尋找家。在過去三十年內，這個情況變得很明顯，原因是過去還沒有任何較年輕的一代。你會很驚訝的知道更年輕的一代是一個非常現代的現象。在印度這樣古老的國家，百分之八十的人住在村莊，沒有和現代的世界接觸過，它仍和以前一樣：沒有不同世代的代溝，因為更年輕的一代還不存在。

等小孩到了六歲，他開始和他父親工作——他可以做的小事情。如果父親是農夫，他會去農田，他會把父親的食物拿到田裡——小東西——他會從田裡牽著牛回家，任何他能做的事。他還沒成為年輕人；他是小孩，但他已經做了一個量子跳躍——他擔上了責任。他少了六歲到二十五歲的時光。

等他到了十歲或十二歲，他幾乎學會了手藝，開始工作。如果他父親是金匠，他就學習其中的訣竅。如果他的父親是園丁，他就學習其中的訣竅。等到了逃走和感受自由的年紀，他已經受到束縛。

到了二十歲，他會結婚，有自己的小孩，自己的工作，自己的責任——他無法成為嬉皮；他無法去喀布爾、去馬納利、去加德滿都、去普那、去果阿。他無法逃到任何地方。他無法去每個年輕人走過的地方——他有太多責任了。他必需跟隨他的父親，一步又一步，因為他的父親不只是他的父親，也是他的老師。父親把技藝教給他。

那就是為什麼在古老的文化、古老的文明中——它們還存在著——年老的人會被尊敬，因為沒有任何方式可以讓年輕人懂得比老人多。唯一知道的方式就是經驗，而經驗隨著年齡增加。你尊敬擁有較多經驗的人。最老的人變成最有智慧的人，因為他已經過了一生，而他們的生活已經好幾世紀沒變過，它只是不斷重複。所以有智慧的人可以給你年輕人不會知道的建議；他們必須被尊敬。

在現代的世界中，發生了一個極大的變化。產生了新的現象——更年輕的一代。因為正在接受學校教育，這些人還不用負擔任何責任。童婚的想法會被譴責，所以他們不結婚。他們沒有小孩。他們沒有工作。他們的父母要負責他們的教育。所以直到二十五歲以前，他們是沒有任何責任的。

而這正是頭腦最愛幻想的時候，因為現在正是——在十四歲到二十五歲之間——他們的性徵是最明顯的時候。他們的性能量使他們愛幻想，使他們成為偉大的理想主義者。某個人成為無政府主義者，某個人成為共產主義者，某個人開始思考烏托邦——世界應該是怎樣。此外，到了二十五歲，當他們從大學畢業，他們無法接受老人知道得比他們還多。

現在，一個知識的新面向被開啟了——那就是教育。老人可能會透過經驗而懂得很多，但年輕人透過教育知道的是一百倍之多。因此全世界對於老人和長者的尊敬已經越來越少。它有賴於某種基礎，而那種基礎已經消失了。

現在年輕人可以得到最新的知識。而老人則攜帶著過時的觀念。而且觀念的改變是如此快速，科學進展是如此快速，連教授也覺得他們不再被尊敬，因為他們知道的一切幾乎是過時的。當他們從學校畢業時，從學校所學到的一切還是對的；現在二十年過去了。二十年內有了很大的改變，任何聰明的學生都可以擊敗他們——任何一切；他只要去大學圖書館，翻閱這二十年來所出版的書籍。

當我還在學校工作，我向副校長提議每年至少舉辦一次師生之間的辯論比賽。

他說：「為什麼？」

我說：「你可以舉行師生之間的網球比賽和足球比賽，那為什麼不能舉行辯論比賽？而且那些是體能的活動；我的提議更接近學校的工作——一個智力的比賽。它有助全校的人了解他們的教授有多麼落後。」

「而這些教授不斷要求被尊敬。他們不知道，在過去，長者是被尊敬的——甚至教授也受到尊敬——但尊敬他們的理由已經消失了。最好讓他們清楚了解到，除非他們可以保持領先學生，那他們才能被尊敬。」

他說：「聽起來似乎很合理，但這樣做很危險。如果有些學生贏了，而教授輸了，剩下的一點尊敬也會消失！」

我說：「應該讓它消失。他們必須去學習。你必須為老師創造出新的方法，更新過的課程。當學生放二個月的暑假時，教授應該去參加更新過的課程以免落後學生。他們應該保持領先。那才能受到尊敬；否則他們不值得被尊敬。」

而且為什麼這些年輕人如此叛逆？他們在找尋他們真實的本質。沒有人告訴他們。所以他們做著各種奇怪的事：但那是他們為了找尋自己而發生的。他們變得很暴力，因為他們對年老的一代、對他們的父母和老師感到憤怒，這個憤怒變成了暴力。你們創造出新的一代，年輕的世代，但你們沒能提供可以培育他們的東西。

年輕的一代感到非常空虛，而他們又不用承擔任何責任，所以他們試著逃避——從這件事到另一件事，藉由各種東西：藥物、瑜珈、任何他們剛好碰到的，希望「也許這就是適合我的」。但是沒有任何人的引導，而且那個隔閡變得越來越巨大。父母和小孩幾乎不再交談，因為小孩認為大人什麼都不知道，而大人則認為這些小孩只會造成麻煩。那個隔閡將會每天越來越巨大，因為科學在尋找可以延長生命的方法。如果你的生命被延長了，如果人們都可以活到一百歲、一百二十歲，那唯一能給予這些年輕人的東西就是更多的教育，這樣每個人都能取得博士學歷，每個人都可以是文學博士、理學博士，我們可以創造更多的教育來填塞他們的生命。也許到了三十五歲，他們才會從大學畢業；否則他們要做什麼？

年紀較大的人會從工作裡面學習經驗，做他們的工作。但一個在三十五歲之前完全沒有責任的人，他的情況將會是完全不同的。他將不會聽從任何人，他不會有任何屬於自己的身分地位。

這個情況可以變成一個非常美麗的世界。例如，我曾在大學教書，但是我和學生之間沒有任何隔閡。那只是一個知識的問題：

我第一天上課時，女孩坐在某一邊，男孩坐在另一邊，中間有六排座位空著。我說：「我無法允許。這是多麼愚蠢？我要對這些椅子說話嗎？你們站起來，男女混在一起，坐在我前面。」

「但是，」他們說：「每個教授都說女孩和男孩要分開坐。」

我說：「那是他們的問題，不是我的問題。我不要女孩和男孩分開來，然後男孩扔紙條——一我愛妳」——然後女孩再回傳紙條。我不要這樣。坐在一起，無論你們想說什麼，就直接對另一個人說。不會有問題。這是要戀愛的年紀，而你們卻浪費時間扔紙條。那你們何時才要談戀愛？」

我讓他們坐在一起。他們非常不信任的看著彼此。他們仍然以不會碰到其他人的方式坐著。我說：「這樣不行。放鬆的坐著。觸碰到男孩或女孩不會有罪。天氣很冷，這樣會變暖和點！」

他們說：「我的天！如果副校長知道，他們會開除這個教授。」

我在大學的這段時間，他們一直愛著我。其它教授問：「你的訣竅是什麼？你只有十個學生，但卻至少有兩百個人來旁聽。他們翹課來上你的課。你的訣竅是什麼？」

我說：「我沒有訣竅。我只是不允許我和他們之間有任何隔閡。而且我保持領先他們；他們不能領先我。」

我還告訴他們：「任何想要離開教室的人就離開；不用問我，因為如果你想離開，我憑什麼不同意？你直接離開——只要不打擾到其他人。如果你想要在課上到一半的時候進來，那就進來，安靜的坐在某個地方。不需要詢問，因為那會打擾到別人。但你的來去不會影響到我。」

但沒有人離開或進來。教室在我來到前已經坐滿了，而且我也對他們說過，當我進教室，不要有任何人站起來。學生會站起來表示他們尊敬老師。我說：「完全不需要。起來和坐下並不會使你尊敬我。所以只要坐著就好。」

唯一需要的就是不要有任何隔閡。我告訴他們：「記住，如果我沒有來，等我五分鐘，沒看到我就離開。那表示我不會來了。而且這會很常發生，因為我去別的城市了，但我沒有請假。學校不會同意我請假。但我會把課程上完，不用擔心。只要等我五分鐘，沒看到我就安靜的離開。」

「如果你們沒有來，我會等五分鐘，我沒看到人就會離開。我不會問你們為什麼今天沒來，你們也不要問我為什麼我沒來。這是個約定。」

九年來我不斷在全國各地旅行，但這段時間我應該都要在學校上課。沒有任何學生對學校說我沒來也沒請假。他們都在保護我，因為我也在保護他們。我從不關心他們是否出席。每天我會直接簽名表示他們有來上課——到了月底，當查勤的人來到，我會直接說每個人都有出席。

但幾乎每個人都有來上課，除非有某些急事——某個人生病了，或某個人發生意外；那是另一回事。我們的關係如此親密以致於大部分的教授都很嫉妒，因為他們和學生一直處於對抗的狀態；學生會罷課、對抗和禁食，不斷發生各種情況，但我的課則完全沒事。因為如果他們對我說：「我們要罷課，」我會問：「幾天？——我要安排一趟旅行，因為你們罷課，我就沒事了。」

新一代的人確實面臨一個困難的局面；他們無法適應舊世代的人。他們知道的東西比舊世代的人還多。他們知道那些年紀大的人只是年紀比較大，但如果沒有現有的一切，那些年紀大的人將不知何去何從。要如何才能了解自己？在過去，沒人有這樣的問題。金匠的兒子會變成金匠；那是注定的。木匠的兒子會變成木匠。在很年輕的時候，他就開始幫他父親拿工具器械，漸漸的，他會變成父親的學徒。最後他會取代父親。不會有任何多餘的時間缺口。

而現在的缺口多麼大！至少二十年的缺口，你不知道你是誰，你要去哪兒，你在做什麼，你為什麼要做這件事——因為這些問題，人們試著逃避。無論他們到任何地方，他們會發現那兒並不適合他們。

這是自然的。你在找尋你的定位。你在尋找像你一樣的人，擁有和你一樣心跳的人。你少了嚮導，舊世代的人不會有這樣的問題。他們的父親和祖父都是他們的嚮導。他們在自己的家裡面就被準備好。所以不需要去任何地方。

新的一代無法接受他們，因為新的一代知道的比他們多。他們要一個知道更多的人——不只知道的更多，還有別的部分——更多的存在性。

那就是為什麼當你看著我的眼睛，感覺想要逃到任何地方的狂熱已經消失了。

我們需要更多人把這樣的認知傳達給無數的年輕人，告訴這些年輕人說他們已經找到嚮導了，一個他們可以信任的朋友，可以成為他們的希望。

而那正是我打算在每個國家要做的事。首先我會在一個地方設立一個神祕學校做為示範。然後我們將會在全世界這樣做，那些沒有嚮導的年輕人才不會任人剝削、落入各種笨蛋和騙子的手裡⋯這是可以被避免的。這些神祕學校可以彌補這個缺口——不同世代之間的缺口。它們會使你尊敬你的父母，當時機來到，它們會創造出讓你養育小孩的技巧。它們還可以讓你經驗到自己的存在。

這是非常需要的。如果沒有這些學校，年輕的一代將會成為恐怖份子，他們會做出各種事——例如克理虛納運動，非常愚蠢；還有宗教團體「耶和華的見證人」⋯但是他們將會停留在某個地方。如果他們無法找到適合的地方，他們一定會在某個地方待下來。

他們曾經是嬉皮；現在那已經不流行了。現在流行龐克、光頭和各種愚蠢的行為！——實際上他們是空虛的，但他們需要一個定位。任何東西都行，他們將會有各種破壞性的行為，不需要任何原因，因為他們在做某件事——某件非常重要的事。

神秘學校可以慢慢的調整他們。

數千個嬉皮來到普那的靜心村——然後改變了。他們不是為了改變而來，他們只是去果阿的路上經過這兒。某個人說路上會經過普那——不會有任何損失，只不過去一兩天。但他們再也沒離開普那。而且沒有人要他們改變，然而整個氛圍……他們拋棄了不好的習慣。他們看起來更有人性、更聰明，很快將無法分辨誰原本是嬉皮，誰原本是正常人。他們最後都會一樣。

這些人都可以被神祕學校吸收。我們只需要在每個神祕學校裡面創造出有這種吸引力的人，而那不是很難的工作。

奧修，這一切會使觀照的意識感到好笑嗎？

觀照的意識除了觀照之外不會做任何事。如果它會感到好笑，那它就不再是觀照的。可能會感到好笑，但那會是頭腦的範圍。觀照的意識也會觀照它。

除了保持是一個觀照之外，觀照的意識無法做任何事。一旦它做了任何事，觀照的意識就不再是觀照的，那會是頭腦。

觀照的意識不會對這一切感到好笑。

而且這個世界沒有任何會讓觀照的意識感到好笑的事。這個世界如此悲慘，對觀照的意識而言，哭泣流淚才是正確的，但是它沒有眼睛，沒有淚腺。

所以記住：即使當你感到喜樂，那不是因為觀照的意識變成喜樂的。觀照的意識仍然觀照著這個喜樂。無論發生任何事，觀照的意識只是反映它。那就是為什麼到了最後，當一切都消失了，只有觀照的意識留了下來。它的情況就如同沒有任何經驗的頭腦。喜樂、狂喜、祝福——它們都是低於觀照的；觀照的意識是超越它們的。它只是觀照著。

在印度有一個廟。那個廟裡面沒有任何雕像。只有一塊大理石，上面畫了兩個眼睛。用來代表觀照的意識。沒有任何關於那對眼睛的敘述。

那就是為什麼最終的經驗是無法敘述的，因為它只是一面鏡子，沒有反映出任何東西。

所以觀照的意識不會感到好笑。頭腦才會感到好笑。觀照的意識仍會觀照著它。

關於靜心村

奧修國際靜心村

位置：位於距離印度孟買東南方一百哩外的普那市，奧修國際靜心村是一個與眾不同的假日勝地。靜心村座落在一個樹木林立的高級住宅區內，是一個擁有四十英畝大的壯麗園區。

獨特性：靜心村每年招待來自一百多個國家的數千位遊客。獨特的園區提供機會使每個人可以直接體驗一種全新的生活方式－帶著更多的覺知、放鬆、慶祝和創造性。全年提供不同的服務項目，以及每日的不同課程選擇。其中一個選擇是什麼事都不做，只要放鬆！

所有課程都是依照奧修對於「左巴佛陀」的見解－－種不同品質的新人類，能同時過著創造性的日常生活，及放鬆在寧靜和靜心中。

靜心：每日的靜心行程表，針對每個人提供不同的靜心課程，被動的和主動的，傳統的和革命性的，特別是奧修動態靜心，它是在奧修大禮堂－全球最大的靜心大廳中進行。

多元大學：針對個人的講習、授課和討論會涵蓋了創造性藝術、整全健康、私人轉變、關係和生活變化、工作靜心、奧秘科學，以及用於運動和娛樂的「禪」的方法。多元大學成功的秘密在於所有課程都和靜心緊密的結合，人們可以了解到人類是整體的，而不是部份的。

芭蕉Spa：舒適的芭蕉Spa讓人們可以在圍繞著蒼翠樹木的露天場所下悠閒地游泳。獨特的風格、寬敞的浴池、桑拿、體育館和網球場…令人驚歎的設計更是提升了它們的美感。

飲食：各種不同的用餐區提供美味的西方、亞洲和印度素食－為了靜心村，它們大部分是透過有機種植而得。麵包和甜點則是在靜心村內自有的麵包坊進行烘烤而成。

夜晚的生活：多種晚間節目可供選擇－跳舞是其中的首選！其他活動包括星辰下的滿月靜心、各種表演、音樂演奏和每日靜心。

或者你可以只是在廣場咖啡廳裡享受和人們的聚會，或者在寂靜的夜晚漫步在童話故事般的花園中。

設施：你可以在購物廳購買生活所需的日常用品和化妝品。媒體廳則販賣各種奧修影音產品。還有銀行、旅行服務處和園區網咖。對於那些喜愛購物的人，普那提供了各種選擇，包括從傳統的印度民俗產品到全球知名品牌的商店。

住宿：你可以選擇住在奧修招待所裡的高雅客房，也可以選擇長期住宿的套裝居住行程。此外，附近還有各種不同的飯店和公寓可供選擇。

更多資訊請瀏覽www.osho.com/meditationresort

關於作者

奧修反對分門別類。他的數千種談論涵蓋了一切，包括個人詢問的問題，以及現今社會當務之急所面對的社會和政治議題。奧修的書不是書面文字的，而是根據他對國際聽眾所作的即席演講的影音紀錄所謄寫而成。如他所說：「所以記住：無論我說了什麼，那不只是針對你…我也是為了未來的一代而談。」倫敦周日時報說奧修是「創造二十世紀的一千個人」的其中一位，美國作家湯姆羅賓斯說奧修是「自從耶穌基督之後最危險的人」。印度周日午報說奧修是和－甘地、尼赫魯、佛陀－等十個改變印度命運的人。關於他的工作，奧修說他是在幫助創造一個誕生出新人類的環境。他常將這樣的新人類稱為「左巴佛陀」－可以同時是享受娛樂的希臘左巴和寂靜的喬達摩佛。如同一條聯繫著奧修各種書籍和靜心的線運作著，包含了過去各時代的永恆智慧以及現代（和未來）潛力無窮的科學和技術。奧修為人所知的是他對於內在轉變的科學的革命性貢獻，以及用於現代快速的生活步調的靜心方法。他獨特的奧修動態靜心設計，讓人先釋放出身體和頭腦累積的壓力，以便更容易在日常生活中體驗到寂靜以及無念的放鬆。

關於作者，有兩本自傳作品可以購買：奧修自傳：叛逆的靈魂，〔繁體中文／除大陸外，全球販售〕；金色童年，〔繁體中文／除大陸外，全球販售〕。

渡岸法光 / 奧修(OSHO)著；李奕廷譯. -- 初版. -- 臺北市：
旗開, 2016.05-
冊；　公分
譯自：The path of the mystic : talks in Uruguay
ISBN 978-986-89034-4-9(上冊：平裝)

1.靈修

192.1　　105006575

欲了解更多資訊請瀏覽
www.OSHO.com

這是一個綜合性的多語網站，包括雜誌、奧修書籍、奧修演講的影音產品、英語及印度語的奧修圖書館資料文獻，以及關於奧修靜心的各種資訊。您也可以在這兒查詢奧修多元大學的課程表以及奧修國際靜心村的相關資訊。

相關網站：

http://OSHO.com/resort
http://OSHO.com/AllAboutOSHO
http://OSHO.com/shop
http://www.youtube.com/OSHO
http://www.oshobytes.blogspot.com
http://www.Twitter.com/OSHOtimes
http://www.facebook.com/pages/OSHO.International
http://www.flickr.com/photos/oshointernational

您可透過下列方式聯繫奧修國際基金會：

www.osho.com/oshointernational,

oshointernational@ oshointernational.com

渡岸法光（上）

原著：The Path of the Mystic vol.1
作者：奧修 (OSHO)
譯者：李奕廷 (Vivek)
發行：李奕廷
出版：旗開出版社
電話：(02)26323563
網址：www.flag-publishing.com.tw
電子信箱：flag.publish@msa.hinet.net
地址：台北市信義區松德路12號6樓
統編：31855902
匯款訂購：第一銀行007　帳號：158-10-012620 戶名：旗開出版社

經銷：紅螞蟻圖書有限公司
地址：臺北市內湖區舊宗路二段121巷19號
電話：(02)27953656

初版：2016年5月
定價：350元

ISBN 978-986-89034-4-9

Original English title: ***The Path of the Mystic***
This book is a transcript of a series of original talks The Path of the Mystic by Osho given to a live audience. All of Osho's talks have been published in full as books, and are also available as original audio recordings. Audio recordings and the complete text archive can be found via the online OSHO Library at www.osho.com